民國歷史與文化研究

十一編

第 **3** 冊

張彭春與《世界人權宣言》

化國宇 著

花木蘭文化事業有限公司

國家圖書館出版品預行編目資料

張彭春與《世界人權宣言》／化國宇 著 -- 初版 -- 新北市：花
木蘭文化事業有限公司，2020〔民 109〕
序 8+ 目 4+236 面；19×26 公分
（民國歷史與文化研究 十一編；第 3 冊）
ISBN 978-986-518-108-6（精裝）
1. 張彭春 2. 人權 3. 中國
628.08   109010081

ISBN-978-986-518-108-6

9 789865 181086

民國歷史與文化研究
十一編　第 三 冊　　　　　　ISBN：978-986-518-108-6

張彭春與《世界人權宣言》

作　　　者	化國宇
總 編 輯	杜潔祥
副總編輯	楊嘉樂
編　　　輯	許郁翎、張雅淋　美術編輯　陳逸婷
出　　　版	花木蘭文化事業有限公司
發 行 人	高小娟
聯絡地址	235　新北市中和區中安街七二號十三樓
	電話：02-2923-1455／傳真：02-2923-1452
網　　　址	http://www.huamulan.tw 信箱 hml810518@gmail.com
印　　　刷	普羅文化出版廣告事業
初　　　版	2020 年 9 月
全書字數	216208 字
定　　　價	十一編 11 冊（精裝）台幣 28,000 元

張彭春與《世界人權宣言》

化國宇 著

作者簡介

　　化國宇，男，1987 年生，山東臨沂人。中國人民公安大學副教授，碩士研究生導師。中國人民大學法學博士（碩博連讀），中法歐洲法項目公派訪問學者（2012 ～ 2013）。曾任《人大法律評論》主編，兼任北京市法理學研究會理事、副秘書長，中國法學會警察法學研究會警察行政執法專業委員會委員，中國警察法學青年論壇秘書長等。研究興趣為法理學、人權法學和警察法學。公開發表期刊論文 30 餘篇，主持教育部、北京市等各類課題 7 項，著有《國際人權事業的中國貢獻：張彭春與〈世界人權宣言〉》一書。獲「全國青少年普法教育先進個人」「首都法學優秀成果三等獎」「孫國華法學理論優秀青年成果一等獎」等獎，2018 年入選北京市「百名法學英才」。

提　　要

　　人們往往把《世界人權宣言》這個世界範圍內第一份真正的世界性人權文件與西方人權觀聯繫起來，而忽略其中的其他思想資源要素。其實，這一普遍性人權共識的達成是世界範圍內多種文明思想溝通的結果。在西方人權理念資源之外，中國儒家思想也做出了重大貢獻。通過研究《世界人權宣言》起草和通過的歷史，可以發現中國代表張彭春在其中發揮了關鍵作用。作為人權委員會和起草委員會的副主席，他曾借聯合國這一平臺，將中國的儒家思想精華傳播給世界其他國家。他通過對儒家思想的成功運用，推動了《宣言》順利起草和通過，並將儒家思想融入到了《宣言》條款之中，使其成為二戰後國際人權新理論的重要組成部分，豐富了現代「人權」理論的內涵。張彭春在聯合國的人權實踐表明，各國在各自文化之內尋求對人權的共識並非不可能。張彭春的貢獻在於運用自己的智慧和儒家哲學，一方面在多樣化的文明觀念中尋找普遍的人權共識，實現一種基於不同文化概念和理解的普遍認同，另一方面，對於不同文化中衝突的人權觀念，通過溝通、交流，在不違背最基本的人權理念的情況下實現最大限度的理解和包容，使各國之人權能在互相理解和借鑒中發展。這在西方人權神話被打破、人權理論體系作為一個面向全世界開放的系統的今天尤為重要。

1947 年 7 月 23 日中國代表張彭春參加聯合國經濟及社會理事會第五屆會議

— 圖1—

1947 年 6 月 9 日星期一,《世界人權宣言》起草委員會第一次會議上副主席張彭春向主席羅斯福夫人致意

—圖2—

序一〔註1〕

　　化國宇博士的《世界人權事業的中國貢獻：張彭春與〈世界人權宣言〉》
一書即將付梓，我作為他的博士生導師也倍感欣慰，由衷為他感到高興。

　　本書是在化國宇博士的博士論文基礎上修改、完善而成的。論文原題為
《人權活動家張彭春與〈世界人權宣言〉》。選題的思路是受到南開大學 2010
年舉辦的一次人權研討會的啟發。在會上，南開大學對於張彭春這位曾經的
南開代理校長、《世界人權宣言》的起草者之一做了簡單的介紹。當時，很多
與會的人權學者對於張彭春這一人物知之甚少。回京後，我便與化國宇博士
商定，有必要對這一世界人權史上的重要人物進行深入研究。化國宇博士也
表達了將其作為博士論文選題的意願。應當說選擇這個題目作為博士論文主
題，在當時看來尚屬冒險行為。畢竟當時國內對張彭春參與《世界人權宣言》
起草的歷史研究並不多見，可資借鑒的史料和研究成果鳳毛麟角。寫就萬字
的論文應該不難，但是若想就該主題深入探討，撰寫十幾萬乃至二十萬字的
博士論文，並不是一件有把握的事情。能否有足夠的史料支撐，是本書寫作
過程中面臨的主要難題。因此在搜集史料方面，化國宇博士下了很大的工夫。
在攻讀博士學位期間，他搜集了國內關於張彭春生平的大部分研究資料。後
來，我建議他嘗試去找一些國外的相關研究成果，也許會有收穫。2012 年，
他獲得國家留學基金管理委員會和法國駐華大使館的資助，以公派訪問學者
身份到法國巴黎第一大學學習歐洲法課程。這為他搜集國外文獻資料提供了
便利。這個過程中，他還與法蘭西學院米海爾依・戴爾馬斯-馬蒂（Mireille

〔註 1〕本文為中國人民大學人權研究中心執行主任朱力宇教授為本書 2015 年大陸版
　　　本撰寫的序言。

Delmas-Marty）院士進行了交流。戴爾馬斯院士對此非常感興趣，邀請他到法蘭西學院進行訪問，並為其查閱相關研究文獻提供了諸多便利。在歐洲期間，化國宇博士收集到了美國、法國學者的研究成果，甚至還購買到了張彭春本人 1936 年在英國倫敦訪問期間出版的《中國在十字路口》一書的英文原版。

化國宇博士在論文寫作過程中克服了諸多困難，也經歷了多次的討論和打磨。最後答辯時，獲得了評委的優秀評語。眼下，論文即將出版了。

本書研究的主題是人權活動家張彭春在起草《世界人權宣言》過程中所做的貢獻。張彭春（1892.10.21～1957.7.19），又名蓬春，字仲述，天津人，是南開學校創始校長張伯苓的胞弟。他 1908 年畢業於南開中學，後赴美在克拉克大學和哥倫比亞大學學習心理學、社會學、教育學和哲學，獲得克拉克大學文學學士和哥倫比亞大學文學碩士和教育學碩士學位。1919 年 6 月進入哥倫比亞大學攻讀博士學位，繼續學習哲學和教育。張彭春曾任南開新劇團副團長、導演，南開大學教授、代理校長和清華大學教務長，以及中華民國政府外交官等職。他不僅在南開大學、清華大學的創辦方面做出了重要貢獻，還在外交事務中發揮了重要的作用，他在戲劇藝術方面的建樹更是向來為人稱道。他在聯合國任經濟及社會理事會中國常任代表，兼任人權委員會副主席。後又任聯合國新聞自由會議中國首席代表和安全理事會中國代表，還是世界衛生組織的發起人之一。

以張彭春為核心的中國代表團為何能夠對《宣言》做出歷史性的卓越貢獻？其中固然有國際時局的因素：中國在二戰之後成為與美、蘇、英並列的四大國，提升了中國的國際地位和在國際社會中的話語權；而中國在二戰中為反對法西斯侵略、爭取世界和平和維護國際人權做出的巨大犧牲，也使得中國入選聯合國人權委員會成了眾望所歸的事情。同時，中國代表張彭春的個人貢獻也是值得關注的。其中，除了歸功於他的個人才華和努力，中國傳統的儒家思想在其中也起到非常重要的作用。因為，不論是在人權委員會還是在第三委員會，各國代表們印象最為深刻的便是他對儒家哲學的嫻熟運用。

張彭春在起草過程中運用儒家學說使不同思想派別達成了妥協，並向其他代表解釋了中國的人權觀念，在辯論過程中創造性地解決了很多僵局。他還將儒家關於人權的理論和學說介紹給人權委員會和其他聯合國成員國，他善於在演講和辯論中巧妙地化用儒家言論和思想來闡述自己的主張和立場。

在起草《宣言》的過程中，他也經常運用儒家的經典名言、策略和方法，調解爭端、緩和矛盾、解決問題。因而在人權委員會，他被各國代表視為「東方文明」的代言人。

但是由於某些原因，人權學界對於他的研究並不充分。其中部分原因可能是：首先，張彭春在聯合國期間，正值國民黨政府垮臺和 1949 年中華人民共和國建立，大陸學者對於這一階段國民政府的雙邊外交有所注意，但是忽略了這一階段中國在聯合國的活動；其次，張彭春由於心臟健康問題於 1952 年被迫在聯合國退休，並定居美國，此後與國民黨政權也斷絕了往來，因而在臺灣並沒有產生足夠的影響，這大概可以解釋張彭春為何沒有受到臺灣學者的重視；最後，關於張彭春的中文文獻記載少之又少，缺乏研究資料，關於他的活動需要查詢大量聯合國檔案，而研究聯合國的一手資料——聯合國會議記錄在當前的人權研究中被疏忽，也是非常重要的原因。

因此，本書在研究方法上的一個重要創新，在於重視對國際人權領域第一手資料的使用。本書對張彭春在聯合國的活動的研究主要依據聯合國歷次會議紀要中關於張彭春的記錄。其真實性和可信度是非常高的。而從我國當前的人權研究成果來看，過多的引用二手人權文獻資料，即中外學者特別是外國學者的有關著述（且以中文譯著為主），而普遍不重視使用第一手資料。如聯合國會議記錄就是研究聯合國人權問題極為重要的文獻。而這些記錄在聯合國官方網站上基本都是可以查詢到的。固然這種有意的「疏忽」可能有語言障礙、獲取技巧不足等諸多原因，但是，當前這個問題應當引起學界注意。

這本書的出版為學界瞭解張彭春本人生平和他在聯合國的活動提供了重要的參考。張彭春深諳儒家哲學，他對儒家理論的嫻熟運用，推動了《宣言》順利起草和通過，並通過向國外代表介紹中國儒家的人權理念，將儒家思想融入到了《宣言》的內容之中。這段歷史圖景給予當今世界跨文化交流的重要啟示在於，各國各民族在各自的文化之內尋求對人權的共識是可能的。在人權領域，文化的多樣性不僅僅是一個應當正視的問題，而且更應當積極保護和推動。人類在現代人權的發展過程中遇到的衝突和挫折，不是一國的法律文化或者西方的法律文化可以完全化解的，而且西方社會暴露出來的人權問題越來越多：酷刑、虐囚、宗主國對原殖民地的控制、種族和性別歧視、槍支毒品泛濫、侵犯公民隱私等等，讓我們看到了西方道路不可能通向人權

的伊甸園。包括民主、人權在內的現代性危機已經擺在我們面前。通過本書
瞭解了張彭春運用儒家思想對世界人權事業做出的貢獻，我們更有理由相信
儒家文明的存續將為世界人權問題提供一劑解藥（當然也並不是唯一的解藥）。
西方業已有很多學者將求助的目光投向了東方的儒學。

　　因而，從這種意義上來說，一個民族的法律文化或人權文化越是鮮明，
他對世界文明的價值和意義就越大。越是民族的，就越是世界的；越是世界
的，也越是民族的。反思當前西方的主流做法——在人權問題上指謫甚至壓
制與其人權立場相異的國家，否認西方以外的人權文化——這對國際人權事
業的進步和人權問題的良好解決是有百弊而無一利的。不同的人權文化不應
成為相互分裂、攻訐的藉口，而應該是人類相互結合、理解和合作的新途徑。

　　2014 年 3 月 27 日，中國國家主席習近平在巴黎聯合國教科文組織總部發
表演講時指出：「文明是多彩的，人類文明因多樣才有交流互鑒的價值。文明
交流互鑒，是推動人類文明進步和世界和平發展的重要動力。」他還指出：「文
明交流互鑒不應該以獨尊某一種文明或者貶損某一種文明為前提。中國人在
2000 多年前就認識到了『物之不齊，物之情也』的道理。推動文明交流互鑒，
可以豐富人類文明的色彩，讓各國人民享受更富內涵的精神生活、開創更有
選擇的未來。」所以，在當今世界，有必要通過不斷挖掘各國、各民族的人
權思想和文化並加以整合，對普遍的人權觀念做出符合本國國情的解釋，從
而形成本民族能夠接受的人權理念。同時，還應當積極推進跨文化的整合，
求同存異，在國際人權領域達成某些符合各自文化背景的共識，並向國際社
會積極主張自己國家和民族的人權觀，通過思想的溝通與交流使其獲得理解。
這樣，才可能在不違背最基本的人權理念的情況下，實現最大限度的理解和
包容，使各國之人權事業乃至人權文明能在互相理解和借鑒中發展。

朱力宇

中國人民大學教授 博士生導師

2015 年 3 月 21 日

序二

　　化國宇博士邀我為他精心著述的《張彭春與〈世界人權宣言〉》寫一篇序言，深感榮幸。這不僅因為這部研究《世界人權宣言》的精心之作極大拓展了我們對宣言起草過程的理解，而且因為張彭春是在世界現代舞臺上少有的能夠代表中國發揮重要作用的關鍵人物之一。正如作者導師朱力宇先生在該書大陸版的序言中所指出的，儘管張彭春在起草《世界人權宣言》過程中擔任關鍵角色並做出重要貢獻，但這些貢獻由於各種歷史原因而長期無人關注，中國人和中華文化在世界現代史重大關頭中的作用被輕描淡寫地一筆帶過，常令人扼腕歎息，心有不甘。

　　近十幾年來，中國大陸開始出現對張彭春在人權領域所作貢獻的研究，2003 年，盧建平、王堅、趙駿在《人權》雜誌第 6 期發表了《中國代表張彭春與〈世界人權宣言〉》一文。在 2008 年舉辦的首屆「北京人權論壇」上，崔國良先生發表了《張彭春將中國哲學的人權觀念融入世界人權思想體系》的文章。孫平華於 2017 年出版了專者《張彭春：世界人權體系的重要設計師》。南開大學人權研究中心於 2014 年設立了「張彭春論壇」，並於 2017 年在校園中樹立了張彭春先生雕像。

　　與此同時，國外一些學者也開始關注張彭春在《世界人權宣言》起草過程中的貢獻，瑪麗・安・葛蘭頓在《美國新世界：〈世界人權宣言〉誕生記》一書中對張彭春在宣言起草過程中發揮的歷史作用予以充分肯定，她在該書中譯本序言中指出：「張彭春不僅是《世界人權宣言》起草工作的關鍵參與者，還在促使這一文件被聯合國大會接受的團隊工作中發揮了重要作用。」 瑞典斯德哥爾摩大學教授漢斯・英瓦爾・盧斯（Hans Ingvar Roth）2016 年發表了

瑞典語版的《當孔子來到美國——張彭春與〈世界人權宣言〉》（När Konfucius kom till FN）研究專著，2018 年又出版了英文版《張彭春與〈世界人權宣言〉》（P. C. Chang and the Universal Declaration of Human Rights）。

　　與上述研究成果相比，化國宇博士的這部專著的突出貢獻表現在以下三個方面。

　　第一，作者深入地分析了張彭春的人生經歷、文化素養對其在起草《世界人權宣言》所作貢獻的影響。張彭春飽受中西文化的雙重教育，對兩種文化的優長與侷限有著更深入的體悟，使其能對兩種文化都持開放態度，成為中西文化交流的橋樑。他一方面將西方的戲劇理論、教育思想、民主觀念和人權主張介紹到中國，促進中國的政治改革和文化拓展；另一方面又向西方介紹中國的哲學、戲劇和政治主張。同時，張彭春又生逢革命和戰亂時期，他親手參與設計和建立的南開大學遭受侵華日軍的野蠻轟炸，校園家園盡毀，這使他對中國人民需要怎樣的人權有了更加切身體會。

　　第二，作者根據記錄起草過程的聯合國文獻詳細分析了張彭春在宣言制定過程所發表的意見和建議及其被接受的情況。書中不僅分析了張彭春對宣言的總體結構和起草方案的影響，而且集中分析了張彭春對宣言第 1、2、6、7、14、20、21、24、25、26、29 條內容的影響，使我們對張彭春的貢獻有了更加具體和細緻的瞭解。

　　第三，作者進一步探討了中國儒家文化與人權之間的關係。根據作者的分析，張彭春個人學識上的開放與儒家哲學的包容之間的互濟，是張彭春和他所倡導的儒家思想成為宣言起草中的重要推動力量的內在原因。

　　作者上述的這些精彩分析，使得這部研究張彭春與《世界人權宣言》的著作具有很高的學術價值和深刻的現實意義，彌補了以往研究的不足，值得珍藏和反覆研讀。

　　當前我們正處在全球化與文化多樣化的雙重格局之中。全球化要求形成全球交往共識，而文化多元化又使這種共識的達成充滿艱辛。張彭春在國際人權舞臺上的實踐給予我們的啟示，恰恰在於運用東方文化的智慧以開放的心態包容各種不同的甚至相互衝突的人權觀念，同時又通過積極的對話和協商尋找並發現不同文化間可以共同接受的文化契合點，推進達成最低限度的人權共識。

　　感謝化國宇博士為此書的研究和寫作耗費的數年心血，也感謝作者的導

師朱力宇教授為弟子選擇這樣艱難卻有重要意義的研究選題並予以精心指導，他們的工作為國際人權研究做出了重要的貢獻。在此祝賀化國宇博士的作品即將在臺灣出版，向臺灣讀者展示這一段激動人心的歷史。

　　是為序。

　　　　　　　　　　　　　　　　　　　　　　　常健
　　　　　　　　　南開大學人權研究中心主任、教授、博士生導師
　　　　　　　　　　　　　　　　　　　　　2018 年 10 月 1 日

導　論

　　作為聯合國秩序合法性基石的國際人權是以《世界人權宣言》（下稱《宣言》）為根柢發展而來的。二戰之後，全人類基於對戰爭和人權的反思，在聯合國的主導下制定了這樣一份世界性的人權文件。它列出了一張人類應當享有的基本權利和自由的清單，並構成了各國在人權領域應當努力實現的目標。人們往往把這個世界範圍內第一份真正的世界性人權文件與西方人權觀聯繫起來，而忘記了這一文本是基於多種文明思想的溝通產生的。其中，中國儒家思想也貢獻了重要的思想資源。

　　在當今世界，人權觀念成為東西方文明衝突的重要戰場。人權的文化差異性決定了不可能形成某一種人權觀念獨統天下的局面。東西方社會都應該積極推進人權觀念的跨文化整合，求同存異，對普遍的人權觀念做出符合本國國情的解釋，在國際人權領域達成某些符合各自文化背景的共識。各國也應不斷挖掘自身的人權文化加以整合，形成本國的人權觀念體系，並向國際社會積極主張自己的人權觀，通過思想的爭搏與交流使其獲得普遍承認。「人權」在世界範圍內得到重視之初，也就是制定《世界人權宣言》時，張彭春就成功地踐行了上述理念。研究《宣言》起草和通過的歷史，可以發現中國代表張彭春在其中發揮了關鍵作用。他不僅折衝樽俎推動《宣言》順利起草，而且還將中國的儒家思想運用在起草和辯論過程之中，促使其融入《宣言》，使其成為二戰後國際人權新理論的重要組成部分。本書的重要意圖在於重新喚醒人們對這一歷史時刻的記憶。

　　張彭春（1892 年 10 月 21 日～1957 年 7 月 19 日），字仲述，天津人，是南開大學創始校長張伯苓的胞弟。中國教育家、外交家、早期話劇（新劇）活動家、導演。1946 年聯合國大會期間任中國駐聯合國經濟社會理事會常任

代表。1947 年 7 月被任命為聯合國安全理事會中國代表。張彭春作為《世界人權宣言》的起草人，曾經對《宣言》做出過重大貢獻。他曾借聯合國和人權委員會這一平臺，將中國的儒家思想精華傳播給世界其他國家，並且將儒家思想融入《宣言》的起草過程。筆者試圖較為完整地再現這一歷史圖景，因此對於他的生平、人權觀和人權素養的來源也進行了梳理，從而能夠對這段歷史做全景式的闡述。研究張彭春的價值不在於宣揚他的個人貢獻，而是希望借助他去瞭解中國及其代表的儒家文化貢獻於世界人權事業的可能性，進而思考該如何看待傳統文化與現代人權價值的斷裂與接續。

需要指出的是，本書的寫作是基於對以下三項命題的思索。

（一）人權作為概念本身雖然起源於西方，然而作為一種價值觀念存在於世界上很多國家的文化之中，人權和人權觀的多樣化是客觀存在的

大規模的人權的國際化，或者說國際人權發展肇始於 1948 年的《世界人權宣言》。自《宣言》頒布以來，「人權」一詞開始在全世界範圍內廣泛傳播〔註1〕。它是 20 世紀人們對兩次世界大戰中諸多反人類暴行進行深刻反思的結果。《宣言》向世界發出了人權保護的呼籲，對人類均應當普遍享有的人權和基本自由加以確認，並明確指出，這個《宣言》將作為所有世界各國及其人民應當努力實現的「共同標準」，希望每一個人和社會機構能夠通過學習《宣言》，受到教育和啟發，從而促進人們對權利和自由的尊重，國家和國際社會應當採取措施，逐步推進這些權利和自由在本國人民及其管轄下的領土人民中獲得普遍有效的承認和遵行。〔註2〕

但是仍應當釐定，「人權」這一字面概念是近代西方的產物〔註3〕。漢語

〔註1〕根據《宣言》的精神，這一具有歷史意義的《宣言》頒布後，大會要求所有會員國廣為宣傳，並且「不分國家或領土的政治地位，主要在各級學校和其他教育機構加以傳播、展示、閱讀和闡述。」
〔註2〕參見《世界人權宣言》序言最後一段。
〔註3〕在此僅指嚴格字面意義上的「人權」概念，而不指代當今「人權」概念衍生出的廣義文化內涵。因為從人權包含的文化內涵角度觀察，很多國家在歷史上都曾有過部分的理論或實踐。例如有些學者則認為人權概念確非西方世界的獨有發明，任何社會都有其本身存在著的人權概念，所有社會都通過文化和歷史表明它們存在人權意識，因為人權概念可以追溯到人類起源本身。參見 J·Donnelly, *Universal Human Rights in Theory and Practice*, New York: Cornell University Press, 1989, P.49；李林：《人權概念的歷史文化解讀》，王家福、劉海平、李林主編《人權與 21 世紀》，中國法制出版社 2000 年版，第 22～42 頁。

中的「權利」一詞是地地道道的舶來詞，它是 19 世紀末經由日本從西方引入的〔註 4〕。在西方，「人權」最初起源於自然權利和自然法學說，而近代意義上的人權概念則是經過近代的幾次重大的資產階級革命和幾部重要的人權文獻而逐步明晰和確立起來的。英國於光榮革命後頒布了《權利法案》（Bill of Rights）〔註 5〕，對王權進行限制的同時，加強了對公民權利的保障，這使得這一文獻具有明顯的人權宣言的性質。美國在獨立戰爭前期於 1776 年起草並通過了《獨立宣言》（United States Declaration of Independence），首先將「天賦人權」的思想寫進了資產階級革命的政治綱領，因而被馬克思稱為人類歷史上「第一個人權宣言」〔註 6〕。該宣言宣稱：「人人生而平等，造物者賦予他們若干不可剝奪的權利，其中包括生命權、自由權和追求幸福的權利。為了保障這些權利，人類才在他們之間建立政府，而政府之正當權力，是經被治理者的同意而產生的。當任何形式的政府對這些目標具破壞作用時，人民便有權力改變或廢除它，以建立一個新的政府。」從而賦予了公民生命、自由、追求幸福以及反抗政府的權利。法國在大革命時期於 1789 年 8 月 26 日頒布了《人權和公民權宣言》（法語：Déclaration des Droits de l'Homme et du Citoyen）作為指導革命的政治綱領性文件。《人權宣言》明確宣布自由、平等、財產和安全是天賦的神聖不可侵犯的人權；宣布了「主權在民」的原則；宣布了基本的民主權利；宣布了私有財產神聖不可侵犯。以上幾個基本文件，成為近代意義上人權概念的文本來源。

　　文本上「人權」字眼的出現依託於人權在理論上的證成。在早期論證人

〔註 4〕「權利」這個詞是在 19 世紀後半葉由我國早期資產階級改良主義者馬建忠、鄭關應等人經由日本從西方介紹、引入中國的，中國人的權利思想大致等同於中文權利的含義，將「權力」和「利益」融合在一起。」See Chung-Shu Lo (羅忠恕): "Human Rights in the Chinese Tradition", in *Human Rights: Comments an Interpretations, edited by UNESCO*, New York: Columbia University Press, 1949. P.187；李林：《人權概念的歷史文化解讀》，王家福、劉海平、李林主編《人權與 21 世紀》，中國法制出版社 2000 年版，第 22～42 頁。

〔註 5〕《權利法案》是《國民權利與自由和王位繼承宣言》（An Act Declaring the Rights and Liberties of the Subject and Settling the Succession of the Crown）的簡稱，是英國重要的一部人權法案，由威廉三世於 1689 年簽署，「光榮革命」之後，荷蘭執政威廉三世被宣布為英國國王，而前提條件就是必須接受由資產階級掌控的議會所提出的這部《權利法案》。

〔註 6〕〔德〕馬克思、恩格斯：《馬克思恩格斯全集》第 16 卷，人民出版社 1964 年版，第 20 頁。

權的起源時，西方人權學者把人權歸結到上帝、自然權利或者先驗的社會契約〔註7〕，這種「天賦人權」的自然法觀念最初給西方的人權理論提供了巨大的合理性、神聖性和煽動性，成為西方近代人權觀念的肇端。但是，世界的目光真正開始關注人權是在二戰以後。作為對法西斯種種踐踏人權的殘酷罪行的反思，制定一部世界性的人權宣言被提上了聯合國的議程。此後人權不再是作為資產階級革命的一個政治工具，而是「所有人民和所有國家努力實現的共同標準」〔註8〕，因而人權問題也在世界範圍內進入學理辯爭的視野並受到廣泛的討論。虛無飄渺的西方先驗假定再也無法滿足理論的發展和人權觀念傳播的需要，源於「人」的本質的自然權利或者天賦權利被進一步實證化，正義觀念〔註9〕成為人權的邏輯基礎。人權概念憑藉西方的人權學說不斷豐富和發展，成為人類的共同財富，但西方人權學說的理論形式和某些結論是不可能具備世界普遍性的，正如學者夏勇所總結，不論是自然論還是正義論，「它們都分屬西方文化的不同時期的不同方面，有著某些對西方人可能是不言而喻的但其他文明傳統的人卻難以理解的前提或背景，以及難以認同和接受的人權標準」〔註10〕。

東西方很多國家在其文化中都存在承載相似人權價值的理論或實踐，同時基於文化傳統、政治原理、意識形態和宗教體系的差異性，對人權價值又會有不同的理解。這一點在 1947 年聯合國教科文組織收集的不同國家和文明的人權哲學觀念的調查中就已經清楚顯現了。聖雄甘地在給教科文組織的回函中就明確表示了對自由主義人權觀的異見，認為任何權利都以其相應的義務得到履行為前提。來自中國的羅忠恕（Chung-shu Lo）〔註11〕也認為，傳統漢語中很難找到一個和「right」對應的概念，漢語中「權利」一詞是清末從日語中借來的譯法。但這並不意味中國人從未宣稱過人權或者享有人的

〔註7〕「社會契約論」也以人先驗地自然地享有權利作為理論前提，而人們享有的權利則是這種自由經訂立契約後的二次轉化。例如「契約論」的倡導者法國啟蒙思想家盧梭認為人普遍享有的自由源於人的自然屬性（法語原文為：Cette liberté commune est une conséquence de la nature de l'homme），See Jean-Jacques Rousseau, *Du Contrat Social ou Principes du Droit Politique*, chapitre 1.3, livre 1。
〔註8〕《世界人權宣言》序言部分。
〔註9〕See John Rawls, *A Theory Of Justice, Revised Edition*, Cambridge: the Belknap Press of Harvard University Press, 1999, pp.52~53.
〔註10〕夏勇：《人權概念的起源》，中國政法大學出版社 1997 年版，第 232 頁。
〔註11〕羅忠恕時任華西大學哲學系教授，聯合國科教文組織哲學顧問。

基本權利。〔註12〕

　　任何國家和民族的文化都必然與本民族獨特的歷史和經驗相聯繫，不可重現與複製，同時，各國的文化又是世界文化的一部分，其共通性既體現在文化發展的基本規律具有某些一致性，又因文化間的交流與借鑒互相影響和滲透。〔註13〕因此，人們在文化共通背景下共享著類似的人權價值，而在各自特定文化中存又在著一些特殊人權價值，以及即便在實現類似人權價值的觀念和行動方面又會存在著差異，也因之構成了人權的普遍性與特殊性（多元化）並存。

（二）西方的「普世人權觀」至今無法消弭人權和人權觀的多樣性

　　由於人權概念肇始於西方，同時西方在政治、經濟、文化等方面的發展更為成熟，建立了一套比其他國家更為「先進」的「上層建築」，因此難以避免的使其在人權話語上佔有了先天優勢。而西方卻濫用在「人權」話語上的優勢，將其作為實現國家目的的政治武器，導致了「人權」的意識形態化。

　　西方發達國家要求其他國家不加選擇的遵循和複製其所謂「普世人權」的學說和體制，運用其在經濟援助、政治話語方面的霸權步步緊逼，卻並沒有達成西方人權觀念一統天下的意圖，反而使得發展中國家疲於應對，對所謂的「普世人權」標準極為反感，甚至使得一些國家對人權的概念本身都產生了懷疑情緒，視之為西方和平演變策略的一部分。正如日本學者大沼保昭所指出，部分發展中國家領導人發表過一些反對人權的言論，恰恰是對歐美發達國家過急的、獨善的改善人權要求的反彈。〔註14〕

　　也正因此，在中華人民共和國成立以後的一段時期，憲法和法律研究中不使用「人權」的字眼和概念。人權問題成為思想理論的禁區。特別是「文革」時期，受極「左」思潮的影響，「人權」被當成資產階級的東西加以批判。直到改革開放初期，一些重要報刊還以「人權是哪家的口號？」「人權是資產階級的口號」「人權不是無產階級的口號」「人權口號是虛偽的」等為題，發表過一大批文章，把人權看作資產階級的「專利」，強調「無產階級歷來對人

〔註12〕See *Human Rights: Comments and Interpretations*, edited by UNESCO, New York: Columbia University Press, 1949.

〔註13〕朱力宇：《「一國兩制」視野下法律文化的同一性與多樣性及其在中國的體現》，《法學雜誌》2012 年第 4 期。

〔註14〕參見〔日〕大沼保昭：《人權國家與文明》，王志安譯，生活・讀書・新知三聯書店 2003 年版，第 257 頁。

權口號持批判的態度」〔註15〕。1985 年 6 月 6 日，針對國際敵對勢力對中國的攻擊，鄧小平指出：「什麼是人權？首先一條，是多少人的人權？是少數人的人權，還是多數人的人權，全國人民的人權？西方世界的所謂『人權』和我們講的人權，本質上是兩回事，觀點不同。」〔註16〕這一表態標誌著「人權」概念在政治話語中被認可和接納，由此才對國內以往的人權認知有所糾正。

在西方將自己的人權觀念不適當地推廣到全球的同時，「我們經常看到，普遍的認可隱含著似乎同樣普遍的分歧，絕對的贊同包藏著似乎同樣絕對的對立。這種與對人權的普遍認同相伴隨的普遍的形同實異、表裏不一，已經成為人類社會分裂、動亂、欺騙、霸權乃至戰爭的新源頭。在許多場合，人權成了人類相互分裂、攻訐、敵視甚至凌辱的工具，而不是人類相互結合、理解和合作的新途徑。」〔註17〕正如瑪利昂・登霍夫（Marion Gräfin Dönhoff）伯爵夫人所說的話：「像威爾遜和杜勒斯所採用的以（西方人權）道德標準為基礎的外交政策，並沒有使世界明顯地變得更道德。相反卻導向死胡同和巨大的災難。」〔註18〕

（三）不存在也不應存在唯一正確的普遍主義人權標準

進入新世紀之後，發達國家與發展中國家在人權問題上的主要策略逐步從衝突轉向對話。以中、歐關係為例，歐盟已經改變了從 20 世紀 80 年代末開始實行的對中國施加壓力和進行指責的做法，〔註19〕雙方開展了積極的人權對話。

另一方面，西方學者也開始正視東西方文化上的普遍緊張，並試圖提出

〔註15〕 參見董雲虎：《「人權」入憲：中國人權發展的重要里程碑》，《人民日報》，2004 年 03 月 15 日，第十版。

〔註16〕 鄧小平：《鄧小平文選》第三卷，人民出版社 1993 年版，第 125 頁。

〔註17〕 夏勇：《人權概念的起源》，中國政法大學出版社 1997 年版，第 217 頁。

〔註18〕 〔美〕小阿瑟・施萊辛格：《人權和美國傳統》（原載美國《外交季刊》1978 年冬季號），樓培敏、夏伯銘摘譯，馬大業校，《國外社會科學文摘》1980 年第 2 期。瑪利昂・格萊芬・登霍夫（Marion Gräfin Dönhoff）（1909.12.02～2002.03.11），作為德國記者曾反對希特勒的「國家社會主義」，二戰後成為了德國記者和知識分子的領軍人物之一。她著有 20 多本著作，其中包括對德國的政治和歷史的分析以及對美國的評論，被廣泛讚譽為智慧、寬容和道德的聲音。

〔註19〕 朱力宇、張小勁：《中歐人權觀的異同及其對中歐關係的影響》，《國家行政學院學報》2002 年第 4 期。

某種能夠被不同文化所共同接納的統一人權標準。值得注意的是英國學者米爾恩提出最低限度道德標準（minimum universal moral standard）〔註20〕的概念。它是建立在這樣一種邏輯的基礎之上：人是道德動物，人權源於人的道德本性，而人享有的人權不是源於上帝的授予或某種先驗的假定，而是源於人類真實存在的道德基礎。因而，應當存在某種「普遍的最低限度的道德標準」，這種道德標準不因社會文化的多樣性而不同，是一切人類社會都存在的低限標準，因而也存在放之四海而皆準的最低限度的人權。〔註21〕米爾恩的基於普遍道德的低度人權目的在於尋求人權的普遍性，因為保障這種低度的人權，不必以發達的政治、經濟、文化為前提條件；而這類人權不存在意識形態上的紛爭，也不會因為文化的差異而產生歧義，它以包容和承認多種意識形態以及世界多樣文化為前提，因而易於形成普遍、協調的人權觀念。這種理論至少在形式上完成了從以西方為標準的普世人權觀念到包容多元文化的共同人權觀念的演化。人權係源於人和人類社會的道德性，這是一個相對自然法理論更能為人們普遍接受的邏輯前提。它有利於將對人權這一概念本身的意識形態爭議化解，從而將對人權的認同度擴展到全世界。另一方面，這一理論也表明，「人權」本身存在於多元文化的道德基礎之中，而不僅僅只可以從西方道德原則中推導出來，人權研究應當抓住其內在普遍性，而不僅僅是外在的普遍性，不能簡單地將西方人權原理和人權標準不適當地普遍化〔註22〕。

這一理論雖然在一定程度上調和了一切社會因結合所必需的普遍道德和因社會生活方式不同而產生的特定道德這兩者之間的關係，但是這一理論本身並未消解各國在人權標準上的分歧。正如該理論的倡導者米爾恩在他的《人的權利與人的多樣性——人權哲學》一書中承認的那樣，這只是「對道德相對主義一種適當而有限的修正」，因為「普遍道德仍然只是確定了一種低限度

〔註20〕「最低限度的道德標準」由英國學者米爾恩提出，他認為「有某些權利，尊重它們，是普遍的最低限度的道德標準的要求。無論怎樣，它們也不是自由——民主權利和現代社會——福利權利」，「低限度標準根植於某種生活本身的道德要求，那麼，無論它採取何種特定形式，我都將認定低限標準在事實上能夠適用於一切文化和文明，而不管他們之間有何差異」。參見〔英〕A.J.M.米爾恩：《人的權利與人的多樣性——人權哲學》，夏勇、張誌銘譯，中國大百科全書出版社1995年版，第7頁。
〔註21〕參見〔英〕A.J.M.米爾恩：《人的權利與人的多樣性——人權哲學》，夏勇、張誌銘譯，中國大百科全書出版社1995年版，第7頁。
〔註22〕參見夏勇：《人權概念的起源》，中國政法大學出版社1997年版，第234頁。

的標準」〔註23〕，在此限度之上的道德仍然是相對的，因國（或民族）而異的。而在當代，無論是學者、政府還是普通公民，可能都無法滿足於一個在最基本的普遍道德範疇內徘徊不前的人權概念（即僅僅達成最低限度的人權共識），人權的發展和實現必然會要求超越這種底線普遍道德走向更高的層次。一旦訴諸於更高層次的人權，便不得不又陷入道德相對主義的怪圈。比如文化權利，是人在免於和獲取政治、經濟上的不利與保障之後對人權提出的新要求，這項基本人權無法被囊括到「普遍道德」的範疇之中。

而源於特定文明中特殊道德的人權，也是各國人權進步所必須的，普遍道德則無法給予評判。法國政府針對穆斯林女子的面紗禁令於 2011 年 4 月 11 日正式生效，這導致的結果是：凡是希望以戴面紗表現謙遜品行的穆斯林女子都將受到法律懲罰。雖然法國政府聲稱禁令意在貫徹平等、自由、博愛的人權主張，為女性爭取尊嚴，但對摘掉面紗最大的阻力，卻來自那些戴面紗的女性。她們不可理解公共法律為什麼一定要干涉她們的宗教信仰，甚至不少穆斯林女性認為，該禁令違反了人權。這種爭議最終無法通過最低限度的道德進行評判。即便在西方社會眼中，這是一種有損尊嚴的宗教習俗，但在穆斯林共同體內，戴面紗、穿長袍本身不僅不構成對女性尊嚴和人權的侵犯，甚至被認為是一種謙遜和虔誠的表現。即或西方文明較伊斯蘭文明在道德上更為開明，但這很難構成前種道德高於後種道德或者前者干預後者的合理性依據。

這種「適度」修正（而非絕對修正）還表現在，即便在普遍道德能夠發揮評價作用的領域，也無法拜託道德相對主義的鉗制，或者換言之，普遍道德本身也有無法圓通之處。米爾恩認為普遍道德將催生七項基本權利，它們是生命權、公平對待的公正權、獲得幫助權、在不受專橫干涉者以消極意義上的自由權、誠實對待權、禮貌權以及兒童受照顧權〔註24〕。這七項權利在

〔註23〕〔英〕A.J.M.米爾恩：《人的權利與人的多樣性——人權哲學》，夏勇、張誌銘譯，中國大百科全書出版社 1995 年版，第 196 頁。

〔註24〕米爾恩針對這幾項權利的論述如下：普遍的生命權利意味著沒有一個人能夠享有任意殺害任何人或使任何人類生活陷入不必要的危難這中的權利。做這兩種事情的人，或其幫助者、慫恿者，均不對受其威脅者的反抗行為享有豁免權。作為一項普遍的要求權，公正權意味著沒有一個人享有有權去做不公正對待任何人的事情的自由權。作為一項普遍的豁免權，它意味著沒有一個人能夠享有不公正對待聽命於他的人的權力權。作為一項普遍的要求權，受

他看來具有無可爭辯的普遍性，是在一切人類社會都應得到尊重的人權。儘管，僅就理論層面而言，對這些權利的忽視和違反毫無疑問會構成對人權侵犯，而在具體的操作層面上，儘管各國在普遍道德認同上已達成諸多一致（比如各國在消除種族歧視，消除婦女歧視，保障兒童權利，禁止酷刑和其他殘忍、不人道或有辱人格的待遇或處罰等方面達成普遍共識並加入相關聯合國人權條約，國際法和世界各國對戰爭罪、反人類罪、海盜罪和大規模屠殺和種族滅絕罪等嚴重侵犯基本人權的國際罪行進行國際審判和嚴懲的一致態度等），但是基於特定道德或社會生活與文化的多樣性而導致的具體事實的道德判定難題仍然存在。以最基本的人權——生命權為例，各國在認可生命權作為基本人權上並沒有分歧，但在實踐中墮胎與安樂死的辯論卻一直存在。墮胎的爭點在於胎兒是否享有生命權，安樂死的爭點則在於是侵犯了被實施者的生命權，還是一種委託授權的自殺行為，或者被實施者因面臨緊迫的死亡或者痛苦的折磨，是否已實際上不再擁有生命權。米爾恩一方面認為前者是關於生命權何時取得的爭論，後者是關於生命權何時終止的爭論，它們只是操作技術層面的問題，都不是必然推翻普遍道德論，但他也不得不承認這些不一致是出自特定道德之間的差異。〔註 25〕也就是說，人權普遍性與特殊性的衝突和爭論仍然會在這些領域內延續，人權及對其理解的多樣性是無法通過某種整齊劃一的理論標準來消弭的。

幫助權意味著，那些可以提供幫助者不享有對呼求救助者置若罔聞的自由權。作為一項普遍的權力權，它意味著沒有一個人能夠享有不承擔提供救助的義務的豁免權。作為一項普遍的豁免權，自由權意味著無人得對不屬其管轄的人享有指手劃腳的權力權。作為一項普遍的自由權利，它意味著無人能享有要求任何人去做任何事情的要求權，除非後者已經負去做該事情的義務。作為一項普遍的權力權，它意味著任何專橫地干涉他人行為自由的人均不得享有對受干涉者的反抗措施（counter-measures）的豁免權。作為一項普遍的要求權，誠實對待和禮貌意味著任何人不得享有為不誠實行為或不禮貌行為的自由權。作為普遍的豁免權，它們限制了所有的權力權的範圍。任何人無權不誠實或不禮貌地對告誡受其管轄的人。作為一項普遍的要求權，孩童受照看權意味著，任何人不得享有去做不讓孩童受成年人照看的事情的自由權。作為一項普遍的權力權，它意味著，任何成年人都不享有免除其提供此類照看的義務的豁免權。參見〔英〕A.J.M.米爾恩：《人的權利與人的多樣性——人權哲學》，夏勇，張誌銘譯，中國大百科全書出版社 1995 年版，第 173 頁。

〔註25〕〔英〕A.J.M.米爾恩：《人的權利與人的多樣性——人權哲學》，夏勇、張誌銘譯，中國大百科全書出版社 1995 年版，第 158 頁。

　　人權觀集中體現著各國文明的根本差異，因此在人權的諸多關鍵問題上各國難以達成一致並不奇怪。由於各國文明起步的早晚，發展的路徑以及歷史背景、文化傳統的差異等等因素，各國的人權觀不盡相同。這種差異雖然也存在於西方國家內部，比如英美法傳統和大陸法傳統對人權的認知必然存在差異，日本與歐美又有不同，甚至英國和美國也必然不能完全一致，然而主要的差別存在於東西方之間。如果以文明論，則是西方的基督教文明與東方的伊斯蘭文明、儒家文明的差別。

　　儘管西方學者亨廷頓據此提出了文明衝突的斷言〔註 26〕，但是如果各個文明之間能夠正視這種差異，能夠互相理解與包容而不是一方試圖壓制另一方，那麼不同文明之間的差異並不必然導致文明的衝突。因此要在世界範圍內切實的去推行人權，真正地解決國際人權發展中的問題，關鍵不在於能否找出一條或然存在的、絕對的、普適性的人權標準，而是需要各國「弘揚平等互信、包容互鑒、合作共贏的精神」〔註 27〕，在面對他國的人權問題時，不應該是任意攻訐、強權干涉，而應該包容理解，積極合作，給予幫助。在這方面，大沼保昭提出的「文明相容的人權觀」〔註 28〕值得關注，他提出了用不同文明之間協商而認可的普遍化人權概念取代唯一正確的普遍主義人權概念的構想。

　　從傳統或文化上而非僅僅是政治意識形態上向西方闡明本國的人權觀念，也是中國面臨的重要課題。而以往中國學者在這方面的努力卻有所闕如。一方面，國內學界的研究多專注於研究、借鑒國外的人權理論和制度，而較少關注本國人權的特殊性，甚至在國內人權研究中出現忽視乃至否定儒家傳統的狀況〔註 29〕。不僅世界沒有關注中國，中國學者也沒有很好地研究中國，對中國人權理論「本土資源」的挖掘鳳毛麟角。

〔註 26〕參見〔美〕塞繆爾‧亨廷頓：《文明的衝突與世界秩序的重建》，周琪等譯，新華出版社 1998 年版。

〔註 27〕《中國建議國際人權工作弘揚平等互信、包容互鑒、合作共贏精神》，人民網 http://politics.people.com.cn/n/2013/0301/c70731-20637186.html，訪問日期：2019 年 7 月 26 日。

〔註 28〕參見〔日〕大沼保昭：《人權國家與文明》，王志安譯，生活‧讀書‧新知三聯書店 2003 年版。

〔註 29〕黃建武：《儒家傳統與現代人權建設──以張彭春對〈世界人權宣言〉形成的貢獻為視角》，《中山大學學報（社會科學版）》2012 年第 6 期。

　　張彭春曾成功地將儒家思想融入到了《宣言》的內容之中，他對儒家思想的成功運用，推動了《宣言》順利起草和通過，為世界人權事業做出了巨大貢獻。釐清這段歷史，不僅有助於增強學者從儒家文化的角度去詮釋和研究人權理論的熱情，也利於在人權的國際對話中增強中國的話語力量。

　　2008 年，正值《宣言》發表 60 週年之際，第 61 屆世界非政府組織年會在法國舉行，會場設在位於巴黎的聯合國教科文組織大廈。大會特意將《世界人權宣言》的主要起草人畫像擺放在會場主席臺兩側，其中包括羅斯福夫人、馬立克、卡森、漢弗萊等人。張彭春的畫像被擺放在主席臺左側第二個位置上，由此可見主辦方對這位來自中國的學者在國際人權立法上的貢獻給予高度肯定〔註 30〕。而在聯合國官方網站上關於《宣言》起草委員會的介紹中，張彭春的英文名字「Peng-chun Chang」被列在僅次於起草委員會主席羅斯福夫人埃莉諾‧羅斯福的位置，是起草委員會唯一的副主席，並這樣介紹他：「張彭春，中國代表，人權委員會副主席，劇作家，哲學家，教育家和外交家，中國現代戲劇的著名導演。他能夠向其他代表解釋中國的人權概念，並且在談判過程中運用儒家原理創造性地解決了的許多僵局，在各種相互衝突的意識形態之間達成了妥協。他以宣言應具有普遍性為依據，堅決主張去掉《世界人權宣言》中所有關於自然和上帝的隱喻。」

　　張彭春是一位學貫中西的大家，是美國哥倫比亞大學的哲學博士，正因為他瞭解西方，所以他更能發現西方文化中的不足，更珍視中國傳統中的積極因素。他善於在演講和辯論中巧妙地化用的儒家言論和思想來闡述自己的主張和立場。在起草《宣言》的過程中，他經常運用儒家的經典名言、策略和方法，調解爭端、緩和矛盾、解決問題，是起草委員會中唯一能代表亞洲價值的成員。他的貢獻在於將儒家思想貫穿於整個起草過程，在實踐上證明了儒家思想與人權的可協調性，也為世界人權理論提供了有益的智慧啟迪。正如聯合國人權司首任司長漢弗萊對張彭春所評價的那樣：「他是一個協調的藝術大師，擁有一整套儒家的經典名言，他在人權委員陷入僵局的時候總有現成的解決之道。」〔註 31〕總之，他是在實踐中將儒學思想運用於世界人權

〔註 30〕柳華文：《為了人民生活得更有尊嚴、更加幸福──不斷推進中的中國人權與法治事業》，《人權》2012 年第 5 期。

〔註 31〕John P. Humphrey, "The Memoirs of John P. Humphrey, the First Director of the United Nations Division of Human Rights", *Human Rights Quarterly*, 1983, 5(4).

領域的先驅者，對《世界人權宣言》的起草和通過做出了極其重要的貢獻。他在世界人權領域對儒家學說的成功運用，實現了儒家與人權的成功接榫，也使筆者堅信儒家思想必然將對亞洲乃至世界人權實踐、理論產生重大影響。

　　需要向讀者說明，關於本書的思考始於 2010 年，之後筆者以此為主題撰寫博士論文並於 2014 年初成稿。2014 年 6 月以優秀成績通過博士學位論文答辯後，書稿經過近一年修改，定名為《國際人權事業的中國貢獻：張彭春與〈世界人權宣言〉》，於 2015 年 4 月由中國政法大學出版社出版。此次感謝花木蘭文化出版社玉成，使本書得面向臺灣讀者。筆者在原書稿基礎上做了較大修改：一方面，刪除了原文中的學術文獻綜述，以參考文獻形式列於文後，大幅調整了各部分標題和內容，增強了本書的可讀性，從而兼顧研究型讀者和普通讀者；另一方面，增加了原書稿所沒有的歷史圖片，以便於更直觀地向讀者展現相關歷史和人物。

第一章　張彭春生平

第一節　傳略 [註1]

　　張彭春，又名蓬春，字仲述，1892 年生於天津，是南開創始校長張伯苓的胞弟。1908 年畢業於南開中學，後赴美在克拉克大學和哥倫比亞大學學習心理學、社會學、教育學和哲學，獲得克拉克大學文學學士、哥倫比亞大學文學碩士和教育學碩士學位。並於 1919 年 6 月進入哥倫比亞大學攻讀博士學位，繼續學習哲學和教育。張彭春曾任南開新劇團副團長、導演，南開大學教授、代理校長和清華大學教務長，以及中華民國政府外交官等。

　　其父為張久庵（名雲藻）。張久庵博學多才，趣味廣泛，音律騎射樣樣精通，尤其擅長彈奏琵琶，被當地人譽為「琵琶張」。張家祖籍山東，曾在運河上經營糧油雜貨的生意，後來家業逐漸殷實，於清朝初年舉家遷往天津，在靠近運河口岸的河東置辦了店鋪「協興號」。待產業傳到張久庵手中，因經營不善店鋪倒閉，生活也日漸窮困。但張久庵對於子女管教非常嚴格，也非常注重子女的教育，儘管家境並不寬裕，但仍極盡全力讓張伯苓、張彭春兄弟二人繼續求學。張彭春及其兄張伯苓就是在這樣一個清貧而嚴格的環境中長

〔註 1〕「張彭春傳略」的研究參考了以下文獻：Ruth H.C. & Sze-Chuh Cheng, *Peng Chun Chang, 1892~1957: Biography & collected works*, privately printed, 1995；崔國良、崔紅編，董秀樺英文編譯：《張彭春論教育與戲劇藝術》，南開大學出版社 2004 年版；張伯苓教育思想研究會主編：《中國話劇先行者──張伯苓、張彭春》，人民出版社 2009 年版；黃殿祺主編《話劇在北方的奠基人之一──張彭春》，中國戲劇出版社 2007 年版；龍飛、孔延庚：《張伯苓與張彭春》，百花文藝出版社 1997 年版。

大的。這對二人日後積極投身國民教育事業產生了極大的影響。

張彭春比張伯苓小十六歲，七歲左右進入私塾讀書，十二歲時成為兄長張伯苓與愛國教育家嚴範孫〔註 2〕創辦的「私立敬業中學堂」（南開中學的前身）的第一屆學生。在此期間，張彭春曾遭受了幼年時期的一次重大病難。1900 年八國聯軍侵華天津淪陷後，由於軍民死傷太多，又適逢春夏之季無雨亢旱，引起「瘟氣流行」。天津城內爆發了瘟疫，張彭春也未能幸免，但其憑藉先天健壯的體格，靠著煎服父親吃剩的藥渣渡過難關，存活了下來。而兄長張伯苓的一子一女卻因染上瘟疫而夭折。遭此大難，幼年的張彭春就明白生命的寶貴與脆弱，更加珍惜光陰用功讀書。1908 年，他以優異的成績畢業於南開中學，並考入保定高等學堂。是年冬，父親張久庵病逝，此時張彭春還不滿十七歲。為回報父親對自己的期待，他兩年後以第十名的成績考取了清華學校前身「遊美學務處」的第二屆「庚子賠款」留美生，同趙元任、竺可楨、胡適等七十一人一同赴美留學〔註 3〕。

1910 年，十八歲的張彭春進入美國克拉克大學攻讀心理學和社會學，1913年獲得克拉克大學文學學士學位，並進入哥倫比亞大學研究院攻讀碩士學位。兩年後，張彭春獲得哥倫比亞大學文學碩士學位和教育學碩士學位，時年二十三歲。儘管張彭春在美國學習的專業是教育和哲學，而在課餘，他也用了相當多的時間鑽研歐美的戲劇理論和編導藝術。他極為推崇挪威劇作家易卜生（Henrik Johan Ibsen），他說，正是由於易卜生，才使他這個學哲學的

〔註 2〕嚴範孫（1860.6.2～1929.3.14），名嚴修，字範孫，號夢扶，別號促屬生，原籍浙江慈谿。1860 年生於天津，漢族，是近代著名的愛國教育家和學者，踐行革新封建教育、推進教育現代化的先驅。與南通張張謇並稱「南張北嚴」。蔡元培評價嚴修「於舊道德素稱高貴」，周恩來贊其是「封建社會一個好人。」嚴修是清末進士，二十六歲任翰林院編修，後出任貴州學政、學部左侍郎等職。1897 年他上書光緒帝《奏請設經濟特科摺》，被梁啟超稱作戊戌維新「變化之原點」。戊戌變法失敗後，他辭官回到天津，於 1902 年創辦嚴氏女塾，為「女學振興之起點」，後與張伯苓共同創建了南開系列學校。他在任期間，為南開學校投資的資金，是南開學校得以生存和發展的重要條件。後因病去世，被尊為「南開校父」，現南開中學內圖書館樓為紀念他而起名為範孫樓。具體參見司霖霞、梁茂林：《嚴修與天津南開私立學校的設立》，《貴州社會科學》2012年第 11 期；梁吉生：《嚴修、張伯苓與南開大學的創建》，《南開學報》1999年第 5 期；龍飛、孔延庚：《張伯苓與張彭春》，百花文藝出版社 1997 年版，第 8～10 頁。

〔註 3〕龍飛、孔延庚：《張伯苓與張彭春》，百花文藝出版社 1997 年版，第 38 頁。

年輕人愛戲劇勝於愛哲學。〔註 4〕

第二次考取廣子賠款留學美國學生榜實錄（名單）

卒次	姓名	年歲	籍貫	學堂
1	楊錫仁	一八	江蘇震澤	上海南洋中學
2	趙元任	一九	江蘇陽湖	江南高等
3	王紹初	一九	廣東南海	唐山路礦
4	張謀實	一九	浙江鄞縣	約翰書院
5	徐志豁	一八	浙江定海	約翰書院
6	譚頌海	二〇	廣東香梅	上海南洋中學
7	朱箕	一九	江蘇金匱	東吳大學
8	胡繼賢	一九	直隸天津	家塾
9	區担偉	一九	廣東番禺	嶺南學堂
10	張彭春	一八	直隸天津	天津私立中學
11	周繼曾	二〇	江蘇無錫	唐山路礦
12	胡厚坤	一八	浙江歸安	嶺南學堂
13	沈担偉	一八	浙江歸安	約翰書院
14	程闇運	一八	廣東新會	復旦公學
15	幾棠梯	一九	浙江海鹽	美國賀福尼大學
16	陳天驥	二〇	浙江定海	復旦公學
17	吳家高	一八	江蘇吳縣	東吳大學
18	周厚高	一九		
19	路敏行	二〇		
20	周象賢	二〇	福建侯官	家塾
21	沈·艾	一七	浙江定海廳	上海高等實業
22	陳延壽	一九	廣東番禺	長沙雅禮大學
23	傅驥	一九	四川巴縣	復旦公學
24	李松濤	一九	廣東嘉定	嶺南學堂
25	劉寰偉	一八	廣東新寧	約翰書院
26	徐志誠	一九	浙江定海	約翰書院
27	高崇德	一九	山東捷實	山東廣文學堂
28	芝可楨	一九	浙江會稽	唐山路礦
29	程延慶	一九	江蘇震澤	約翰書院
30	沈湖明	一九	浙江烏程	浙江兩級師範
31	鄭達宸	一九	江蘇江陰	復旦公學
32	唐德炯	一九	江蘇吳縣	上海復旦公學
33	徐墀	二〇	廣東新寧	唐山路礦
34	成功一	一九	江蘇江都	東吳大學
35	王松海	一八	江蘇丹徒	約翰書院
36	王揖	二〇	江蘇桃源	江南高等
37	諸立	一九	貴州平遠	家塾
38	楊維楨	一九	四川新沖	重慶廣益中學
39	陳茂康	二〇	四川巴縣	東吳大學
40	朱進	二〇	江蘇金匱	東吳大學
41	范賢元	一九	浙江錢塘	約翰書院
42	胡宜明	一九	福建龍溪	約翰書院
43	胡憲生	二〇	江蘇無錫	譯學館
44	郭守純	二〇	廣東潮陽	約翰書院
45	毛文鍾	二〇	廣東南海	真隸高等工業
46	霍懿昌	二〇	福建開縣	福建高等
47	陳慶習	一八	安徽合肥	江南高等
48	殷源之	一九	江蘇江都	美國賀福尼大學
49	符宗朝	一八	江蘇上海	兩進中學
50	王裕震	二〇	江蘇上海	杭州育英書院
51	孫恆	一九	浙江平湖	上海南洋中學
52	柯成林	一九	浙江仁和	上海高等實業
53	過棻光	一九	江蘇金匱	上海南洋中學
54	鄺寬裕	一九	廣東番禺	約翰書院
55	鄭遵	一九	安徽績溪	中國新公學
56	許先甲	二〇	貴州貴筑	四川高等
57	胡達	一九	江蘇無錫	高等商業

〔註 4〕龍飛、孔延庚：《張伯苓與張彭春》，百花文藝出版社 1997 年版，第 39 頁。

招祕燈 二〇 江蘇吳縣 上海高等實業
97 李平 二〇 江蘇無錫 高等實業
60 計大雄 二〇 江蘇南滙 高等實業
61 周開基 一九 上海南洋中學
62 陸光昌 一九 江蘇陽湖 上海南洋中學
63 圓銘 一九 江蘇泰興 上海高等實業
64 莊俊 一九 江蘇上海 唐山路礦
65 馬仙嶠 一八 直隸開州 保定高等
66 易鼎新 一八 湖南醴陵
67 周仁 二〇 江蘇上海 上海高等
68 何誠 二〇 江蘇江寧 京師時政
69 李錫之 一九 安徽合肥
70 張寶華 二〇 浙江平湖 美國耶魯宣學

民國廿三年二月我在南京竺可楨先生家中
看見他保存的這張油印榜文。我托他抄一份寄
給我。穿來之後，我又把當時周昌壽先生抄一份
保存在我的日記裏。中國政府最早派遣留學美
國的學生四批，其姓名履歷都保存在徐雨之的
年譜裏。我於望這張榜也可以長久保存，為後
人留作一種教育史料。
當時規定留學生年齡不得過二十歲，所以
榜上諸人所報年歲往往有以多報少的。
同榜七十人，以省分計，如下表：

江蘇	29	四川	3
浙江	14	貴州	2
廣東	10	湖南	2
安徽	3	廣西	1
福建	3	山東	1

以學校計，時約新書院最多，得十二人，
南洋公學（上海高等實業）次之，得七人，嶺南
學堂次之，優旦公學，東吳大學，江南高等，唐
山路礦，南洋中學，五校各得四人。
其餘各校皆在二人以下。
此中已故者，有沈叔愷，過寬先，胡達，
計大雄，朱進，施肇元，我所知的已有六人。
此中已改名者，陳延壽即陳伯莊，馬仙嶠
即馬海，過寬先即過探先，胡達即胡明復，
餘人不知尚有改名者否。
宣統二年（一九一〇）至今為二十四年，此七十
人中，死者已近十分之一，其職業不可知者也。
約有十分之三。

一九三四、三、廿七，胡適記。
一九六〇、五、四請胡頌平先生重鈔一份，為
影印之用。胡適。

胡適於 1950 年謄寫二期庚款考試名次

1916 年，他帶著他在美國創作的寫實劇與翻譯的劇本回到南開，便立即投身於南開的新劇活動。20 世紀二三十年代，張彭春在南開富有遠見地、有計劃地選擇一批外國名著，把它們搬上了戲劇舞臺，如易卜生的《娜拉》《國

民公敵》等〔註5〕。在張彭春的帶領下，南開新劇團培養和影響了一批有才華的著名演員和著名戲劇家，曹禺就是其中傑出的一位。1917 年夏，兄長張伯苓赴美考察教育，張彭春任南開代理校長，主持學校工作。1919 年 6 月，南開大學部即將成立，張彭春第二次赴美深造，進入美國哥倫比亞大學攻讀哲學博士學位，與兄長張伯苓一樣，成為美國著名實用主義代表人物、哲學家和教育家約翰‧杜威（John Dewey）的學生。1922 年，張彭春的博士論文《從教育入手使中國現代化》獲得通過。

　　1923 年，從美國回到國內的張彭春被聘為南開大學教授。同時，他作為南開大學部的主要創辦人之一，受邀到清華學校出任教務長，協助清華學校改辦清華大學，並做出了重大貢獻。在北京期間，張彭春與胡適、徐志摩、梁實秋、陳源（筆名西瀅）等人籌備文學社，並以二女兒張新月的名字命名，於是便有了中國現代文學史上名噪一時的「新月社」和「新月派」〔註6〕。1925年秋，清華大學部正式成立，張彭春辭去清華大學的職務，回南開擔任中學部主任和大學部教授。他在大學部教授哲學和西洋戲劇，並在中學部首創「社會調查」課，鼓勵學生深入實踐，從「做」中「學」。

　　1930 年 1 月，張彭春再度赴美講學，在華盛頓與梅蘭芳會面，並協助梅劇團在美演出，任劇團首屆總導演，梅蘭芳的演出大獲成功。

　　此後，張彭春赴美講學，先後在芝加哥大學、夏威夷大學和哥倫比亞大學任教，並在回國期間繼續從事話劇改編和導演工作。「七七事變」後張彭春應政府聘任赴英、美等國宣傳中國抗戰，爭取外部援助，並於 1940 年和 1942年先後被任命為駐土耳其公使和駐智利大使。抗戰勝利後，五十四歲的張彭春被任命為聯合國創設會議的中國代表，赴倫敦參加大會，並當選為聯合國經濟和社會理事會中國常任代表，兼任人權委員會副主席，參加起草《世界人權宣言》。後又任聯合國新聞自由會議中國首席代表和安全理事會中國代表，直至 1952 年退休，於紐約定居。1957 年 7 月 19 日，因心臟病猝發，在美國新澤西州納特萊城（Nutley）逝世，時年 65 歲。

〔註5〕田本相：《序三》，黃殿祺主編《話劇在北方的奠基人之一——張彭春》，中國戲劇出版社 2007 年版，第 5 頁。

〔註6〕次女張新月名字來源於印度詩人泰戈爾的詩集《新月集》，「新月」先是張彭春起作女兒名字，後又命名詩社為「新月社」。張彭春的女兒張新月本人證實，「外傳先有新月社，不確」。參見黃殿祺：《話劇在北方的奠基人之一——張彭春》，中國戲劇出版社 2007 年版，第 341 頁。

1956 年張彭春全家與親友於紐約合影，自右至左：張彭春（右 1）、張彭春夫人（右
3）、次女張新月（右 4），長女張明瑁（左 3）

第二節　中國話劇的先行者

　　提起張彭春，研究戲劇的學者首先聯想到的是他在戲劇方面的造詣。藝
術研究專家田本相對張彭春評價極高：「彭春先生不愧是現代話劇的先行者——
——如果說在南方，是洪深導演的《少奶奶的扇子》取得了成功，建立新劇的
導演制，那麼，在北方就是張彭春先生了。可謂『南洪北張』，相互輝映。」
〔註 7〕洪深大導演是中國早期電影的開拓者，也是現代話劇和電影的奠基人之
一。張彭春與洪深齊名，足見他在戲劇領域舉足輕重的地位。

　　張彭春在美攻讀哲學和教育學期間，就對戲劇理論十分感興趣。他對挪
威劇作家易卜生和法國劇作家莫里哀（Moliere）的作品到了癡迷的狀態。他
不僅研究戲劇理論，還親自創作劇本。在美國留學期間就曾創作英文劇本《外
侮》《灰衣人》和《醒》。獲碩士學位回國後即被推舉為南開新劇團副團長，
南開校刊《校風》對此發表評論說：「先生於此道久有研究，且極熱心，從此
我校新劇前途，自必放異彩矣」。〔註 8〕張彭春的劇本《醒》發表於 1919 年，

〔註 7〕田本相：《中國現代話劇的先行者張彭春》，張伯苓教育思想研究會主編《中國
　　　話劇先行者——張伯苓、張彭春》，人民出版社 2009 年版，第 89～91 頁。
〔註 8〕段茂瀾：《劇團開會》，南開《校風》第 36 期，1916 年 9 月 4 日，轉引自崔國
　　　良、崔紅編，董秀樺英文編譯《張彭春論教育與戲劇藝術》，南開大學出版社
　　　2004 年版，第 621 頁。

比被稱為中國現代文學史上第一部話劇劇本的胡適的《終身大事》還要早三年，而其仿傚西歐的一套完整的導演方法及其導演活動，比 1922 年留美歸來、開始從事戲劇活動、被話劇史家稱之為「中國最早導演」的洪深，也要早六年。〔註 9〕此後，張彭春又陸續導演了以《新村正》為代表的幾部話劇，蜚聲國內。

張彭春十分崇拜印度大詩人泰戈爾，因此便取其詩集《新月集》中的「新月」作為二女兒張新月的名字。此時，正逢與胡適、徐志摩、梁秋實等人組織文學社，便又將「新月」二字為文學社命名，自此誕生了著名的新月社、「新月派」及其刊物《新月》月刊。1924 年，也就是新月社成立的次年，泰戈爾訪華。為慶祝泰戈爾 64 歲誕辰，張彭春為新月社導演了泰戈爾的二幕話劇《齊德拉》，由梁思成繪製布景，清華大學教授林徽因扮演女主角齊德拉，徐志摩在劇中扮演愛神瑪達那。〔註 10〕魯迅、梅蘭芳等人都去觀看。事後，徐志摩總結道：「我們幾個朋友只是一般的空熱心，真在行人可說是絕無僅有——只有張仲述（彭春）一個。」〔註 11〕

在張彭春的帶領下，南開新劇團走出了一批話劇人才。其中最為著名的當屬戲劇大師萬家寶，也就是人稱文學「攝魂者」的曹禺。這位藝術大師在其處女作《雷雨》的序言中深情寫道：「獻給我的導師張彭春先生，他是第一個啟發我接近戲劇的人。」此外，南開傑出校友周恩來總理也曾經擔任布景部副部長並出演多部話劇主角，他還撰寫了讚揚南開新劇運動的著名戲劇理論文章《吾校新劇觀》〔註 12〕。

總之，張彭春將西方的戲劇理論和編導藝術直接移植到南開新劇團，從而形成我國早期話劇運動南北兩個中心之一的北方話劇藝術中心。

張彭春在戲劇方面的造詣做到了中西融會貫通。他喜歡話劇，不僅將話劇帶回中國，還引領中國傳統文化走向世界。1921 年中國北方發生大水災，為了募捐賑災款項，在美國攻讀博士學位的張彭春就與導演洪深一道，將中

〔註 9〕龍飛、孔延庚：《張伯苓與張彭春》，百花文藝出版社 1997 年版，第 40 頁。

〔註 10〕《清華週刊》第 308 期，1924 年 4 月 4 日，轉引自《張彭春論教育與戲劇藝術》，第 649 頁。

〔註 11〕北京《晨報》副刊，1926 年 6 月 17 日；龍飛：〈「新月派」名稱的由來〉，《中國文化報》2010 年 12 月 19 日，第 3 版。

〔註 12〕周恩來：《吾校新劇觀》（原載南開《校風》第 38、39 期，1916 年 9 月），《中國戲劇》2008 年第 3 期，第 7～9 頁。

國古典長詩《木蘭》用英文改編成話劇，在紐約和華盛頓義演。1921 年 2 月至 3 月，《木蘭》在美連演 8 場，大獲成功，《紐約時報》還以《為難民募捐中國學生演出英文劇〈木蘭〉》為題進行了報導。因此，哈佛大學人權學者瑪麗・格林頓（Mary Ann Glendon）在其書中玩笑卻不無認真地指出，將木蘭這個替父從軍的中國女孩的故事最早介紹到美國的是張彭春，而不是迪士尼公司。〔註 13〕

　　除歐洲話劇以外，張彭春也同樣精通中國的京劇藝術。張彭春曾隨梅蘭芳訪問美國和蘇聯，並擔任「梅劇團」在美、蘇演出的總導演。在美國演出時，他做了大量的工作，從演出到布景都一一過問，而且用流利的英語多次向美國觀眾宣傳和介紹中國京劇藝術，使得美國專家和觀眾能夠欣賞這種陌生的戲曲。梅蘭芳在美國的演出獲得了出人意料的成功，他也因此獲得加州普蒙娜大學及南加州大學名譽博士學位。在訪問蘇聯期間，張彭春同蘇聯大導演梅耶荷德進行了深入的交流，他從梅耶荷德那裡獲得了蘇聯新戲劇的新知，而梅耶荷德從他那裡獲得了重新估計中國傳統戲曲的審美奧秘的共識。〔註 14〕

1935 年訪蘇期間梅蘭芳劇團在莫斯科受到熱烈歡迎，右 1 為張彭春、左 1 為梅蘭芳（圖片來源：南開大學網站）

〔註 13〕迪士尼公司曾於 1998 年上映《木蘭》（Mulan），這是迪士尼第一部以中國為背景的動畫電影，講述了花木蘭替父從軍的故事。

〔註 14〕童道明：《對張伯苓張彭春的幾點認識》，張伯苓教育思想研究會主編：《中國話劇先行者——張伯苓、張彭春》，人民出版社 2009 年版，第 19～29 頁。

1935 年梅蘭芳（前右 2）同張彭春（後右 1）與蘇聯導演愛森斯坦、劇作家特列傑亞考夫合影（圖片來源：天津日報）

1935 年梅蘭芳（前排中間）、張彭春（後排右 1）與蘇聯戲劇家梅耶荷德等合影（圖片來源：大公網）

第三節　創立南大的計劃人

　　在張彭春看來，教育是強國的根本，也是治國的良方，因此他一直致力於推進中國的教育事業，為中國教育的現代化作出了重要的貢獻。

一、南開大學和清華大學的功臣

　　張彭春成為南開的校友始於其前身「私立敬業中學堂」以及「南開中學」，而與清華的淵源則始於考取「遊美學務處」第二批庚款遊美生〔註15〕。

　　張彭春和兄長張伯苓一樣，極為重視國民教育，因此他很早就提出了在南開創辦大學的設想。他在 1916 年的一次演講中說：「教育為救國之大本⋯⋯是以大學之設，為吾校刻不容緩之圖。」〔註 16〕張伯苓赴美考察大學建設問題時，由張彭春擔任南開中學代理校長。在此期間，張彭春銳意改革，積累了豐富的教育和辦學經驗，待張伯苓回國，旋即商議南開成立大學的事宜。1919 年，南開大學成立前期，張彭春出任籌備課主任，統領大學籌備，他親自起草《南開大學計劃書》作為籌建南開大學的藍圖和募款的依據，其中詳定了校舍規劃、學科設置和課程等，因此被張伯苓贊為「創立南大的計劃人」。同年 6 月，張彭春再次赴美深造，在哥倫比亞大學教育學院繼續跟隨碩士時期的導師約翰・杜威攻讀教育哲學。回國後，任南開大學教授。1923 年 9 月被借調入清華學校任教務長兼新課程委員會委員長，協助清華轉型成為大學。

　　在籌建清華大學過程中，張彭春做出了重大貢獻：他提出清華應成為「造就中國領袖人才之試驗學校」的建校綱領，為清華明確了學校的培養任務和目標；糾正清華辦學思路中重西方、輕傳統的弊端，他對清華的課程設置進

〔註15〕庚子賠款作為八國聯軍侵華和《辛丑條約》的主要結果，中國因此將要向列強賠付 4 億 5 千萬兩白銀，賠款期限長達 39 年，本息合計達到 9 億八千萬兩。美國政府為培養中國親美人士，並在國際外交上佔據主動，於 1908 年提出退還部分超額賠付的賠款，用於資助中國學生留學美國之用。1909 年 8 月，遊美學務處招考第一批留美學生。上榜者有梅貽琦、胡剛復、王士傑等。1910 年 6 月考派第二批學生。錄取者有趙元任、張彭春、錢崇澍、竺可禎、胡適、易鼎新、周仁等。1911 年 3 月，遊美預備學堂改名為清華學堂。而至今為止，位於臺灣省的新竹清華大學每年仍然還會收到庚子賠款的支票。參見徐建平：《美國退還部分庚子賠款的史實》，《文匯報》1997 年 2 月 12 日；《臺清華大學校長每年還收到庚子賠款支票》，《人民日報（海外版）》2011 年 4 月 26 日，第 03 版。

〔註16〕南開《校風》第 36 期，1916 年 9 月 4 日，轉引自《張彭春論教育與戲劇藝術》，第 3～4 頁。

行了一系列改革，如減少講課時間、選課自由、改善國文教學、強調中西文化知識並重等；主持制訂了《清華大學之工作及組織綱要》，確定了清華大學的組織單位、籌備工作次序等計劃。1925 年 4 月，清華學校組成大學臨時校務會議，張彭春當選為會議副主席。不久，清華正式組成新校務會議，張彭春當選為舊制部主任兼大學普通部主任。〔註 17〕清華開始由留美預備學校，逐步向綜合性大學過渡。

　　張彭春曾將 1923～1925 年間的工作做了記錄，定名為《日程草案》〔註 18〕，稍帶「工作日記」之意，記載了其擔任清華教務長期間的具體工作，也包括不少有關教育的目的、教育與社會的關係以及怎樣辦大學等更宏觀的內容。

1923 年清華大學職員的合影：前排左 4 為教務長張彭春，前排左 5 為校長曹雲祥（圖片來源：中國新聞週刊）

〔註 17〕參見金富軍：《清華校史連載之三——一波三折的改辦大學之路》，清華大學校史館網站 http://www.tsinghua.edu.cn/publish/xsg/8348/2013/201307081312 34408837010/20130708131234408837010_.html，訪問時間：2013 年 10 月 24 日；《著名教育家、戲劇理論家、外交家——張彭春》，《南開學報（哲學社會科學版）》2008 年第 5 期。

〔註 18〕張彭春：《日程草案》，原件藏美國哈佛燕京藏書樓，轉引自羅志田：《日誌中的民初思維、學術與政治》，《東方文明》2003 年第 2 期，第 28～29 頁。

二、提倡和積極推動新式教育

張彭春與張伯苓一樣，主張對舊的教育制度進行革新，其中興辦大學是其一。他還提出很多具體的新式教育主張。

一是改革舊式私塾教育，改變課程設置，開設政治、社會、哲學、心理、經濟、教育以及外語（如英、法、德文）等，這樣才能造就一批「知識高超道德純厚之新少年」。[註 19]他在南開開設「西洋戲劇課」，教授給非戲劇專業的學生（南開並未有戲劇專業），廣受歡迎，各系師生都來旁聽。這種素養教育打破了舊式教育的呆板。

二是對新青年要進行精神教育，其中包括愛國精神[註 20]、團體精神[註 21]、責任心[註 22]、自立自強等。張彭春始終教育學生要做好精神方面的修養，甚至 1917 年 9 月天津水患，南開學校校舍被淹之時，張彭春仍在全校師生大會上發表演講說：「學生之生存在精神，不在廬舍。我師生之精神永在，何往不可有為？」[註 23]在張彭春看來，精神教育是推進民眾形成現代公民思想和思維的重要步驟。

三是學習西方先進的科學技術，同時注重培養學生的科學精神。他希望通過教育增強現代人的創造性和科學精神，「培養我們自己有創造性的科學家」[註 24]。

四是注重實踐教育，培養學生觀察社會和動手的能力。為此他在南開首創「社會實踐」課程，要求學生實踐調研，然後撰寫調研報告，為學生進入社會提供了一扇敞亮的窗口。

張彭春推動新式教育過程中，引入了西方現代大學的課程和培養方案，

[註 19] 崔國良、崔紅編，董秀樺英文編譯：《張彭春論教育與戲劇藝術》，南開大學出版社 2004 年版，第 3 頁。

[註 20] 南開《校風》第 77 期，1917 年 11 月 5 日，轉引自《張彭春論教育與戲劇藝術》，第 24～25 頁。

[註 21] 參見鄭道儒記錄：《修身班校長演說》，南開《校風》第 102 期，1919 年 10 月 12 日，轉引自《張彭春論教育與戲劇藝術》，第 65～67 頁。

[註 22] 參見《修身班校長演說》，南開《校風》第 105～106 期連載，1918 年 10 月 31 日、11 月 7 日，轉引自《張彭春論教育與戲劇藝術》，南開大學出版社 2004 年版，第 68～69 頁。

[註 23] 趙水澄：《奮鬥與進步》，《南中週刊·南開學校 22 週年紀念號》，1926 年 10 月 17 日，轉引自《張彭春論教育與戲劇藝術》，第 23 頁。

[註 24] 參見張彭春 1942 年 3 月 11 日在伊拉克首都巴格達費薩爾二世大廳給巴格達大學學生的英文演講，《張彭春論教育與戲劇藝術》，第 310～319 頁。

為南開建設現代大學做了重要貢獻。他在哥倫比亞大學的博士論文題目《從教育入手使中國現代化》（Education for Modernization in China）是對他在中國推行新式教育努力的最佳注腳。

三、海外傳播中國傳統哲學和文化

　　儘管張彭春積極倡導和引入新式教育，但是在他看來，中國的新式教育並不能完全等同於西式教育。他很注重學生的國學素養，在清華進行課程改革時就提出中西並重的課程設計。他本人也有著深厚的國學功底。在課上，他經常引用中國儒家的名言來教導學生。在南開修身課上，他借孟子的「天將降大任於斯人也，必先苦其心志，勞其筋骨，餓其體膚，空乏其身」一章來勉勵學生，反覆向他們講解，並要求熟讀強識，身體力行。

　　張彭春之所以能夠聞達於歐美，很大程度上得益於他在中國傳統哲學和藝術方面的造詣。他曾先後任教於芝加哥大學、芝加哥藝術學院、夏威夷大學和哥倫比亞大學等，主要講授中國哲學和中國文化、藝術〔註25〕，同時他一度擔任中國政府歐美考察團秘書、哥倫比亞大學中國教育研究會會長等職務，赴蘇聯、英國、法國、德國、丹麥等國以及牛津、劍橋等 10 所名校考察教育，並作英文學術演講，其中包括《中國文化的變遷幾個方面》《中國戲劇傳統和技巧》《中國：何來，何去？》等主題。他把這些演講稿做了彙編，收入了他在英國出版的英文專著《中國在十字路口》一書中。該書在第一章第二節專門向西方介紹了「孔子的教育觀和政治觀」。在陪同梅蘭芳訪美、訪蘇期間，他積極宣傳中國的傳統藝術，搭建了中外藝術的橋樑。甚至，在擔任駐智利和土耳其外交官時，仍然多次受邀講演中國文化，1942年 3 月曾兩次應邀在伊拉克首都巴格達作關於中國文化和中國傳統〔註26〕的演講。

　　由於他對中國傳統文化和藝術的熟稔，梅蘭芳稱他是瞭解中國傳統藝術

〔註25〕 Ruth H.C. & Sze-Chuh Cheng, *Peng Chun Chang, 1892~1957: Biography & collected works*, privately printed, 1995.

〔註26〕 第一次演講是 1942 年 3 月 6 日在巴格達達費薩爾二世大廳對伊拉克皇室以「中華文化的演進」為題進行的演講，第二次則是 1942 年 3 月 11 日在同一地點對巴格達大學的學生做演講，圍繞的主題是孔子的思想、中國傳統、中國教育與現代化等。參見崔國良、崔紅編，董秀樺英文編譯：《張彭春論教育與戲劇藝術》，南開大學出版社 2004 年版，第 303～319 頁。

的京劇「大行家」，而聯合國第一任人權司司長漢弗萊對張彭春則評價道：「他是一個協調的藝術大師，擁有一整套儒家的經典名言。」〔註 27〕

1931 年張彭春赴美國擔任教職期間在芝加哥大學拍攝的教師照
（來源：芝加哥大學網站）

第四節　外交家和人權活動家

　　張彭春的留洋經歷為他日後從事外交與人權活動打下了基礎。在美國攻讀碩士和博士期間，他曾以學生和學者身份積極參加各種對外交流活動：1911 年 12 月 27 日，他成為「世界大同會」會員，代表克拉克大學分會出席費城（Philadelphia）世界總會年會；1914 年 9 月 3 日，代表哥倫比亞大學中國留美學生參加波士頓（Boston）全美留學生年會；〔註 28〕1920 年陪同中國歐美考察團考察美國各大學，1922 年陪同中華教育改進社考察西歐各國教育制度等。〔註 29〕

〔註 27〕John. P. Humphrey, "The Memoirs of John P. Humphrey, the First Director of the United Nations Division of Human Rights", Human Rights Quarterly, 1983, 5(4).
〔註 28〕Ruth H.C. & Sze-Chuh Cheng, *Peng Chun Chang, 1892~1957: Biography & collected works*, privately printed, 1995.
〔註 29〕Ruth H.C. & Sze-Chuh Cheng, *Peng Chun Chang, 1892~1957: Biography & collected works*, privately printed, 1995.

此後，張彭春逐漸在外交舞臺上開始展現其才能。從一開始為爭取國家獨立、民族權利赴海外積極宣傳抗戰，組織抗日活動和團體，擔任國民政府外交公使和大使等職務，到後期在聯合國起草《世界人權宣言》，發起創建世界衛生組織，促進世界範圍內的經濟、衛生和人權狀況的改善，他的外交活動始終都與「人權」密切相關。

一、民族外交抗擊帝國主義和日本侵華

1921 年 9 月，張彭春被推舉為出席華盛頓會議的天津國民代表。當他在華盛頓得知此次會議同巴黎和會一樣，又是一場帝國主義自導自演瓜分中國的鬧劇之後，憤然從美國發電報給天津 26 團體：「中國此次太平洋會議我們不能有得利的希望。我們對於山東交涉，及二十一條萬萬不可讓步，如代表團不能滿足民意，應立迫我北京政府將代表撤回，速起，速起！」同年 12 月，津 26 團體商議決定示威、遊行、演說、商店掛白旗，要求歸還青島，取消二十一條，保持滿蒙，並通電：一、張彭春，二、大總統、國務院及外交部、全國商會聯合會。〔註 30〕南開中學、南開大學全體教職員也為太平洋會議津埠國民代表張彭春募集贊助款項。〔註 31〕儘管最終中國在華盛頓會議上失利，但由於張彭春的愛國行動，他回津時仍受到熱烈的歡迎。〔註 32〕

「九一八」事變之後，為躲避日寇追捕，張彭春男扮女裝，經威海衛奔赴南京。他應國民政府聘任遷往英美等國宣傳中國抗戰，以爭取外援，並赴日內瓦與中國駐國際聯盟（League of Nations）代表洽談。在英國，張彭春於 1937 年 9 月參加倫敦自由教會主政者舉行的會議並譴責日軍轟炸天津的惡行，呼籲全世界愛好和平的人士積極援助中國抗戰，並促使大會通過決議案：「對日轟炸中國不設防城鎮之震怒，並促請英政府與國聯採取種種方法制止日軍暴行。」〔註 33〕10 月，在英國阿爾伯特皇家大廳（Albert Hall）英國《新聞大事紀》組織舉行全國抗議集會，張彭春現場做《日本對平民的戰

〔註 30〕天津《益世報》，1921 年 12 月 11 日，轉引自《張彭春論教育與戲劇藝術》，第 639 頁。

〔註 31〕《南開週刊》第 24 期，1921 年 12 月 31 日，轉引自《張彭春論教育與戲劇藝術》，第 640 頁。

〔註 32〕《南開週刊》第 52 期，1922 年 12 月 16 日，轉引自《張彭春論教育與戲劇藝術》，第 640 頁。

〔註 33〕天津《大公報》，1937 年 10 月 1 日，轉引自《張彭春論教育與戲劇藝術》，第 701 頁。

爭》（Japan's War on Civilians）的演講。1938 年 3 月，他撰寫的文章《中國（抗日）鬥爭的「第二階段」》在英國皇家研究院出版的《國際事務》第 18 卷 2 期發表，擴大了中國抗戰在世界範圍內的影響。張彭春在英國的演講和宣傳為中國抗戰爭取到了歐洲的輿論支持。

在北美，張彭春積極到美國及加拿大各大城市演講及為抗戰募捐，他成為中國對美「國民外交工作」的負責人，並在美國華盛頓發起組織「不參加日本侵略委員會」（American Committee for Non-participation in Japanese Aggression），爭取到曾任美國國務卿的史汀生〔註 34〕出面擔任會長。在張彭春的斡旋下，史汀生給予委員會大力支持，呼籲美國政府對日本施加壓力。在當時，美國國會已經把修改中立法案提上了議程，張彭春得知情況後，與「不參加日本侵略委員會」幹事畢範宇組織專家起草了中立法案的草稿，於 1939 年 4 月 11 日登門拜訪美國參議院外交委員會主席皮特曼，並當面遞交了草案。皮特曼親自看過之後即承諾送交羅斯福總統。〔註 35〕緊接著，在張彭春拜訪皮特曼的兩周後，即 1939 年 4 月 27 日，皮特曼提出了一項決議案，授權總統對破壞《九國公約》的成員國實行限制貿易，其中包括石油和鋼鐵〔註 36〕，這這份決議案很明顯就是針對日本的，可見張彭春的拜訪果然起到了效果。

張彭春還爭取到美國四十餘和平團體中四分之三團體的支持，游說美國國會。美國勞工聯盟領袖發表對中國抗戰的聲援演說指出，美國繼續向日本銷售武器，就是在幫助日本帝國主義侵略中國，中國與美國之間唇亡齒寒，「我們再也不能讓美國被日本用來作為進攻中國民眾的根據地」。〔註 37〕在包括張彭春在內的廣大愛國人士和中國官方交涉的努力下，美國的輿論也由同情中國轉向讚揚中國抗擊日本法西斯，當年美國的民意測驗顯示，反對繼續《美

〔註 34〕史汀生（Henry Lewis Stimson, 1867.9.21～1950.10.20），美國政治家，曾為美國戰爭部長、菲律賓總督和美國國務卿。史汀生個人十分反對日軍侵華的行為（九一八事變），因而代表美國宣布不承認日軍的行動，即「史汀生不承認主義」。

〔註 35〕祁懷高：《張彭春：國民外交家和人權活動家》，《世界知識》2009 年第 13 期。

〔註 36〕李京原：《太平洋戰爭爆發前美國對日本的經濟制裁——從拒絕實施「中立法」到廢鐵禁運》，《南都學壇（人文社會科學學報）》2011 年第 6 期。

〔註 37〕彭明：《中國現代史資料選輯：第 5 冊（上）》，中國人民大學出版社 1989 年版，第 640 頁。

日商約》並主張禁售軍火原料給日本的超過八成，而支持延續商約的民眾則不到兩成〔註38〕。

終於，美國狠下心來對日本動刀，通過《對日經濟制裁案》，廢除了《美日商約》，這對戰爭資源極度依賴美國的日本是一個沉重的打擊。這一成果的取得，張彭春功不可沒。中國駐美總領事在對外交部的彙報中明確：「此次美政府驟然取消《美日商約》，國際情勢及內部黨派原因雖多，而輿論方面督促政府採取積極步驟之力實大，抗戰以來在美各方宣傳救濟工作，實促成輿論要素，不參加侵略委員會及張彭春博士奔走甚力……美國國會明天將討論停止軍用品赴日案……」〔註39〕

鑒於張彭春在外交上的卓越才能，1940 年 5 月 4 日，國民政府任命其領中國駐土耳其特命全權公使銜，1942 年 5 月 30 日又調任駐智利特命全權公使。他在任職外交官期間，主導簽訂了中國與伊拉克友好條約，並兩次應邀赴巴格達演講。他在對伊拉克皇室的報告中譴責日本的侵略暴行並呼籲：「與我們的同盟、也是你們的同盟並肩而戰。我們滿懷熱情地參與這場戰爭——一場為捍衛人類自由和尊嚴的戰爭」，「中國為自由而戰」。〔註40〕

二、人權活動推進國際人權事業

抗日戰爭結束後，張彭春被派往聯合國任職。1946 年 1 月，他與國民政府首席代表顧維鈞等一同參加聯合國大會第一屆會議，被任命為駐聯合國經濟及社會理事會常任代表。在 1946 年 1 月 23 日第一屆經社理事會開幕式上，張彭春做了名為《新的忠誠》（New Loyalty）的發言，對理事會這一特別重要的機構的成立表示了欣喜與期待，希望能夠通過國際間建設性的合作培養國家間的互信與互助。2 月 7 日，張彭春以中國代表的身份提出召開「國際衛生大會」及創立「世界衛生組織」的議案，並同時在經社理事會發表《向細菌宣戰》的演講，指出這項議案是一份向世界範圍內疾病和瘟疫的宣戰書。他

〔註38〕參見章伯鋒、莊建平：《抗日戰爭第四卷‧外交》（上卷），四川大學出版社 1997 年版，第 399 頁；韓永利：《中國抗日戰爭與美國遠東政策的演變》，《武漢大學學報（人文科學版）》2005 年第 4 期。

〔註39〕Ruth H.C. & Sze-Chuh Cheng, *Peng Chun Chang, 1892~1957: Biography & collected works*, privately printed, 1995.

〔註40〕參見張彭春：《中華文化的演進》（1942 年 3 月 6 日在巴格達的英文演講），《張彭春論教育與戲劇藝術》，第 303～309 頁。

呼籲：「細菌的傳播不受國界的限制，在這場戰鬥中各國應當拋棄傲慢與偏見，通過國際合作來打贏這場戰爭。」〔註41〕張彭春成為世界衛生組織最初的倡導者和創建人之一。〔註42〕

1947年11月12日張彭春（右一）在聯合國（紐約州成功湖）簽署《修訂禁止販賣婦女和兒童公約議定書》和《修訂禁止傳播和販運淫穢出版物公約議定書》（圖片來源：聯合國照片／UN Photo）

在大會第一屆會議結束後，他去紐約繼續工作，並常駐聯合國：1946年12月任簽署《聯合國麻醉劑草約章程》中國全權代表；1947年5月與吳南如共同成為簽署《國際難民機構章程》中國全權代表以及籌備委員會代

〔註41〕 參見張彭春：《新的忠誠》和《向細菌宣戰》，《張彭春論教育與戲劇藝術》，第599～601頁。

〔註42〕 據張彭春次子張遠峰回憶，張彭春在聯合國總部的辦公室位於帝國大廈63層，正對著世界衛生組織（WHO）的辦公室。張彭春在世界衛生組織中發揮著重要的作用，是這個組織的倡導者和創建人之一，因而「這也正是世界衛生組織機構離父親的辦公室這麼近的緣故」。參見張遠峰：《懷念我親愛的父親》，《張彭春論教育與戲劇藝術》，第610頁。一併參見 Ruth H.C. & Sze-Chuh Cheng, *Peng Chun Chang, 1892~1957: Biography & collected works*, privately printed, 1995。

表；1947 年 8 月，與王世杰、顧維鈞、蔣廷黻、劉鍇共同擔任聯合國大會第
二屆會議中國首席代表，在會上張彭春駁斥了蘇聯代表所指中國侵略外蒙之
說；1947 年 11 月張彭春任簽署《修訂禁止販賣婦女和兒童公約議定書》和
《修訂禁止傳播和販運淫穢出版物公約議定書》中國特命全權代表；1950 年
12 月張彭春任簽署《失蹤人死亡宣告公約》全權代表，中國成為該條約的第
一個締約國。

　　而後，他還以聯合國代表身份訪問各國，並參加經社理事會各項會議。
在各項國際人權、人道會議中，以中國代表的身份闡述立場，發出中國的聲
音。他相繼參加聯合國社會慈善文化小組委員會，出席國際新聞自由會議，
擔任聯合國安理會中國代表〔註 43〕、人權委員會（2006 年 3 月 15 日後改組為
人權理事會）及《世界人權宣言》起草委員會副主席等。張彭春全程參加了
《世界人權宣言》的起草，並且是其中貢獻最為卓越的人物之一。在聯合國大
會第三屆會議上，《世界人權宣言》獲得通過。法國代表回憶張彭春的貢獻時說：
全靠他用適當的字句，摒除障礙，《世界人權宣言》得以順利通過。〔註 44〕1952
年，張彭春因心臟病惡化被迫從聯合國退休，在美國新澤西養病，此後完全
斷絕了同國民政府的往來，於 1957 年因心臟病發去世。

　　在抗日戰爭的關鍵時期，張彭春的外交活動為中國爭取了廣泛的國際輿
論支持與同情，為爭取國際人道主義援助和中國救國戰爭做出了貢獻；他在
聯合國任職期間，不僅起草了《世界人權宣言》，還始終關注慈善、衛生、女
權以及發展中國家的貧困問題〔註 45〕，為改善世界範圍內的人權狀況而努力
不懈。他為中國乃至世界人權事業做出了卓越的貢獻，確確實實是一位愛國
者，一位優秀的外交家，也是一位真正的國際人權活動家。

〔註 43〕 毛維準、龐中英：《民國學人的大國追求：知識建構和外交實踐——基於民國
　　　　國際關係研究文獻的分析（1912～1949 年）》，《世界經濟與政治》2011 年第
　　　　11 期。
〔註 44〕 Ruth H.C. & Sze-Chuh Cheng, *Peng Chun Chang, 1892~1957: Biography &
　　　　collected works,* privately printed, 1995.
〔註 45〕 參見聯合國年鑒（1948～1949）中關於「社會、人道主義和文化問題」（Social,
　　　　Humanitarian and Cultural Questions）中國代表的發言和提案會議記錄，
　　　　Yearbook of the United Nations 1948~1949, New York: United Nations
　　　　Department of Public Information, 1950, pp.524~625；參見「張彭春年譜」1946
　　　　～1948 年部分，《張彭春論教育與戲劇藝術》，第 706～708 頁。

1950 年 12 月 20 日，張彭春（右）代表中國簽署《失蹤人死亡宣告公約》，與聯合國負責法律事務的助理秘書長 Ivan Kerno（左）合影，中國成為該條約的第一個締約國（圖片來源：聯合國照片／UN Photo）

第二章　張彭春的人權素養及其來源

　　張彭春是《世界人權宣言》的主要起草人之一。在起草過程中，他不僅把儒家思想引入《宣言》，還對《宣言》文本的形成及最後通過做出了傑出貢獻，為中外國學者所稱道。然而張彭春直至參與起草前，並沒有專門從事人權研究的經歷，也並未有人權的學術專著問世，這也是為什麼長期以來學界對這樣一位偉大人物知之甚少的原因之一。儘管他從未以一個人權學者的身份出現在人們的視野中，但張彭春對《世界人權宣言》的重要貢獻者並非偶然。在瞭解了他的生平之後，我們幾乎可以從中確認他對人權問題的關注和領悟極深，他在世界人權領域取得斐然成就有其必然性。

第一節　中西並蓄

　　張彭春先後畢業於南開中學，保定高等學堂，美國克拉克大學以及哥倫比亞大學，他有著中西方雙重教育背景，因而對於中西方文化都有深入的理解。這使張彭春在《世界人權宣言》起草過程中成為一位融通中西理念的協調大師。

一、傳統教育與儒家薰陶

　　父親張久庵對子女的教育十分看重，因而特別嚴格。張彭春的兄長張伯苓剛五歲的時候，張久庵就親自為其啟蒙。先讀淺顯易懂的《百家姓》、《千字文》等，後習「四書」、「五經」等儒家傳統經典。而張彭春則更是受到家族重視的小兒子，可想而知其成長過程中自然也少不了父親的督導，父親給

他取名彭春、仲述即取「孔子述而不作，竊比於我老彭」(《論語‧述而》)之意。

張彭春幼時也接受過私塾教育。私塾屬於中國傳統基礎教育的重要組織形式，其主要的教學內容是傳統的倫理道德教化，承擔著啟蒙教育的職責〔註1〕。相較於19世紀末在中國逐步興起的西式教育，傳統的私塾教育更強調道德教育，而西式教育更側重於文化知識的傳授。

據張彭春本人回憶他幼年的教育：「我們並不是被送進一所學校，而是就讀於一位塾師。舉行了拜師禮儀以後，我們被安置在一隻方桌旁就座，往往是三四名學生坐在一起，然後……教導我們邁入那熟讀古典書籍的漫長歲月。」私塾的傳統教育，即是教授儒家文化的過程。張彭春接受的「和同時代的兒童當年所受的那種教育」，讓他在「熟讀『四書五經』的過程中」，在心中牢牢記住了「眾所公認的指導人們如何為人處世的名篇佳作」。這種教化讓人終身受益，因而在張彭春看來，「這種教學法也並非毫無道理」〔註2〕。家父督導和私塾教育的這兩段經歷給了張彭春最早的儒學啟蒙。

在南開中學，張彭春繼續接受中國傳統的教育滋養。儘管南開中學很早就開設「西學」課程，但仍然十分重視學生的國學素養。當時，南開中學著名的四十字鏡箴〔註3〕為所有學生所遵循，其中就有「氣象：勿傲、勿暴、勿怠。顏色：宜和、宜靜、宜莊」的要求，這本身就體現了儒家傳統道德中所推崇的修身養性之追求，寬厚仁愛之態度。學校開設的修身課(「修身」一詞出自《大學》，即所謂「修身、齊家、治國、平天下」)，還經常邀請當時的國學大家來演講，如大儒嚴修和梁啟超等都曾經去做過報告。這門課既講孔孟，也講求學、做人、處事之道。張彭春在這樣的環境中接受著中式的學識和德育訓練。

〔註1〕吳松芝：《傳統私塾教育對現代教育的啟示》，《中北大學學報》(社會科學版) 2011年第6期。

〔註2〕張彭春：《南開是怎樣創建的》(英文)，黃燕生譯，《南開校友通訊叢書》1990年第1期，轉引自《張彭春論教育與戲劇藝術》，第324～328頁。

〔註3〕四十字鏡箴，流傳於南開體系的大中學校，僅次於「允公允能，日新月異」的校訓，他是由著名教育家、南開體系創建人張伯苓訂立的。南開體系的各所學校在重要通道處都設有大鏡子，提醒過往的師生隨時注意儀容儀表，這些鏡子上都鐫刻有這段鏡箴。鏡箴原文：面必淨，髮必理，衣必整，紐必結。頭容正，肩容平，胸容寬，背容直。氣象：勿傲、勿暴、勿怠。顏色：宜和、宜靜、宜莊。

　　儘管張彭春在高等教育階段接受的都是西式教育,但在青年時期的傳統教育仍對他產生了極大的影響。張彭春對儒學和中國傳統的熱愛與興趣一直延續終身,以至於他常常喜歡引用孔孟的言論或者古代詞句,這已成為張彭春的演講和寫作習慣。1918 年 2 月 27 日,張彭春在南開大學修身班上做「別道德之舊新」演講,強調道德對個人和國家的重要性,講「孔子為中國最大之道德家」。〔註 4〕同年他還做了「道德與教育之關係」的演說,結合時局闡述孔子道德觀中的「智」、「仁」、「勇」。在這次演講中,已經部分涵射出他以「仁」為核心原則的集體主義人權觀:他強調「仁」對於社會具有重要作用,社會爭鬥「不惟不利己,且不利群。群亡則己亦敗矣」。「愛人者人恒愛之」,在社會中只有貫徹「仁」的理念,才能實現自身權利的最大化,因此張氏主張「強群即所以利己也」。〔註 5〕1924 年 5 月 15 日張彭春在清華學校全校大會上演講,援引孔孟道德教育的觀點,論證道德的養成不僅要靠言說,還要靠實際生活體驗的陶冶——比如校風的沐浴教化。最後他用孟子的「富貴不能淫,貧賤不能移」(《孟子·滕文公下》)和「苦其心志,勞其筋骨」(《孟子·告子下》)兩段名言來勉勵學生積極上進。〔註 6〕1936 年,張彭春在英國出版的《中國在十字路口》(China at the Crossroads)一書中,在第一章第二節著重提到了孔子的教育觀和政治觀。他在書中主張:「孔子是第一位全面闡述中國文化精義的思想家」,他引用「己所不欲,勿施於人」(《論語·顏淵》)的名言,指出「與他人的關係是孔子思想中十分重要的組成部分,因而他著重強調對他人理解的必要性」;引用「人能弘道,非道弘人」(《論語·衛靈公》),說明「(孔子)強調人的重要性,使道依附於人;強調人的努力和人的責任在改善生活中的主導作用,使孔子思想成為人道主義的思想」。而最終,他得出結論,孔子的思想之所以能夠對中國人的生活產生如此巨大的影響,原因在於他的學說很合情理,是對與他人日常交往的道德準則的總結,孔子的學說並不要求人們放棄職業或家庭,也不要求他們脫離他人的生活,「而是與他人

〔註 4〕張彭春:《別道德之舊新》,南開《校風》第 92 期,1918 年 4 月 11 日,轉引自《張彭春論教育與戲劇藝術》,第 39～41 頁。

〔註 5〕張彭春:《道德與教育之關係》,南開《校風》第 95 期,轉引自《張彭春論教育與戲劇藝術》,第 51～54 頁。

〔註 6〕參見張彭春:《校風的養成——在清華全校大會的演講》,《清華週刊》第 315 期,1924 年 5 月 23 日,轉引自《張彭春論教育與戲劇藝術》,第 217～219 頁。

一起生活，以高尚的，但並非不能實施的行為準則制約自己……儘管各朝各代出於某種政治或社會目的發展了形形色色的儒教主義，但他強調修身養性以求完人……一個永遠想到別人的人，一個同情他人但又不感情用事的人的主張始終長存」。〔註7〕1942 年 3 月 11 日，張彭春應伊拉克皇室邀請為巴格達大學學生做演講時，他仍然再次介紹了孔子的學說，並探討了擁有古老傳統的民族怎樣適應現代化的問題。〔註8〕1945 年 11 月 12 日，在天津南開中學紀念孫中山儀式的講話上，張彭春引述孟子「天將降大任於斯人也」的訓諭，勸勉道：「一個國若未受過艱苦困難，絕不會發揚光大的」。〔註9〕

在聯合國工作期間，張彭春更是多次在演講中引用孔子和孟子的話，因而國際上也一致認為他是一位儒家思想倡導者。在第一屆聯合國經濟和社會理事會開幕式上，張彭春做了一篇名為《新的忠誠》的演講，他引用孟子的話說：「以善服人者未有能服人者也；以善養人而後能服天下（《孟子·離婁》），『以善養人』就是理事會的使命。」在第二屆會議上，張彭春做了「經濟『低壓』地區的世界意義」的發言，引用了孔子《禮運大同篇》中對「大同社會」的期望，闡明要通過國際合作提高世界人民的生活水平，尤其是幫助不發達地區擺脫飢餓。所有的這些言論不僅說明張彭春的儒家思想的深厚底蘊，也基本上代表了他本人的人權和人道主義觀。儒家和中國傳統，成為張彭春世界觀、價值觀的底色，這也就不難理解為何他能夠把儒家思想融入《世界人權宣言》了。以上論述也證明了儒家傳統中確實不乏能與現代人權價值接榫的有利因素。

最後講張彭春晚年的一段軼事，來體味張彭春對於中國傳統文化的熟稔。據友人回憶，張彭春晚年曾在美國紐約一家電視臺講演中國音樂，他將白居易《琵琶行》中的四句詩「大絃嘈嘈如急雨，小絃切切如私語；嘈嘈切切錯雜談，大珠小珠落玉盤」譯成英文，用來向美國觀眾形容琵琶的聲音。〔註10〕張彭春對中國傳統文化的熱愛由此可見一斑。

〔註7〕Peng-Chun Chang, *China at the Crossroads*, London: Evans Brothers Ltd. Montague House, 1936, p.46.

〔註8〕張彭春：《對巴格達大學學生的演講》（英文），Ruth H.C. & Sze-Chuh Cheng, Peng Chun Chang, 1892~1957: Biography & collected works, privately printed, 1995。

〔註9〕王松濤：《聆訓記》，《南開復校週年·四二校慶紀念專刊》，1946 年 10 月，轉引自《張彭春論教育與戲劇藝術》，第 320～321 頁。

〔註10〕參見言穆賓：《追憶張九爺在紐約的晚年生活》，黃殿祺主編《話劇在北方的奠基人之一——張彭春》，中國戲劇出版社 2007 年版，第 334～336 頁。

二、負笈海外與杜威哲學的影響

張彭春接受西式教育的經歷可以上溯到南開中學。那時中學已經引進西學，開設數學（包括算術、代數、幾何、三角）、英語、中國歷史地理、世界歷史地理、化學、物理、生物，還開設簿記、經濟學等一些選修課。代數、幾何、三角以及世界通史教材全是英文原版書，英文課則時常有美國或英國教員教授。〔註11〕這就為張彭春後來考取「庚款留學」（初試中文題《不以規矩不能成方圓說》，英文題《借外債興建國內鐵路之利弊說》，復試為物理、化學、西洋史及外語等〔註12〕）打下了良好的西學和語言基礎。

此後庚款留學、負笈海外使張彭春接觸到了系統的西方高等教育。關於張彭春留學美國的這段經歷，筆者在現有記錄資料中，找到的最為可信的是張彭春的女兒張新月與女婿鄭師拙整理的「張彭春年表」〔註13〕，以及南開大學崔國良教授整理更為詳細的「張彭春年譜」〔註14〕。其中提到公派赴美留學後，張彭春在克拉克大學獲得文學學士，又在哥倫比亞大學獲文學碩士和教育學碩士學位，而後又師從約翰·杜威獲得博士學位。在此需要提出的是，張彭春所學的具體專業年譜中並沒有提及，而學者對此眾說紛紜，莫衷一是。有學者根據文學學士的頭銜，以及張彭春在戲劇領域的成就，認為張彭春在克拉克大學讀的是文學專業〔註15〕，以及碩士期間，在哥倫比亞大學研究文學〔註16〕和教育學，此誠屬誤解。至於張彭春的博士學位，有學者認為是哲學博士〔註17〕，也有學者認為是教育學博士〔註18〕（張彭春的博士論

〔註11〕黃鈺生：《早期的南開中學》，《基礎教育》2006 年第 12 期。

〔註12〕陳元暉：《中國近代教育史資料·留學教育》，上海教育出版社 2007 年版，第 194 頁。

〔註13〕參見張新月、鄭師拙：《張彭春年表》，《話劇在北方的奠基人之一———張彭春》，中國戲劇出版社 2007 年版，第 337～346 頁。

〔註14〕《張彭春論教育與戲劇藝術》，第 615～710 頁。

〔註15〕參見侯欣一：《世界人權宣言的中國人影響》，《深圳特區報》2013 年 4 月 9 日，第 B11 版。

〔註16〕張彭春在戲劇與人權領域較早的研究者黃殿祺和盧建平都認為他在哥倫比亞大學研究文學，連他的母校哥倫比亞大學在 1967 年出版的《中華民國名人傳記詞典》中都未提及他的專業情況，只說「他在哥倫比亞大學研究文學與戲劇」。參見盧建平等：《中國代表張彭春與〈世界人權宣言〉》，《人權》2003 年第 6 期；黃殿祺：《張彭春傳略》，《話劇在北方的奠基人之一———張彭春》，中國戲劇出版社 2007 年版，第 14～16 頁。

〔註17〕馬明：《張彭春與中國現代話劇》，《話劇在北方的奠基人之一———張彭春》，中國戲劇出版社 2007 年版，第 302 頁。

文即是《從教育入手使中國現代化》)。而據筆者考證，張彭春回憶在美國留學的學習情境時說，當年去國萬里，首先就是由於易卜生，才使得他這個研究哲學的年輕人，愛戲劇勝於愛哲學。〔註 19〕他的言外之意是，他在美期間研究的是哲學，而並非戲劇文學。「張彭春年表」中文學學士的表述很可能是由 Bachelor of Arts（B. A.）翻譯而來。無論是文學學士（B. A.）還是文學碩士（M. A.），在美國都是文科類學位統稱，並非指向文學專業。一般而言，修讀所有的人文類學科幾乎都是獲得文學學士，而理工類學科諸如工程，計算機科學，數學，經濟學，自然科學則是理學學士（Bachelor of Science）。因而據此認為張彭春的本科與碩士的專業背景均是文學應當是不充分的。比較可靠的資料是民國六年（1917 年）清華學校出版的《遊美同學錄》中關於張彭春資料的記載。這份同學錄是為了聯繫清華留美生而編纂的通訊錄，資料均來源於個人所填的履歷表，因而極為可信。其中張彭春的聯繫名錄中有載：

> 「張彭春，字仲述。年二十五歲。生於直隸天津。兄伯苓。天津南開學校校長。未婚。初學於南開學校。及直隸高等學堂。宣統二年。以官費遊美。入克拉克大學。習心理及社會學。民國二年。得學士學位。入哥倫比亞大學。習哲學教育。民國四年。得碩士學位……通信處。天津南開學校。」〔註 20〕

張彭春在克拉克大學學習社會學及心理學，獲文學學士，之後跟隨約翰·杜威深造，在哥倫比亞大學學習哲學與教育學，獲文學碩士與教育學碩士無疑。

博士期間張彭春就讀於哥倫比亞大學教育學院，亦是師從約翰·杜威。根據哥倫比亞大學官方網站的資料，杜威 1905 年開始在該校任教直至 1930 年，在此期間一直在該校哲學部（philosophy department）和教育學院（Teachers College）任教，在哲學部教授實用主義哲學，在教育學院則教授教育哲學。〔註 21〕那麼張彭春在教育學院跟隨杜威應當讀的是教育哲學。又根據筆者查

〔註18〕盧建平：《張彭春和〈世界人權宣言〉》，《南方週末》2008 年 12 月 25 日，D25 版。

〔註19〕馬明：《張彭春與中國現代話劇》，《話劇在北方的奠基人之一——張彭春》，中國戲劇出版社 2007 年版，第 308 頁。

〔註20〕北京清華學校編：《遊美同學錄》（民國六年），周詒春序，北京清華學校 1917 年出版，第 120 頁。

〔註21〕參見哥倫比亞大學對約翰·杜威的介紹，哥倫比亞大學官網，http://c250.columbia.edu/c250_celebrates/remarkable_columbians/john_dewey.html，訪問時間：2018 年 10 月 24 日。

詢到的由哥倫比亞大學出版的收錄有張彭春博士論文的論文集，封面寫著「Contributions to education，Issued also as thesis（Ph. D.）Columbia university」的字樣，可知這本書集收錄的都是教育（education）方向的哲學博士（Ph.D）的學位論文。在美國，「Ph.D」（即「Doctor of Philosophy」）也只是學位名稱，幾乎所有學科的最高學銜都可以稱為「Ph.D」，一般翻譯為「哲學博士」。根據具體專業方向稱張彭春為教育學博士或教育哲學博士也並不為錯。但是需要指出，純粹的以職業培養為目標的教育博士在美國被稱為「Ed.D」，而非「Ph.D」，因此張彭春的專業背景仍然是偏重哲學理論的。既然他深入學習過心理學、社會學、教育學以及哲學等社會科學，那麼能夠在人權領域具有深刻見解就順理成章了。

　　杜威，這位將哲學、教育與心理學聯繫起來的實用主義哲學大師，〔註22〕與中國也頗有淵源，被稱為「西方的孔子」。1919 年，杜威曾先後在北京、南京、杭州、上海、廣州等地講學，由胡適等人擔任講學的翻譯。杜威在中國宣傳民主與科學，其影響力不僅限於教育領域，他並未就特別問題給出特別主張，他只給出了一個哲學方法，讓國人自己判斷。他總是提醒中國人不要毫無批判地引進西方思想（當然也包括他自己的思想），也不要毫無批判地拒絕中國傳統的價值觀。〔註 23〕即便在今天的學術研究中，這種觀點也是一種警醒。杜威對人權的看法主要集中在他對「人」和「民主」的觀點上，比如他在《公眾及其問題》中提示民主必須從家裏開始，而民主之家就是左鄰右舍構成的共同體，這種社群主義的民主觀與強調人與人之間關係的儒家理念極為類似。他對張彭春的影響是全方位的，張氏的教育觀、戲劇觀、民主人權思想幾乎都與杜威一脈相承而來。張彭春在其博士論文中，他用整個第五章（「現代化教育方法的先見經驗」）來闡述杜威的教育理念，並從中尋求中國教育現代化的路徑；張彭春重視對組織能力的鍛鍊，他提出「預備少

〔註22〕約翰・杜威（John Dewey）是實用主義的集大成者。一位評論家說他是「實用主義神聖家族的家長」（M・懷特）。如果說皮爾士創立了實用主義的方法，詹姆士建立了實用主義的真理觀，那麼，杜威則建造了實用主義的理論大廈。他的著作很多，涉及科學、藝術、宗教倫理、政治、教育、社會學、歷史學和經濟學諸方面，使實用主義成為美國特有的文化現象。

〔註23〕〔美〕郝大維、安樂哲：《先賢的民主——杜威、孔子與中國民主之希望》，何剛強譯、劉東校，江蘇人民出版社 2004 年版，第 75 頁。

年，使將來可以扶助社會……而組織則尤其重要者也」〔註 24〕，這種組織能力既包括領導才能，也包括適應組織生活的能力。這明顯是繼受於杜氏「社群主義」民主觀點〔註 25〕；張彭春主張學生應觀察社會，因而開設實際調查課，鼓勵學生到工廠、機關、團體、銀行、法庭和監獄等調查實際情況，「以備學生投身社會進行改良各事業有所遵循」〔註 26〕，即貫徹杜威提倡的「從做中學」和「學校即社會」的思想。張彭春的許多主張都帶有杜威式的烙印。

在中國提到「實用主義」就會聯想到「大膽假設，小心求證」的胡適。張彭春同胡適一樣，都是深受杜威「實用主義」影響的。我們同樣也可以看到，與胡適這位著述極廣的理論家不同，張彭春是一位實用主義的實踐家，他從未在理論上探討民主、自由和現代化是什麼，但他卻用終身去實踐這些方面。

還應當提及，張彭春接受的西方理念，除了來源於學校教育，還來源於他的家庭薰陶。在這個特殊的家庭裏，他不僅接受到了父親的傳統教育，也受到具有新式思想和頭腦的兄長張伯苓的影響，正是這位學貫中西的長兄讓他對西學產生了濃厚的興趣，促使他遠赴美國學習西方的哲學和教育。

張伯苓是中國近代史上著名教育家，南開大學的創辦人，也是新式教育的倡導者和踐行者。張彭春出生時，其父張久庵已經五十九歲。由於高齡得子，舉家歡慶，遂取乳名「五九」，作為五十九歲得子的紀念，後來家裡人則乾脆喚作「九兒」。這也是張彭春又被稱為「張九爺」或「九先生」的原因。那時，張伯苓已經十七歲。張彭春對這個年長他許多的大哥十分敬重，終身都受其影響。

張伯苓也是杜威的學生，同張彭春一樣接受過東西方兩種截然不同教育方式，既有中國儒家傳統文化的浸染也受了西方現代思想的薰陶，深切感受到中西文化之間的異同。在服役北洋海軍期間他目睹和體會到國家的積貧積

〔註 24〕 張彭春：《學校教育之一責在練習組織之能力》，劉鴻恩記錄，南開《校風》第 72 期，1917 年 9 月 13 日，轉引自《張彭春論教育與戲劇藝術》，第 20～21 頁。

〔註 25〕 比如杜威在《公眾及其問題》中提示：「民主必須從家裏開始，而民主之家就是左鄰右舍構成的共同體。」參見 John Dewey, *The Public and its problem*, Denver: Alan Swallow, 1954, p231。

〔註 26〕 《張彭春論教育與戲劇藝術》，第 625 頁。

弱和國民的麻木，特別是經歷了「國幟三易」事件〔註27〕後認識到僅僅學習西方先進的器物無法挽國家於危難，因而徹底放棄了軍事救國的理想，從此轉向教育救國的實踐當中。在教育和話劇方面，他們的關係一直是「兄倡弟隨」。1904年，張伯苓和嚴範孫創立了「私立敬業中學堂」，張彭春便成為這所學校的第一屆學生。張伯苓曾兩次赴歐美考察教育，首先從西方輸入的就是歐洲戲劇——話劇。1909 年南開的第一場話劇《用非所學》就是出自他的手筆，而自此後，張彭春則成為了南開話劇的核心人物。張伯苓和張彭春在倡導素質和人格教育的指導思想上，也是一拍即合，二人齊心協力在倡導新式教育的歷史上留下了輝煌的一筆。彭春之子張遠峰回憶張伯苓對張彭春的影響：「父親非常聽從大伯的話，大伯比父親大十六歲，他就像是父親的第二個父親」〔註28〕。

1945 年，張彭春（左3）、張伯苓（左4）與南開校友梅貽琦（左2）、何廉（右3）等人合影（圖片來源：南開大學網站）

〔註27〕張伯苓畢業於北洋水師學堂，曾服役清廷海軍。甲午戰敗後，威海衛處於日本控制之下。之後清政府與英國簽訂《中英訂租威海衛專條》，被迫割讓威海衛。張伯苓隨艦去山東辦理接收和轉讓手續。張伯苓第一天目睹了威海衛降下日本的太陽旗，升起清政府的黃龍旗，第二天，又降下黃龍旗，升起英國的米字旗。「國幟三易」的屈辱促使張伯苓從此棄戎從教。

〔註28〕張遠峰：《懷念我親愛的父親》，《張彭春論教育與戲劇藝術》，第607頁。

第二節　戲劇中的人文精神

家庭環境往往影響一個人的志趣，張久庵即「不以科舉功名為重，彈拉吹唱，無一不精」。他與當時號稱「伶聖」的「內廷供奉」——著名京劇演員孫菊仙互為知音。〔註29〕張彭春自幼就經常隨父親一起看戲，逐漸奠定了理解戲劇藝術的基礎。張彭春後來在人權領域的造詣與領悟，與他在藝術演繹活動中耳濡目染的人文氣息，民主精神以及在藝術創作中傾注的對人和人性的深入思考是分不開的。

一、中西戲劇中的人文旨趣

藝術與整個人類的文明史相伴隨，音樂應當是最早的藝術形式。而戲劇作為藝術之一種，起源於古希臘。戲劇（悲喜劇）對於古希臘人而言是其成為公民的必修課。亞里士多德在《詩學》中就認為戲劇本身就包含著政治，他說戲劇創作源於「摹仿」，〔註30〕這種「摹仿」是對城邦重大社會和政治問題的追蹤，並且通過演戲與看戲的「共同行動」反饋於政治。因而在劇院從一開始就同民主政治生活有著千絲萬縷的聯繫。可以想見隨處都有奴隸和主人、男人和女人超越社會地位和性別偏見的並排而坐和無私幫助。同時，在雅典城邦，劇場空間是與私人空間相對的城邦的公共空間，是「城邦公共生活」的場所，因此，劇場不僅是公民素養教育的大課堂，也是公民集會和民主政治的實行場所。隨著雅典城邦的民主化，戲劇逐漸承擔起政治批評的作用，戲劇長於時弊的針砭才能引起公眾的興趣，政治人物、政治行為、政治事件，甚至整個政體都成了他們的諷刺對象。戲劇詩人們指名道姓地將矛頭對準那些有影響力的公眾人物，特別是具有威望的政治家，比如，克刺提諾斯喜歡嘲笑伯里克利，阿里斯托芬對克勒翁的攻擊至死不休，歐玻利斯總愛和許珀波羅斯過不去。這些生動的諷喻使得戲劇充滿了趣味性，讓城邦公民們在輕鬆的笑聲中接受了公共批評，而這又與雅典的言論自由互相促進。〔註31〕例如，在古希臘索福克勒斯聞名於世的悲劇作品《安提戈涅》中，主人翁安提戈涅

〔註29〕馬明：《張彭春與中國現代話劇》，《話劇在北方的奠基人之一——張彭春》，中國戲劇出版社 2007 年版，第 301 頁。

〔註30〕〔古希臘〕亞里士多德：《詩學》，陳忠梅譯注，商務印書館 1996 年版，第 27 頁。

〔註31〕屈亞：《公元前五世紀雅典的舊喜劇與政治生活》，復旦大學 2006 年碩士學位論文，第 21 頁。

為了埋葬自己的兄長，公然違背國王的命令。她提出埋葬自己死後的親人是正義之神賦予凡人的權利，體現的是不畏強權，捍衛自然權利的正義觀。正如亞里士多德所說：「詩（即史詩，指戲劇）是上帝賜給人類的一份神聖的禮物，詩人不僅可以而且應該用它伸張正義，針砭時弊。詩是潛在的輿論工具，使人有責任用它敦促人民為建立一個公正、穩定的生活秩序而努力。」〔註32〕就此可以說，戲劇在產生之初，就已經在與民主和權利等政治行為耦合性地聯繫在一起。

因而有學者指出，戲劇是伴隨雅典民主政治的發展而興盛起來的，所以無論是悲劇還是喜劇，都是為民主而服務的，都帶有強烈的政治色彩。〔註33〕

此後西方戲劇發展大體上經歷了中世紀、文藝復興、古典主義、啟蒙運動、19 世紀戲劇到現當代戲劇幾個階段，從本質上說，包括話劇在內的戲劇是世俗藝術，從誕生到發展都是民眾參與的結果。〔註34〕因而戲劇的發展總體上是一個越來越關注人，越來越向人靠攏，而不是遠離人的過程。其中的人文色彩也越來越明顯。文藝復興時期最偉大的劇作家莎士比亞（1564～1616），創作的名篇諸如《哈姆萊特》《威尼斯商人》《羅密歐與朱麗葉》等，無不以體現「自由」、「仁慈」、「愛情」、「友誼」等人文主義者所提倡的觀念為主題。而生活在莎翁之後兩世紀的「現代戲劇之父」易卜生（1828～1906），以他的社會問題劇《玩偶之家》《群鬼》《人民公敵》等聞名於世。他的戲劇將矛頭指向社會，凸顯了個人對社會境遇的抗爭，直指現實社會中的弊病，因而被稱為「社會作家」。他戲劇中痛斥社會醜惡，抨擊壓迫者，同情被壓迫者，讚揚壓迫者的反抗精神，從頭至尾無不體現出民主、權利、自由、道德等人文精神。

在中國，戲劇中同樣貫穿著人文精神，而且對中國人的精神生活有著巨大的影響力。首先，中國戲劇的演變歷史表明，中國戲劇是越來越接近普羅大眾的通俗文化形式。對於戲劇的起源眾說紛紜。近代國學大師王國維考辨：「後世戲劇，當自巫、優二者出」，〔註35〕即起源於宗教活動和宮廷歌舞。亦

〔註32〕〔古希臘〕亞里士多德：《詩學》，陳忠梅譯注，商務印書館 1996 年版，第 277 頁。

〔註33〕王尚德：《希臘文明》，北京大學出版社 2010 年版，第 229 頁。

〔註34〕藍凡：《話劇文化與文化話劇》，《上海藝術家》1996 年第 2 期，第 4～5 頁。

〔註35〕王國維：《宋元戲曲考》，《王國維戲曲論文集》，中國戲劇出版社 1957 年版，第 6 頁。

有後學提出，中國戲劇的起源可以上溯到原始時代的歌舞，與勞動暨狩獵活動相關聯。〔註 36〕中國戲劇成型於宋元時期，時稱為元雜劇，那時起中國傳統戲劇已飛入尋常百姓家，非居廟堂之高的陽春白雪，而劇本也多與百姓的日常生活息息相關，比如眾所周知的關漢卿譜寫之《竇娥冤》。洪洞縣明應王廟元延祐六年（1319）《重修明應王殿之碑》記載了當時戲劇廣泛的群眾基礎：「遠而城鎮，近而村落，貴者以輪蹄，下者以杖履，挈妻子與老羸而至者，可勝概哉……相與娛樂數日，極其厭飫，而後顧瞻戀戀猶忘歸也。」〔註 37〕自清代前期起，傳統戲更趨向民間化和通俗化，先是崑曲、高腔折子戲的盛行，後是地方戲的興起，表演場所的隨意性也更加明顯。

那麼，隨和親民的中國傳統戲劇到底在傳統中國社會發揮著怎樣的功用？這種功效要超出我們的想像，通過理論的言說可能很難達到所期望的效果，那麼筆者將生活在清末的一個西方人在中國的見聞摘抄如下，藉此管中窺豹：

> 生活在中國的人都知道，中國人非常喜歡戲劇表演。
>
> 我們要聲明的是，這裡有關於中國戲劇的情況都來自第一手的資料，也就是說，直接通過聽戲獲得的資料。應當說，通過這種方式獲取資料是存在一些障礙的，甚至還有其他一些困難。大多數中國的演出規模都很大，就時間而言，可能橫跨幾個小時，甚至幾天。即使再有耐心的歐洲人，也不可能在聽完一場戲之後不精疲力竭。
>
> ……如果誰提出有關戲劇上的花費應該被用於某些公眾福利，如公共學堂，可想而知，這種建議是很難被什麼中國人接受的。因為公共學堂的益處只有少數讀書人能夠享受，而戲劇卻是面向所有人的。
>
> ……人們之間的爭吵經常被「和事佬」的裁決予以調停，這種裁決的一部分內容可能就是處罰當事人舉辦一次戲劇演出，以便全社區的人觀看演出而受益。鑒於眾所周知的中國人的偏好，這種調解爭端的方式之所以很流行，就一點也不奇怪了。據我們所知，有

〔註 36〕 參見張庚、郭漢城：《中國戲曲通史考》，中國戲劇出版社 1957 年版，第 3 頁；廖全京：《中國戲劇起源於民族文化》，《社會科學研究》1991 年第 4 期。

〔註 37〕 戚世雋：《明應王殿元代戲劇壁畫新探》，《中山大學學報》（社會科學版）2008 年第 6 期。

一縣令在處理某項涉及兩個村莊的訴訟案子時，就採用了這種方式。應當說，諸如此類的情況並非罕見。

從社會學的觀點來看，中國鄉村戲劇最有意思的方面是它給人們造成一種總體感受。這種感受略微有點像即將來臨的聖誕節給西方小孩帶來的那種感受，在美國，則是「七月四日」來臨的感受。在中國觀看戲劇的節日裏，任何其他世俗的興趣都得讓道。

一旦某一個鄉村要舉辦戲劇演出的事情被確定下來，附近的村莊都將為之興奮地顫抖。由本村出嫁的年輕婦女總是為此早早的就安排回娘家，顯然，這種機會對母女雙方來說都是特別重要。附近鄉村的所有學堂也都期待著在這個演出期間放假。倘若教書先生是個死心眼而拒絕放假的話（這種情況通常不會發生，因為他自己同樣想去看戲），那麼情況也沒有什麼分別，因為他將發現自己被所有學生拋棄在學堂裏。

顯然，演出這種形式是如此得到中國人的看重，以至於他成了激盪他們內心世界的一種重要力量……在中國，戲劇演出很容易涉及到當前人們普遍關心的事件。譬如，有兩個縣為了築防堤壩的權利問題發生衝突，結果丟了幾條人命，導致了可怕的官司。整個事件被變成一個戲劇，在附近的地區演出很流行。

……很少有人讀歷史，但是所有人都聽戲。歷史因其枯燥而被人遺忘，戲劇卻因其有趣而被人牢記……或許中國戲劇最有啟發意義的地方就在於，可以將這種戲劇當作一種生活理論的導引，而對這種理論，大多數中國人都是堅定不移的信奉者，儘管他們自己未意識到這一點……可以肯定，任何一個地方都沒有中國這樣徹底地表現如下這個理念：「整個世界是一個舞臺，所有的男人和女人不過是演員。」〔註38〕

由此可見，中國傳統戲劇作為古代中國人主要的文化娛樂，其中包含的諸多人文信息必然會給中國人提供生活理論的引導。

首先，觀賞戲劇的形式本身就在傳達一種平等信息。戲臺往往是露天的，

〔註38〕〔美〕明恩溥（Arthur H. Smith）：《中國鄉村生活》（Village Life In China），陳午晴，唐軍譯，中華書局 2006 年版，第 35～47 頁。

開放給所有人，而有時也在人口聚集的天橋或者茶肆，因此在包括戲劇在內的傳統曲藝行當裏，流傳著「有錢的捧錢場，無錢的捧人場」這樣一句行話。這種形式透露出這樣一種平等觀念：經濟地位的不平等並不能剝奪中國人觀看戲劇的文化權利。而與看戲文化伴隨而來的是一種逐步形成的平等的市民文化，這或許是傳統戲劇形成時期（宋元）與中國資本主義萌芽時期幾乎同步的原因之一。

其次，戲劇的內容往往以宣揚儒家的傳統人文理念為主。以國粹京劇為例。京劇臉譜是京劇的重要特色之一。京劇臉譜所體現的不僅僅是藝術審美的需求，同時也蘊含著中國傳統或曰儒家倡導的基本價值觀念。比如紅色臉譜代表忠誠和勇氣，黑色臉譜意味著正義和耿直，白色臉譜則代表殘暴、忘恩負義、野心勃勃和飛揚跋扈。臉譜本身即向觀眾傳遞出對戲曲人物的忠、奸、善、惡等直觀的道德信息。而中國京劇雖然劇目繁多，但往往都有一個中心，即宣揚傳統文化精神、道德觀念。例如京劇《文天祥》表現的文天祥的「忠」，《桃園三結義》表現劉關張之間的「義」，《群英會》中表現諸葛亮的「智」，《鍘美案》中表現包拯的「公」等。這些都傳達著儒家對人的基本評判標準，以及對人與人相處的基本看法，隨著劇本的不斷傳承，這些基本的人文精神也為中國人所傳承下來。

可以說，在中國傳統社會中，即便多數人不識字，儒家所倡導的基本理念也可以通過戲劇得以廣泛傳承和傳播。而儒家所倡導的「仁」與「善」，在張彭春看來，則是人權應有的基本意涵。

二、張彭春的人文戲劇觀

> 興於詩、立於禮、成於樂。──孔子（《論語.泰伯》）
>
> 音樂教育除了非常注重道德和社會目的外，必須把美的東西作
> 為自己的目的來探求，把人教育成美和善的。──柏拉圖
>
> 感情和想像力比起信息與理性來，對左右公眾的情感和觀點有
> 更重要的作用。──約翰·杜威

人權理念和學說孕育於古希臘人文思想的襁褓，而近代人權觀念的生成又得益於人文主義、人本主義和人道主義的張揚，人文精神對於人權的重要性無需贅言。張彭春作為一個極具人文精神的戲劇家，具有對人和人權的深入思考就不足為奇了。而他所從事的戲劇活動，既有對西方戲劇（話劇）的

引介，也有對中國傳統戲尤其是京劇進行的改良。他由此汲取的人文觀念，催生了他極具人性關懷、飽含民主人權思想的戲劇觀，由此張彭春則更加認識到戲劇對培育具有人文精神的現代國家公民所起到的作用。

　　張彭春承襲了杜威關於藝術的看法，〔註39〕認為包括戲劇在內的藝術可以培育人的素養，因此「藝術的生活」是應當在教育中得到提倡的。在他看來藝術的生活有三個元素。第一是偉大的熱情，歷來的藝術品無一不是人類偉大熱情的表現，而這正是培養人類生命的核心。第二個元素是精密的構造。一件好的藝術品必然在內容上有充實的意義，而形式上具有精密的構造。「由此可以想見當創作的時候，作者是如何的心細。」第三則是靜淡的律動，無論多麼熱烈的情感，都要表現在有限的形式中，加以凝練，這一過程的「律動總是靜的，淡的」。這三樣元素則對應著「凡偉大的人」都應具備三種品格：悲天憫人的熱烈的真情，精細深微的思想力以及沖淡曠遠的胸襟。「要得到這些美德，不可不營造藝術的生活。」〔註40〕而張彭春提倡的這些品質，無疑是一個獲得自由與解放的現代公民所應當具備的。

　　他還認為，藝術承載著一定的道德觀念和價值觀念，應當給青年傳遞正面的觀念。他在演講中提到怎麼看電影的問題時說，電影在思想上對於青年男女的影響實在很大。他們在學校裏書本上所學的東西，往往過目就忘，但是他們從電影片子裏所學的東西，反倒比書本要牢靠的多。「它固然不是牧師，也不是教書匠；它只是把人類的行為，合盤的拖出來給我們看；他幫我們把這些事實加以分析、解釋……使我們得到一個運用思想的機會……來判斷這些因果的是非，來選擇自己應走的路。」他批評一些影片給觀眾極不正確的觀念：「它們常把一個犯人或是一群流氓的生活，描寫得非常動人，使人看了，不但不以他們的行為為過錯，而反倒極羨慕他們那種放蕩的生活，恨不得自己也能有那樣的經歷才好，這些都是些很危險的事，是影片公司和看電影的人都要負責設法避免的。」〔註41〕正因如此，戲劇中傳遞的價值也對

〔註39〕參見〔美〕約翰·杜威：《藝術即經驗》，商務印書館 2010 年版。

〔註40〕參見張彭春：《本學期所要提倡的三種生活——在南開學校高級初三集會上的演講》，邵存民記要，《南開雙周》第 1 期，1928 年 3 月 19 日，轉引自《張彭春論教育與戲劇藝術》，第 549～552 頁。

〔註41〕參見張彭春：《怎樣看電影——社會教育常識講話》，黃燕生記錄，《南大半月刊》第 18 期，1934 年 12 月 5 日，轉引自《張彭春論教育與戲劇藝術》，第 561～568 頁。

人們產生著重要影響。張彭春認為,「舊的戲劇是傳統道德觀念和傳統價值觀念的載體」,應當改良傳統戲劇,留住傳統道德價值中的精華並注入新的道德價值理念。他並不贊同新文化運動初期關於「傳統戲劇不包含具有永恆價值的東西並注定在進化過程中消亡」的斷言,他認為雖然在舊戲中有些觀念不再適應時代要求了,但「仍可發現和具啟發性的因素」,這些因素對中國的新劇和世界戲劇都有好處。〔註42〕

張彭春希望傳遞給新青年的道德價值觀念,在他的新劇活動中得到明顯的體現。他翻譯、改編的易卜生的《國民公敵》(改編為《剛愎的醫生》)、《娜拉》,法國劇作家莫里哀的《慳吝人》(改編為《財狂》),英國作家王爾德的《溫德米爾夫人的扇子》(改編為《少奶奶的扇子》),英國作家高爾斯華綏的《鬥爭》(改編為《爭強》)和俄國作家契訶夫的《求婚》等,都是具有追求民主、倡導人權思想的世界名劇。而張彭春帶領下的南開新劇團演出的劇目的《醒》《一元錢》《一念差》《仇大娘》和《再世緣》等,都具有反帝反封建、抨擊惡勢力、號召人民爭取民主、追求光明的進步思想內容。他的第一本英文新劇劇本《外侮》(The Intruder),即是在1915年日本向北京政府提出旨在滅亡中國的「二十一條」之際寫成的,表達了對敵人的仇恨和對祖國的深情。胡適曾在紐約造訪張彭春,看過劇本後在日記中寫道:「《外侮》,映像時事而做也。結構甚精,而用心亦可取。」〔註43〕1955年,張彭春在美國時隔四十年又重讀此劇,自己在原稿上寫道:「發現它有如情節劇式的警世寓言,每一個人物都是一個樣板。」〔註44〕張彭春自編自導的新劇《新村正》,描繪了具有資產階級民主思想的農村知識青年李壯圖與封建勢力代表吳紳的鬥爭,反映出貧苦人民仍然在遭受封建地主與列強勢力兩座大山壓迫的現狀,揭示了資產階級革命的非徹底性,突出了反帝反封建的主題。他翻譯的易卜生的《國民公敵》在上演之前,由於被天津軍閥當局認為有所影射而遭到禁演,一年之後改名《剛愎的醫生》才得以公演,在公演開場前張彭春登臺演講中詼諧地說:「排演本劇,困難極多,居然敢在臺上與觀眾相見,

---

〔註42〕張彭春:《中國的新劇和舊戲》,《南大半月刊》第3、4期合刊,1933年7月15日;轉引自《張彭春論教育與戲劇藝術》,第555~558頁。

〔註43〕胡適:《胡適日記1915~1917》,曹伯言整理,安徽教育出版社2001年版,第57頁。

〔註44〕《張彭春論教育與戲劇藝術》,第549~552頁。

尤屬冒險。」〔註45〕他還於 1928 年編導並公演了被恩格斯稱為體現女性「自己的性格以及首創的和獨立的精神」〔註46〕的世界名劇《娜拉》（又譯為《傀儡家庭》或《玩偶之家》），由曹禺反串娜拉。易卜生的這部「提出了資本主義社會的倫理道德、法律宗教和婦女解放等問題」並「揭露了男權社會對婦女的壓迫」的成名劇作被張彭春搬上了公共舞臺，連演兩場爆滿。當時天津女界聯合會認為該劇有益於提倡女權，特邀請做第三次公演。

1935 年張彭春（左）指導曹禺（右）在天津出演《財狂》的劇照（來源：南開大學網站）

〔註45〕張彭春：《〈剛愎的醫生〉公演前登臺演詞（摘要）》，《南開雙周》第 1 卷第 2 期，1928 年 3 月 28 日；轉引自《張彭春論教育與戲劇藝術》，第 553 頁。

〔註46〕恩格斯：《致保爾·恩斯特》，《馬克思恩格斯全集》第 37 卷，人民出版社 1988 年版，第 407 頁。

儘管在現在看來，這些戲劇略帶改良主義色彩，張彭春推崇的幾位歐洲劇作家也是改良主義者。然而改良主義者也是民主主義者，在當時的背景下對爭取民主人權方面是帶有明顯的進步意義的。周恩來曾坦誠：「辛亥之後，『五四』之前，自己作為一個學生，在沒有找到馬克思主義之前，和張彭春先生的接近還是有益的。因為正是由於他的誘導、啟發，使自己開始認識當時中國的社會問題多麼嚴重，並且促使自己思考如何才能解決這些嚴重的社會問題。」〔註 47〕在「五四」時期，易卜生社會問題劇在中國的傳播，對中國人民打破精神枷鎖、爭取民主、人權和自由以及婦女解放運動都起過積極的作用，以至於茅盾在 1925 年時撰文指出歐洲易卜生與中國新文化運動「非同等閒的關係」，驚歎「這位北歐文豪的名字傳述青年的口頭，不亞於今日之下的馬克思、列寧。」〔註 48〕由於易卜生主義在當時對中國民主和民權觀念產生了正面影響，因而除張彭春外，魯迅、郭沫若、茅盾等人也紛紛發表關於易卜生的文章。〔註 49〕張彭春的好友胡適，就在代表作《易卜生主義》一文中對自己的自由主義人權思想做了闡釋。〔註 50〕他關於自由主義的人權思想的生發，最根本的理論淵源就是易卜生主義。〔註 51〕可以說，張彭春當時在中國推廣新劇的活動起到了喚醒大眾的民主和人權意識的效果。

對張彭春影響較大的另一重要人物則是泰戈爾。泰戈爾同張彭春一樣，也有著多重身份，既是詩人、作家、藝術家，也是社會活動家，同時他更是一位愛國主義者。他畢生追求祖國的獨立自由，而且喜愛在國際上主持正義。第一次世界大戰期間曾與巴比塞、羅素、勃蘭等人組織「光明團」，為世界和平奔走呼籲。1937 年，中國抗日戰爭爆發後，泰戈爾對日本軍國主義的野蠻行徑進行了強烈譴責。他也酷愛中國文化，反對亞洲照抄西方，主張要用東方思想創出一條新路，「用新的創造作為對人類的獻禮」。因此，即便在反傳統的「五四」時期，泰戈爾在華演講中仍反覆告訴中國人，不要捨棄自己寶

〔註 47〕馬明：《張彭春與中國現代話劇》，黃殿祺主編：《話劇在北方的奠基人之一——張彭春》，中國戲劇出版社 2007 年版，第 330 頁。
〔註 48〕茅盾：《譚譚〈玩偶之家〉》，《茅盾全集》（第 33 卷），人民文學出版社 2001 年版，第 148 頁。
〔註 49〕魯迅：《娜拉走後怎樣》（1923）；郭沫若：《卓文君》（劇本）（1923）《娜拉的答案》（1942）；茅盾：《譚譚玩偶之家》（1925）。
〔註 50〕胡適：《易卜生主義》，《新青年》第 4 卷第 6 號，1918 年 6 月 15 日。
〔註 51〕杜鋼建：《論胡適的自由主義人權思想》，《蘭州學刊》1993 年第 6 期。

貴的文化傳統與文化歷史，更不要盲目地去接受和傳播那些無價值的、醜惡的西方文化。泰戈爾在《民族主義》一書中指出，西方文明發明了「民族主義」，通過它「整個民族可以實行一整套最惡毒的利己主義計劃」〔註52〕。他牴觸建立在排他、自私，吞噬弱小民族基礎上的歐洲文明，提倡人類要擁有道義真理，這對張彭春日後在聯合國明確抵制歐洲中心主義的立場產生了影響。張彭春對泰戈爾推崇備至，取其詩集《新月集》中的「新月」作為次女張新月的名字，又適逢與胡適、徐志摩、梁秋實等人組織文學社，他便推薦「新月」二字作為文學社的名字，由此名噪一時的新月社誕生。1924 年，泰戈爾 64 歲壽辰之際，接受了新月詩社邀請來華訪問。時在清華大學任職的張彭春，邀請泰戈爾到清華講學，並導演了其體現婦女解放思想的著名詩劇《齊德拉》。

1924 年泰戈爾（中排右）留居清華時與辜鴻銘（中排左）等人合影，前排左起：王文顯、張歆海、徐志摩、張彭春，後排右清華校長曹雲祥（圖片來源：清華大學網站）

　　總而言之，張彭春從事的新劇事業應當被看作五四新文化運動的一部分。早在 1919 年 9 月，李大釗在與天津青年進步組織成員座談時，就充分肯定南開

〔註52〕〔印度〕泰戈爾：《民族主義》，譚仁俠譯，商務印書館 2010 年版，第 23 頁。

新劇運動是「新文化運動堅勁之一翼」，是「激勵民氣除舊布新」的利器。張彭春的新劇事業是他人權活動的重要組成部分，也是他人權主張的重要實踐來源，其活動宗旨在於「捨極高之理論，施以有效之實事」，通過新劇「言語通常，意含深遠，悲歡離合，情節昭然」，「縱之影響後世，橫之感化今人」的作用，來培養現代公民所應具備的素養和道德，以達到「夫而後民智開，民德進」〔註53〕的效果，為民主和人權社會的到來做好準備。這正契合了約翰‧杜威關於民主與美學主張：「一個民主社會不可或缺的東西就是廣泛而有效的交流的存在。這樣的交流只能存在於一個美學活動無所不在的社會之中。」〔註54〕

第三節　「公民」培養理念

張彭春在 1916～1936 年 20 年間，一直投身教育事業。他在教育中提出了很多觀點，也嘗試過很多實踐，成績斐然。他在教育過程中不主張「無理智模仿外國」，〔註55〕既吸收了西方的先進的教育理念，同時又意識到傳統教育中蘊含的合理價值。因此，他既注重新式教育，也不忽視傳統教育。他還經常將先進的教育理念用儒家傳統的價值觀念加以闡述，以增強學生的價值認同。總結起來，他的教育理念核心是「公民」的培養。「公民」教育意在培養新青年的公民精神和公民人格，這是中國邁向民主人權的現代社會的第一步，亦即他所說的「中國需要男人和女人具有創造現代化的能力和才智」〔註56〕。民主和人權是現代化社會的顯著標誌，因而張彭春在造就現代「公民」的過程中形成的教育理念飽含著民主和人權思想。同時，他在教育實踐中深化了他對文化權，尤其是教育權重要性的認知，為他此後參與《世界人權宣言》中有關教育、科學、文化權利條款的討論提供了重要的現實依據和理論素材。筆者根據他在南開任職期間所作的演講以及他的博士論文中的線索，將其極具民主人權價值的教育觀點作如下總結。

〔註53〕 周恩來：《吾校新劇觀》（1916 年 9 月），南開《校風》第 38、39 期，轉引自《中國戲劇》2008 年第 3 期，第 7～9 頁。

〔註54〕 〔美〕郝大維等：《先賢的民主——杜威、孔子與中國民主之希望》，何剛強譯，江蘇人民出版 2004 年版，第 60 頁。

〔註55〕 張彭春：《在南開學校三部聯合運動會上的講詞》，《南開高中副刊》第 2 期，1933 年 5 月 25 日，轉引自《張彭春論教育與戲劇藝術》，第 282 頁。

〔註56〕 張彭春：《從教育入手使中國現代化》（張彭春博士論文），《張彭春論教育與戲劇藝術》，第 91 頁。

一、教育與道德

　　張彭春認為，要實現社會的變革，必須造就一批知識高超道德純厚的新青年，而道德的養成要依賴教育。「教育為一造道德能力思想之機關，能使人人格高峻，能力增長，思想清明。且欲造新民新國，非教育不為功。」〔註57〕

　　他在演講中用儒家提倡的「智」、「仁」、「勇」、「義」來概括青年個人應當具備的新道德。

　　一曰智。智育在張彭春看來，就是學識教育。他認為「欲改良社會，非有善法不可。許多人欲改良社會，然心有餘餘，知識不足而失敗者，比比是也……欲令學生做事著效，必當增其學識……是則二十世紀純然以學術競爭之世界」〔註58〕學識教育是改良社會的利器。學識教育既應包括人文知識也包括自然科學知識。他強調自然科學在中國的缺失，及其對於西方社會現代化的重要性的同時，又主張不能重理輕文，人文知識尤其是國學的學習尤為重要。在張彭春看來獲取學識的方法非常多，不限於課堂教學。他曾在演講中舉例，報紙、戲劇、廣播、電影、社會調查都是獲得學識的途徑，同時鼓勵學生要注意時事。

　　二曰仁。仁，即合群而居。在集體生活中，不外兩種狀態，或者相爭，或者相和。「一隻顧自己，一且顧旁人」。張彭春認為，所有違背道德的行為，莫不根源於爭。而「社會中之爭鬥，本意欲求利己，以多獲利益為志。然爭鬥一開，則不惟不利己，且不利群。群亡則己亦敗矣……強群即所以利己也。」〔註59〕所有的人都希望別人敬愛，而不希望受到別人的忌恨。遭人忌恨時自己無法安穩，而處處為人設想，則無往而不利，所謂愛人者人恒愛之。故孔子曰：仁者不憂。張彭春主張在組織生活（大到國家，小到家庭）中應貫徹「仁」的理念，重視人與人之間的關係，相比極端的權利索求（很有可能求之不得）則更注重人實際的幸福體驗，這不能不說是一種集體主義的人權觀。

　　三曰勇。在張彭春看來，勇既關乎精神也關乎身體。新青年首先應當注

〔註57〕張彭春：《南開同志三信條》，段茂瀾記錄，南開《校風》第89期，1918年3月17日。

〔註58〕張彭春：《當今學術競爭之世界端在注意學識》（原題為《專門主任演說詞》），南開《校風》第45期，1916年11月8日，轉引自《張彭春論教育與戲劇藝術》，第9～10頁。

〔註59〕張彭春：《道德與個人》，段茂瀾記錄，南開《校風》第59期，轉引自《張彭春論教育與戲劇藝術》，第52頁。

意身體的鍛鍊,「今不自重,後已晚矣」。〔註60〕他因此強調「體育非少數人之事業」,並闡明體育運動在教育上的價值:首先體育可以鼓舞人心,振奮精神,「而後有恆,不至時作時輟」,同時練就「做事之膽量」。如果經常鍛鍊,進入社會之後,必然能夠「敢決必勝」;其次,體育可以激發愛公之心,運動員競賽,往往不是為了個人榮辱,「實因代表其團體以爭賽」,發揚愛公心,可堅固愛國之心,成就愛國之事業。〔註61〕

四曰義。即個人的權利與義務。他指出,中國傳統社會是家長制的,人們只知道服從,權利與義務並未明確。在這裡,張彭春的觀點並不同於傳統認知的中國自古是義務社會。張彭春強調中國傳統社會是「服從」社會,民眾既不熟悉權利,也不明確義務。封建國家加給人的負擔往往既超出了「義務」的限度,又不能完全涵蓋「義務」真正的內涵。他所說的義務,側重個人應當承擔的社會義務。他認為對於個人義務應當履行,否則社會無從進步,而人的才能獲得發展,則是人的權利。在張彭春那裡,雖然沒有明確義務的含義,但他所說的義務帶有強烈的道德(公德)色彩。〔註62〕

二、教育與民主

張彭春曾在演說中提出了民主國家的兩條標準:一是要以多數人的國家,二是要以自立的國家。前者要求民主國家應為多人的幸福而設,不能只為少數人的幸福權利;後者要求國家應當能夠獨立自主,不受外國干涉。這兩條民主標準缺一不可。「然若堅抱多人、自立兩主義,盡力為之,終必有成。」〔註63〕

既然有了民主的標準,教育應當怎樣培養民主社會的公民?他強調了兩種重要的教育。

張彭春說,學校的一項重要責任在於練習學生的組織能力。因此他極力主張學生應當過組織生活或團體生活。他說:「組織之最大者,在人類中厥

〔註60〕 張彭春:《道德與個人》,段茂瀾記錄,南開《校風》第59期,轉引自《張彭春論教育與戲劇藝術》,第52頁。

〔註61〕 張彭春:《體育運動在教育上的價值》,段茂瀾記錄,南開《校風》97期,1918年5月,轉引自《張彭春論教育與戲劇藝術》,第55頁。

〔註62〕 張彭春認為對社會的道德有很多方面,他認為其中應包括相愛、謙虛和服役。參見張彭春:《道德與社會》,南開《校風》第95期。

〔註63〕 張彭春:《南開同志三信條》,段茂瀾記錄,南開《校風》第89期,1918年3月17日。

惟國家。國家之組織，端賴乎個人。如個人不能組織，則其國家之組織，亦不必善……爾等在校中，滿可借校中規模，以施爾等之手段。」他在多次演講中強調了組織、團體、集會對於民主的重要性。他解釋中國雖然重視家庭組織，但是「率關血脈，不關宗旨」，亦未明「責任」，未能生成民主社會所需要的條件。因此，他主張的組織應當是「大家抱一定宗旨，一力前趨」的有宗旨的組織。〔註64〕他鼓勵學生在學校設立和參加各種學生團體、組織、協會等，在團體中通過參加選舉、組織運動、「共決是非」等代議制訓練，採用「或演講，或辯論，或記錄，或報告」等手段，增強「自治」與「合作」的能力，達到「練習真自由之精神」和「造就領袖之資格」等民主共和品格目的。〔註65〕

第二種教育，即「開闊的經驗」教育。這是張彭春在美國攻讀博士期間形成的教育理論。他在博士論文中引述威廉姆·R·謝波德（William R.Shepherd）在《歐洲的擴張》（The Expansion of Europe）一文中的觀點：

> 「『文藝復興』、『宗教改革』、『法國革命』、『工業革命』、『民族主義和民主制』……我們已經考查、描述和評價過了。但是，比他們規模更大的運動……相比之下卻被忽略了。」「歐洲擴張的歷史……包括殖民主義和大量更多的東西」，它包含「歐洲受惠於世界其他地區，世界其他地方受惠於歐洲，所有這些都應該算在現代時期文明的一般進步之內。」「這個觀念分為兩個方面：一個可稱之為『向外』運動，另一個可稱之為『向家』運動。前者涉及歐洲思想和制度的傳播和它們在與新環境接觸過程中所作的修正；後者預示了歐洲自身變化的結果——這些活動對歐洲文明本身的影響，特別是對更為直接參與擴張工作的這些國家的地方生活和思想的影響。」〔註66〕

> 「擴張在精神上和物質上已經取得的一切成果——對事業的

〔註64〕張彭春：《學校教育之一責在練習組織之能力》，劉鴻恩記錄，南開《校風》第 72 期，1917 年 9 月 13 日。

〔註65〕參見張彭春：《學校集會與學校生活》，《清華週刊》第 293 期，1923 年 11 月 25 日；《學校生活的性質與學校集會的關係》，邰光謨記錄，《南開週刊》第 57 期，1923 年 3 月 25 日；《教育的社會目的》，段茂瀾記錄，南開《校風》第 94 期。

〔註66〕William R.Shepherd, "The Expansion of Europe (I II III)", *Political Science Quarterly*, 1919, pp.47, 51.

熱情,渴望冒險、攫取名譽、財富、新的景色和新的家,地球上的
新地方對於得到更舒適更幸福的生活是有保障的——總而言之,在
和美洲、亞洲、非洲和海島上的新土地、新人民的接觸中,應用原有
的知識,增添新知識,歐洲獲得了新的推動力和新的發展。」〔註67〕

張彭春由此總結到,在這些「新的推動力和新的發展」中,兩方面最引
人注意——即科學和民主制的興起。在論述擴張對民主制的影響時,他將美
國社會學家和人類學教授薩姆納(W.G. Sumner)的假說與前述觀點做了理論
上的拼接:

「喜歡冒險的航海家,在十五世紀開始探查地球上的處女地
時,很少關心和顧及國內的農民和手工藝人的生活;但是,正是他
們才是為未來該階級(農民和手工藝人)的命運鬥爭的人。不過,
就我所見,最偉大的,但又是最少注意到的發現美洲的意義,在於
它為勞動階級贏得了一個新大陸。如果有富饒的土地,只有很少的
人分享,那麼所有人的機會都是平等的。每一位土地擁有者既是地
主又是勞動者。社會階級消失了。工資很高。大多數人遠離懶惰、
愚蠢和墮落的惡習,日子過得很好……偏遠的大陸不僅對到達那裡
的人們,而且對留在國內的整個勞動階級都有影響……全部可得到
的土地為國內的勞動力市場和土地市場帶來了壓力和影響;它立即
使工資上漲,食品價格和地價低廉。這就是提升勞動者和降低土地
貴族的地位,代表著民主和平等在兩個方面起作用。」

「由於有更多的土地,且有較高的工資;因此沒人會為只能換
取少量日用品的工資工作。因為勞動者即採取最浪費、最不經濟的
方法使用土地,所得到的收入也要超過他們的工資。有更多的土地
與有熟練技能、受過教育的勞動者相比,那些沒技術的體力勞動者
的階級地位提高了。在擁有大量土地的情況下,每一個人都是有很
多『人權』的人,成為了一個對社會有價值的人。他只需要成為這
樣的人就行了。」〔註68〕

〔註67〕 William R.Shepherd, "The Expansion of Europe (I II III)", *Political Science Quarterly*, 1919, p.211.
〔註68〕 William Graham Sumner, "Earth Hunger or the Philosophy of Land Grabbing" (1896), in *Earth-hunger and other essays*, ed. Albert Galloway Keller, New Haven: Yale University Press, 1913, pp.31~64.

作為一個具體的例子，張彭春繼續引用貝克在《美國：民主的試驗》（The United States：An Experiment in Democracy）一書中對早期弗吉尼亞窮鄉僻壤民主制興起的分析：

> 「這裡沒有巨額財產；沒有奴隸，也沒有『僕人』。沒有自稱是豪華建築的住宅，也沒有養成『紳士』風度和教養的機會或存在有如此愛好的有閒階級。這裡的每個人都是靠他的汗水掙錢養活自己，習慣也是粗俗而原始的；制度簡單；人們相鄰而居；平等是現實；而自由只會受到難以抗拒的自然環境的限制。」〔註69〕

貝克在最後揭示了美洲大陸擴張的意義：

> 「美洲歷史的秘密——堅持民主理想在邊疆社會簡單而原始條件下的繁榮。」〔註70〕

張彭春從中得出了自己的結論，關於「擴張」對民主制發展的影響：

（一）擴張的機遇已經使得社會差別成為沒有必要和不能容忍的。在邊疆發展起來的平等思想不是受獎勵和所有權的平等，而是機會平等和按勞分配的平等思想。

（二）擴張經驗促進了個人成長，提高了個人決斷的地位。為了能在比較原始的邊疆生活中成功，人需要發展其主觀能動性。「他不得不依靠他的體力和足智多謀來抗衡未開發的大森林或未開墾的草原的頑強抵抗和慣性。這裡既沒有父權政府可以依靠，也沒有既定的社會慣例的指引或制約……在發展個人主動性和自信心方面，邊疆為人類提供了個性自由的強烈意識。」〔註71〕

（三）因為在擴張中挑戰機會增加了，又由於擴張引起競爭上的危險，群體內部合作的質量已經提高了。〔註72〕「試觀十九世紀各國大革命，斯乃破天荒之舉動也；舊勢力根深蒂固，不易摧倒，苟非同心協力，尚何成功之足云乎。」〔註73〕

〔註69〕 Carl Becker, *The United States: An Experiment in Democracy*, New York: The Macmillan Company, 1920, p.37.
〔註70〕 Carl Becker, *The United States: An Experiment in Democracy*, New York: The Macmillan Company, 1920, p.160.
〔註71〕 Carl Becker, *The United States: An Experiment in Democracy*, New York: The Macmillan Company, 1920, p.170.
〔註72〕 張彭春：《從教育入手使中國現代化》（張彭春博士論文），《張彭春論教育與戲劇藝術》，第99～100頁。
〔註73〕 張彭春：《開關經驗的教育》，邵存民記錄，《南中週刊》第23週年紀念專號，1927年10月17日。

　　總之，民主是伴隨著殖民者的擴張而誕生的。由此，張彭春認為擴張經驗是民主實踐和理念發展的必要條件。但是他並不認為在當前擴張停止的時代，科學和民主的可能性就被排除掉。他指出「（中國）社會畢竟沒有為他們（國人）提供足夠的挑戰機會來鍛鍊他們擴張的態度、能力、理想」。

　　因此，當務之急是建立能培養出這種態度和能力的人的有效教育模式——即通過教育設立「擴張」的替代物，他稱之為「開闢經驗」的教育。他認為，通過鼓勵學生更多的參與社會實踐（多做事），宣傳理想和風尚，擴大對客觀環境的接觸，鼓勵「開放空間」（或民主）的社會行為等〔註74〕，來培養學生獨立判斷、自主活動等能力，以積累民主和科學社會所必需的「開闢的經驗」。應當說，前面所說的「組織能力」的培養也是為這一目的服務的。自張彭春看來，在停止擴張的時代，通過「開闢經驗」的教育來鍛鍊「公民」，是實現科學與民主進步的必然選擇。

三、教育與權利、自由

　　關於教育與權利、自由之間的關係論述，分散在他各次演講中。

　　張彭春主張「樂群」教育，他曾指出「樂群乃教育之要者」。樂群即是參加集體活動而獲得愉悅。他引用西方啟蒙思想家的觀點指出，「天賦人樂為人類結合之原，為人生幸福之一」，強調追求幸福是人類社會存在的前提，因而人應當享有娛樂的權利。並「按進化論言之，凡能樂之人種，其進化較他族為速。」原因在於，其一，能常樂則精神振奮，有利於身體健康；其二，也是他強調的重點，樂群有利於產生自由的思想。「就吾今日之新劇言，凡任職者，於未登場之先，必思當如何做……如玩球時，如何能使此球高且遠，如何能脫他人之劫奪，此關於思想者也。」他總結說「樂之所生，能發達其身體，提振其精神，活動其思想已也。」〔註75〕娛樂既是一項權利，也有利於自由新思想的產生。而除此外，學生應充分利用校報，作為輿論自由和言論自由的試驗場，「在中職員果能各負其責任，以數人而代表全校之意，想作一種自由言論，校中新思想均能以筆達之。」〔註76〕學校還應當激發學生的好

〔註74〕張彭春：《從教育入手使中國現代化》（張彭春博士論文），《張彭春論教育與戲劇藝術》，第107～108頁。

〔註75〕張彭春：《樂群乃教育之要者》，劉鴻恩記錄，南開《校風》第71期，1917年9月13日。

〔註76〕張彭春：《學生對於校報之責任》，南開《校風》第88期，1918年1月17日。

奇心，培養學生的靜心，以及鼓勵學生少私心。這三者也是促成自由新思想的要素，「三者備矣，思想始可望其發達」。〔註77〕

關於紀律、法律與自由的關係。他說：「規矩嚴者非真管束甚嚴之謂，實導學生以真自由，遵從法律之自由。不遵法律絕無自由，各國皆然。」〔註78〕顯然，他的主張吸收了西方啟蒙思想家「法治下的自由」觀念，即強調法律為自由之基礎。法律為各自的自由劃分界限，若人人越界，則人人的自由都受損害。這正暗合法國啟蒙思想家孟德斯鳩所說：「如果一個公民能夠做法律所禁止的事，他就不再自由了，因為其他人也同樣會有這樣的權利。」〔註79〕

關於民生與普及教育。張彭春認為，中國社會窮困的人太多，應當學習實業，廣設工廠，並教授謀生的方法，以改善中國民生的現狀。還應普及教育，「欲有一高等政府，必先有普及之教育。」他鼓勵學生在將來應盡力普及教育事業，即便現在，也可利用假期閑暇「教汝村臨，必可收效廣大」。但他強調「以上係國內方針。雖進步即或較遲，而造國方法捨此恐無捷徑。」〔註80〕

儘管以上種種關於權利與自由的觀點並不系統，但都有一個中心目的，即張彭春所期待的：學校就是一「母民主國」，每個學生就是一個公民，應當具有公民資格。〔註81〕在張彭春看來，包括民主人權和科學技術在內的現代化社會是一個整體，而如果能夠把教育看作塑造人的基本素養、智力和情感的過程，那麼它就將是全面現代化最根本的推動力。他期望通過教育者提供「知識」，使國家「沒有謀劃，自然而然地」變為現代社會。

應當說，張彭春很大程度上繼承了約翰·杜威以民主為標準的教育理念〔註82〕，即民主不僅是一種政府的形式，它首先還應該是一種聯合的生活方式，是一種共同交流經驗的方式。首先要教育出民主的人，作為由民主的個人組成的社會，即自然成為民主的社會。這也迎合了馬克思和恩格斯的觀點：

〔註77〕張彭春：《造成思想之要素：好奇心·靜·無我心》，劉鴻恩記錄，南開《校風》第81期，1917年12月5日。

〔註78〕張彭春：《南開同志三信條》，段茂瀾記錄，南開《校風》第89期，1918年3月17日。

〔註79〕〔法〕孟德斯鳩：《論法的精神》（上），商務印書館1982年版，第154頁。

〔註80〕張彭春：《欲強國比現有普及之教育》，段茂瀾記錄，南開《校風》第100期。

〔註81〕張彭春：《此次徵求關於學校集會建議的報告及感想》，邵光謨記錄，《南開週刊》第58期，1923年3月29日。

〔註82〕參見〔美〕約翰·杜威：《民主主義與教育》，王承緒譯，人民教育出版社1990年版。

人類的歷史最終歸結為「個人本身力量發展的歷史」〔註83〕，而且「始終只是他們個體發展的歷史」〔註84〕。張彭春在巴格達的演講中曾引用一句儒家經典概括他的教育理念：「古之欲明明德於天下者，先治其國；欲治其國者，先齊其家；欲齊其家者，先修其身；欲修其身者，先正其心；欲正其心者，先誠其意；欲誠其意者，先致其知，致知在格物。」〔註85〕因此，一切現代社會和一切民主人權制度的形成，都可以歸結於人個體的全面發展和公民群體的形成，最終則歸結於民主教育和人權教育。正如張彭春進一步解釋說，以上表達的程序使人將道德與政治聯繫，又將政治與教育相聯繫。

第四節　外交生涯

張彭春從事的外交和人權活動，加深了他對人權內涵的領悟，也是他人權素養的來源之一。參加華盛頓會議和在美國的抗日民族外交活動，讓他形成了愛國主義的人權觀點，而在中東和南美洲的外交官生涯，則讓這位精通儒家理論的留美哲學博士，更直觀的感受到了多元文化的衝擊，深化了他對人權多元性的現實理解。

一、弱國外交中形成的愛國主義集體人權觀

張彭春曾在演講中提到，我們應造「自立的國家」，所謂自立，即國家應當自主，不能「受羈於外人」。這是判定一國是否為民主國家的關鍵指標之一。在經歷了中國在華盛頓會議中的失敗，以及日本的侵華戰爭，張彭春深刻體會到了「弱國無外交」現實意涵。弱國不僅無外交，也無民主、人權，一國若不能獨立於世界民族之林，枉論其他。按照西方的人權法理，是很難將愛國主義納入人權的話語中去的。但是當一國曾經或者正在面臨殖民主義和霸權主義荼毒的時候，愛國主義人權觀則顯得合理而現實。殖民主義在全世界範圍內對財富的掠奪和對弱小民族的征服，使得被掠奪和被征服地區人民遠離了民主和人權。而殖民主義和霸權主義引發的兩次世界大戰，更是讓全人

〔註83〕〔德〕馬克思、恩格斯：《馬克思恩格斯選集》第1卷，人民出版社1995年版，第79頁。

〔註84〕〔德〕馬克思、恩格斯：《馬克思恩格斯選集》第4卷，人民出版社1995年版，第321頁。

〔註85〕《禮記‧大學》。

類承受了非人的痛苦。當面臨這兩個主義的時候,人類的生命、尊嚴等最基本的人權完全被無情的踐踏和毀滅,在這種情形下又如何能兌現民主與自由。

對廣大的第三世界國家而言,國家主權是與民族獨立的政治歷程和政治成果相聯繫的,因而對其有著特殊的政治情感。而國際秩序的不合理,也迫使它們不得不將主要精力放在發展經濟和壯大國力上,以期能夠盡快擺脫國際關係中的不利地位,避免遭到西方發達國家的排擠和操縱。不言而喻,第三世界國家廣泛存在著的國家主義的人權觀念有其歷史與現實的合理性。

親歷「外爭主權,內懲國賊」的反帝運動和日本侵華戰爭的張彭春,深知國家強大與實現人民主權和個體人權的正相關性,因此他的人權觀點是帶有愛國主義和國家主義色彩的。在南開時他說:「我們要努力地前行。我們的教育,不是和我們本國人比,乃是和外國人比。」〔註86〕在巴格達的演講中,他向伊斯蘭世界表明中國反抗日本侵略的人權意義:「我們為反對侵略者非人道的肆虐行為而戰,為獨立和自由環境下更美好的生活而戰」,「我們滿懷熱情地參與這場戰爭——一場為捍衛人類自由和尊嚴的戰爭,並為之而感到驕傲。」〔註87〕在聯合國,張彭春不僅是集體人權的支持者,也是發展中國家的代言人,他重視經社文權利,尤其是發展中國家的衛生和經濟權利。他對集體人權和發展權的主張與這段弱國外交的經歷是分不開的。

二、接觸各國文化形成多元主義人權觀

依照文化人類學的一般性用法,文化是「從在社會中支配地位的思維和行為方式裏剔除與生俱來的因素,因而具有很強繼承性的思維和行為方式」〔註88〕。這個概念表明文化的存在是客觀的、一貫的,而且無法通過某種手段簡單改變。儘管一國文化也會隨著社會發展而變遷,甚至隨著革命而在認知層面上有根本的變革,但具有深厚歷史底蘊的主流文化或核心文化對該國民眾的影響仍會在思維和行為方式層面上繼續存在,而且無法撼動。更常見的情形是,既存文化中有生命力的部分會不斷延續下去。因此,一國歷史地

〔註86〕張彭春:《創新的知識與普遍的知識》,趙水澄記錄,《南開雙周》第2卷第3期,1928年10月29日。

〔註87〕Ruth H.C. & Sze-Chuh Cheng, *Peng Chun Chang, 1892~1957: Biography & collected works*, privately printed, 1995.

〔註88〕〔日〕大沼保昭:《人權國家與文明》,王志安譯,生活·讀書·新知三聯書店2003年版,第17頁。

形成的主體文化很難完全被人為替代或改變。而人權作為一種需要由思維和行為方式保障和實施的理論或實踐，至少在可預見的歷史時間內，始終將受到一國現有文化的制約，儘管人權在一定程度上具有普遍性。對西方以外的大部分國家來說，一方面，這些國家的人權觀念會不可避免地接受特定文化多稜鏡的折射，另一方面，在對許多具體人權問題的操作中也會受到當地特定文化的改造、裁剪以及補充，從而產生出多元化的人權觀和人權實踐。總之，多元文化催生了多元的人權觀。〔註 89〕因此，對多元文化的接觸，往往能夠強化對多元人權觀的認同。

張彭春對文化的特殊性有著明確的態度。早在南開中學任教期間，他就在演講中指出，如果國人忽視自己的民族文化和國情，而一味模仿西方制度，不僅達不到進步的目的，與西方的差距還會越來越大。即「吾人設盡蔑一切國情風俗，悉取彼西人創造之一切而吞之，不徒不能達吾人原有之目的，行見日距其遠而不自覺。」〔註 90〕

張彭春長年的留學經歷使他熟悉美利堅文化，周恩來也稱讚他「熟知美國」。〔註 91〕他還曾到歐洲各國考察教育，並且在 1937 年 9 月到 1940 年 4 月期間，多次赴歐洲宣傳抗戰，這段經歷讓他對歐洲文化也有了一定瞭解。在 1940 年 5 月到 1944 年 10 月期間，他分別擔任中國駐土耳其和駐智利全權公使。尤其是在土耳其擔任公使期間，他也曾到訪過沙特阿拉伯和伊拉克，並對伊斯蘭文化有了直觀的近距離觀察。豐富的外交經歷，更使他對於多元文化有了進一步深刻的現實感受，為其人權不是一元而是多元的觀念提供了經驗支撐。因此，作為一個人權多元主義者，張彭春在起草《世界人權宣言》期間，不僅充當了儒家文化的代言人，同時也經常以東西方人權觀念協調人的姿態出現。他秉持著這樣的觀念：「不能完全忽視我們的古老文化對現代貢獻的可能性」，包括中國文明和阿拉伯文明（伊斯蘭文明）在內的古老民族以及當今世界的所有民族，應當「保持自身文化之精華，並汲取現

〔註 89〕羅豪才：《不一樣的文化可一樣尊重人的尊嚴》，《人權》2011 年第 6 期。

〔註 90〕張彭春：《開關經驗的教育》，邵存民記錄，《南中週刊》第 23 週年紀念專號，1927 年 10 月 17 日。

〔註 91〕周恩來在論外交形勢時提到他的老師張彭春，說：「我們熟知美國的朋友張彭春先生就說過：『英美對中國的幫助是使我們吃不飽也餓不死！』」參見周恩來：《國際形勢與中國抗戰》（原載重慶《新華日報》1940 年 9 月 30 日），人民網 http://cpc.people.com.cn/GB/69112/75843/75874/75991/5175412.html，訪問時間：2018 年 10 月 25 日。

代文化之精華，」且這些民族「都將從他們的民主基礎中獲得力量，並且支持民主事業」。〔註92〕

第五節　總結：教育、戲劇和外交的歷練造就人權活動家

　　霍姆斯大法官說過一句耳熟能詳的法律格言：「法律的生命不在於邏輯，而在於經驗」。對「人權」的理解也一樣，它的本源與其說是邏輯，或者知識，毋寧說是來源於社會體驗。張彭春的人權理念就來源於他的社會實踐和精神的昇華。因此，儘管張彭春從未成為人權學者或法學家，但他在教育、戲劇和外交等領域的寶貴經歷和斐然成就，無疑是其人權素養來源的寶庫。同時，不應當忘記，張彭春也是一位哲學家，他在攻讀哲學博士期間的學識積累使得他能夠以更為科學和理性的視角來思考人權問題。

　　最為明顯的例子，張彭春在其博士論文《從教育入手使中國現代化》中，撰寫了「有關現代化發展主要訓練課程精選書目」一節內容，他在博士期間所閱讀的文獻早已超出了教育哲學的範疇（具體書目可參見本書附錄部分）。這張意在普及現代化理論的書單，至今仍然有重要的學術參考意義。他將這些書目按自己的標準分為三個大類，即「擴張和進步」、「科學和產業」、「個人和民主」。第一部分「擴張和進步」，是瞭解現代社會產生的根源的參考書目，而後兩部分則是學習和瞭解構成現代社會的兩個主體部分，「德先生」（民主）與「賽先生」（科學）的書目。張彭春的理論是，將現代化歸結到教育上，通過教育現代公民，推動中國社會現代化。因此，在制定《宣言》時，張彭春極力主張將「努力通過教誨和教育促進對權利和自由的尊重」寫入序言，他將教育本身視為實現人權最根本的途徑——通過教育現代公民實現人的全面發展以及人權的全面實現。《南開雙周》也曾記載張彭春贈南開大學圖書館《實用主義》《三民主義之理論的體系》《國學闡微》三本書各一冊〔註93〕。這三本書恰巧契合了他最主要理論關注，實用主義，三民主義（民主、民權、民生）和儒家思想，它們共同塑造了張彭春關懷人、教育人的人權觀。

〔註92〕張彭春：《中華文化的演進》、《對巴格達大學學生的演講》，《張彭春論教育與戲劇藝術》，第 307 頁。

〔註93〕《南開雙周》第 5 卷 1 期，1930 年 3 月 18 日，轉引自《張彭春論教育與戲劇藝術》，第 679 頁。

　　張彭春在重慶南開中學發表演講時曾總結自己：「個人三十多年來，有時致力於教育，有時從事外交，有時研究戲劇。表面看來似乎所務太廣。其實一切活動，都有一貫的中心興趣，就是現代化，也就是中國怎麼才能現代化。」〔註94〕這可以看作張彭春對自己一生活動的總結。作為那個時代一名憂國憂民的知識分子，張彭春是一位更加務實的活動家。張彭春的研究者，原天津戲劇博物館館長黃殿祺總結道：「張彭春先生是一位在戲劇、教育、外交三方面研究和實踐俱佳的學者。」〔註95〕而學者盧建平則認為，由於歷史原因，張彭春在人們的認知中更多地是以一個教育家，戲劇家或外交家的身份出現的。由於相關資料極其匱乏，他在聯合國人權委員會起草《世界人權宣言》過程中的巨大貢獻很少為國人所知，但張彭春先生代表中國確確實實為世界人權事業做出了不朽的貢獻。〔註96〕他的一生都圍繞著現代化，圍繞著民族的覺醒與自強，在教育、戲劇、外交等領域鍥而不捨地努力著。

〔註94〕重慶南開中學《公能報》，1946 年 11 月，轉引自《張彭春論教育與戲劇藝術》，第 707 頁。

〔註95〕黃殿祺主編：《話劇在北方的奠基人之一——張彭春》，中國戲劇出版社 2007 年版，第 9 頁。

〔註96〕參見盧建平、王堅、趙駿：《中國代表張彭春與〈世界人權宣言〉》，《人權》2003 年第 6 期。

第三章 《世界人權宣言》起草始末

第一節 起草背景、內容、意義及法律地位

一、起草背景和意義

　　《世界人權宣言》（下文簡稱《宣言》）是由聯合國大會於 1948 年 12 月 10 日在巴黎夏洛宮（法語：Palais de Chaillot）通過的一份基本人權文件。它是第一份宣布「全人類都享有尊嚴和平等的世界性宣言」〔註1〕如今，它繼續在全世界範圍內對人們的生活和人權立法活動產生著影響。《宣言》被譯成 400 多種國家或地方語言〔註2〕，成為全世界最著名也是引用最多的人權文件。因而《宣言》也成為很多國際條約或公約的藍本，其規定甚至被不少國家的憲法或法律所採納。

　　《宣言》的通過被視為國際人權法上革命性的發展。它改變了以往國際法律體制的結構和性質——過去平行的體制現在變成了垂直的。「國際法」這一傳統上處理國家與國家之間關係的法律通過這份文件將範圍擴大到了其他實體，包括男女個人。這次發展始於 1945 年 4 月到 6 月召開的舊金山會議，而促使這一切發生的有力催化劑則是第二次世界大戰。

〔註1〕Official document of the United Nations, "Histoire de la rédaction de la Déclaration universelle des droits de l'homme", http://www.un.org/fr/documents/udhr/history.shtml，訪問時間：2018 年 11 月 7 日。

〔註2〕人權事務高級專員辦事處因收集、翻譯和傳播了四百多種語言和方言（從阿布卡茨語到祖魯語）版本的《世界人權宣言》，而獲得了「吉尼斯世界紀錄」。《宣言》因此而成為世界上譯本最多（名副其實最「普世」的）的文件。

第二次世界大戰中，德意日法西斯軍國主義發動戰爭，嚴重地踐踏了人類尊嚴和人類的生存與自由。這場戰爭歷時 8 年多，波及 60 餘個國家和世界 4/5 的人口。希特勒法西斯對許多民族，特別是對猶太民族實施種族滅絕政策，而日本則對遠東的中國、朝鮮和東南亞各國實施慘無人道的大屠殺，造成 5000 萬無辜生命的犧牲。這場挑戰人類尊嚴和生命極限的戰爭讓世界各國各民族不約而同地舉起了爭取獨立、解放和民族自由的人權旗幟，將保障人權視為反法西斯戰爭的重要目標。〔註 3〕丘吉爾在戰爭時就把這場戰爭描繪成一場「在磐石上確立個人權利」的戰爭〔註 4〕；斯大林則把這場戰爭視為「保衛我們祖國的自由」和「歐洲和美洲人民爭取他們獨立、民主、自由」的戰爭〔註 5〕；毛澤東在《關於反法西斯的國際統一戰線》的黨內指示中說，目前共產黨人在全世界的任務是「保衛一切民族的自由和獨立而鬥爭」〔註 6〕

帶著這個共同目標，在第二次世界大戰結束後，戰勝國主導下的國際社會創建了聯合國，以確保每個人的權利無論何時何地都能得到保障，並宣誓永遠不會讓大戰期間犯下的暴行再度發生。

1948 年，分別擁有不同意識形態、政治制度、宗教和文化背景以及不同經濟發展階段的 58 個聯合國成員國代表齊聚巴黎，對這份力圖反映不同文化傳統並吸收不同法律體系、宗教和哲學背景所包含的共同價值的《世界人權宣言》草案進行表決。這一行動表明了各國的共同願望：成就一個更加公平和正義的世界。1948 年 12 月 10 日，聯合國大會以 217A（III）號決議在巴黎人權廣場的夏洛宮通過了《宣言》。

《宣言》是第一份保護人的基本權利的世界性文件。在經歷了一場毀滅性的世界戰爭，目睹了人類歷史上最野蠻的暴行之後，它第一次將人類的權利和自由如此細緻地表達出來，同時也是第一次對「人的基本權利和自由屬於全人類」做了國際性的確認。因而，《宣言》是人類歷史上一個重要的里程碑。

它在其序言部分對它的意義和目標做如下表述：

〔註 3〕劉傑：《美國與國際人權法》，上海社會科學院出版社 1996 年版，第 50 頁。
〔註 4〕〔加〕約翰·漢弗萊：《國際人權法》，龐森等譯，世界知識出版社 1992 年版，第 54 頁。
〔註 5〕斯大林：《斯大林文選（1934～1952）》（上），人民出版社 1962 年版，第 267 頁。
〔註 6〕毛澤東：《毛澤東選集》（第三卷），人民出版社 1991 年版，第 806 頁。

「大會，發布這一世界人權宣言，作為所有人民和所有國家努力實現的共同標準，以期每一個人和社會機構經常銘念本宣言，努力通過教誨和教育促進對權利和自由的尊重，並通過國家的和國際的漸進措施，使這些權利和自由在各會員國本身人民及在其管轄下領土的人民中得到普遍和有效的承認和遵行。」

二、基本內容

《世界人權宣言》正文共包括 30 項條款，它與《經濟、社會及文化權利國際公約》（1966 年 12 月 16 日通過）、《公民權利和政治權利國際公約》（1966 年 12 月 16 日通過）及其兩個任擇議定書〔註7〕共同構成了國際人權法案。

這 30 項條款列明了所有人在任何國家都應享有的公民、文化、經濟、政治和社會權利：《宣言》的第 1、2 條首先確立了平等和禁止歧視的原則，此後的第 3～21 條規定了傳統的公民權和政治權利。第 22～28 條是對經濟、社會和文化權利的保障，並且作為一項重要的確認，第 28 條規定：「人人有權要求一種社會的和國際的秩序，在這種秩序中，本宣言所載的權利和自由能獲得充分實現」，這既是一項社會權利條款（獲得良好國內和國際秩序的權利），也是對上述各項權利實現的保障條款。第 29 條是義務條款和對權利的限制性條款，規定了個人對社會的義務，以及權利受法律、公益以及聯合國宗旨之限制。第 30 條則是解釋原則條款，禁止對《宣言》條文進行「旨在破壞本宣言所載的任何權利和自由」的解釋。

具體而言，《世界人權宣言》所確立的權利體系如下：

條款序號	所載權利	條款序號	所載權利
1	平等不受歧視的權利	16	婚嫁和成立家庭的權利
2		17	財產權
3	生命權、自由和人身安全權	18	思想、良心和宗教自由權
4	免受奴役的權利	19	言論和信息自由權
5	免受酷刑和不人道待遇的權利	20	和平集會和結社自由權
6	法律人格確認權	21	政治參與權

〔註 7〕即《公民權利和政治權利國際公約任擇議定書》（1966）和《旨在廢除死刑的公民權利和政治權利國際公約第二項任擇議定書》（1989）。

7	受法律平等保護的權利	22	社會保障權
8	獲得有效司法救濟的權利	23	在良好條件下工作的權利
9	免受任意逮捕、拘禁或放逐的權利	24	休息和閑暇權
10	獲得公正審判的權利	25	獲得一定生活水準及社會服務的權利；健康和社會幫助權；母親及兒童受特別照顧及協助的權利
11	被無罪推定的權利	26	教育權
12	私生活及家庭、住宅、通信隱私權	27	文化生活權
13	遷徙自由和選擇住所的權利	28	要求一種宣言所載權利及自由獲得實現的社會和國際秩序的權利
14	尋求和享受國際庇護的權利	29	權利限制條款
15	國籍權	30	解釋原則條款

　　《宣言》所載的絕大部分權利並非第一次在法律文件中出現，事實是，在最初漢弗萊草擬的大綱中，每一個條款都並非完全原創，都有世界各國的憲法條文可供借鑒。但是，在《宣言》之前，不曾有任何一個法律文件，如此全面地羅列過人應當享有地一切權利，也不曾有任何文本確認過這些權利應由全人類無差別的來共享。

三、法律地位

　　《世界人權宣言》在制定之初並不是一份具有強制法律效力的文件。這也正是人權委員會將這份文件最終定義為「宣言」（Declaration）而非「公約」（Convention）的初衷。張彭春也曾對此表達過意見，為《宣言》做了準確定性，表示應以「宣言」的名義而不是「公約」的名義起草。然而在《宣言》頒布之後，其效力已經超出了當年制定《宣言》時的設想，其事實效力甚至遠超聯大通過的一般決議和其他宣言：聯合國大會在解釋《聯合國憲章》時經常會把《宣言》作為依據；在其他國際人權文書和決議中常常引用《宣言》及其條款；聯合國秘書長和各國政府在國際和國內場合發表的有關聲明會引述《宣言》；許多國家在制定憲法和其他立法活動中，都引用或吸收了《宣言》，將其視為拓本；國際法院和許多國內法院都把《宣言》作為解釋依據或者國

際習慣來進行判決。〔註8〕

比如,《經濟、社會及文化權利國際公約》和《公民權利和政治權利國際公約》就是接受《宣言》指引的直接產物,在其他重要人權公約中如《廢止強迫勞動公約》《婦女政治權利公約》等,在序言中都明確宣布是對《世界人權宣言》精神的繼承,而《禁止酷刑和其他殘忍、不人道或有辱人格的待遇或處罰公約》《減少無國籍狀態的公約》《就業政策公約》等,更直接是對宣言具體條款的擴展和延伸。在《歐洲人權公約》《美洲人權公約》《非洲人權和民族權憲章》不僅在序言中提到了《世界人權宣言》,而且在許多具體條款中吸收了《宣言》的措辭。〔註9〕荷蘭學者亨利·范·馬爾賽文和格爾·范·德·唐在其著作《成文憲法的比較研究》一書中還曾專門對《宣言》在各國憲法中的影響做了統計,在他研究的 140 餘部憲法中,有 22 部明確地涉及了《宣言》,他還引用聯合國前秘書長吳丹於 1968 年在德黑蘭國際人權大會上的講話說:「在新近制定的憲法中,不少於 43 部憲法明顯地受到《世界人權宣言》的鼓舞,並經常引用該宣言的語句。」〔註10〕

因而,這使得一些政要和學者得出結論說,《世界人權宣言》作為國際習慣已構成了具有約束力的法律。〔註11〕如前蘇聯學者卡塔什京提出:「《世界人權宣言》宣布的基本權利和自由現在已被各國看作是法律上有拘束力的習慣或契約原則。」〔註12〕,包括參與《宣言》起草的聯合國人權司司長漢弗萊也說:「《宣言》的條款現在是國際習慣法的一部分,並且因此對所有國家有拘束力,包括那些在 1948 年沒有對《宣言》投贊成票的國家。」〔註13〕他還強調,《宣言》並不是由於聯大通過才具有約束力,聯大的決定一般而言只

〔註8〕 參見〔加〕約翰·漢弗萊:《國際人權法》,龐森等譯,世界知識出版社 1992 年版,第 152～166 頁。

〔註9〕 劉傑:《美國與國際人權法》,上海社會科學院出版社 1996 年版。

〔註10〕 〔荷蘭〕亨利·范·馬爾賽文、格爾·范·德·唐:《成文憲法的比較研究》,陳雲生譯,華夏出版社 1987 年版,第 247 頁。

〔註11〕 〔瑞典〕格德門德爾·阿爾弗雷德松,〔挪威〕阿斯布佐恩·艾德編:《〈世界人權宣言〉:努力實現的共同標準》,中國人權研究會組織翻譯,四川人民出版社 1999 年版,第 8 頁。

〔註12〕 〔前蘇聯〕K·卡塔什京:《當代世界的人權》,《國際事務》1979 年第 1 期;轉引自劉傑:《美國與國際人權法》,上海社會科學院出版社 1996 年版,第 150 頁。

〔註13〕 〔加〕約翰·漢弗萊:《國際人權法》,龐森等譯,世界知識出版社 1992 年版,第 153 頁。

具有建議的性質，其效力是由於出現了國家實踐證明的法律上的一致意見。「這些國家實踐的效果是，宣言現在是習慣法的一部分。」〔註14〕

有些學者主張《宣言》具有有限拘束效力。我國著名的國際法專家王鐵崖認為：《宣言》作為聯合國的決議，「國家既然投票贊成，國家就對決議的內容表示接受，這種接受不能說毫無拘束意義。」〔註15〕但他並未解釋這種拘束力為何。中國政法大學的孫平華教授在論述「《宣言》的法律地位」時儘管沒有明確表達自己的觀點，但是從他的論述中可以看出他傾向於《宣言》已具有一定的國際習慣法的性質。他總結了《宣言》在實際中已經起到和理論上應當起到的五項作用：（一）《宣言》為《聯合國憲章》人權條款提供了權威性解釋；（二）《宣言》多數條款成為國際習慣法的重要組成部分；（三）為所有人民和所有國家設定了努力實現的共同標準；（四）成為國際人權立法的重要依據；（五）《宣言》的原則為個人和國家提供了行為的道德規範。〔註16〕

也有學者認為《宣言》本身並沒有強制拘束力。北京大學的白桂梅教授認為，稱《宣言》已經成為國際習慣法並因此對所有國家都有拘束力為時尚早。她引用《國際法院規約》第38條對習慣國際法的規定暨「作為通例之證明而經接受為法律者」〔註17〕，提出習慣國際法應當包含兩個不可或缺的要素：即客觀上國家的反覆實踐與主觀上把這種實踐接受為法律的信念，二者缺一不可。但是在客觀上，各國在外交中對《宣言》的援引往往是一種姿態，這與國家是否能夠實實在在反覆踐行所援引的內容往往並非同一概念。同時，在主觀上，48個投贊成票的國家投票心理是非常不一致的，他們並非都認為自己的投票是在接受一項法律，而恰恰很多贊成國認為《宣言》並非一項強制性的法律義務。〔註18〕

而也有很多學者對於該問題不置可否，認為這並不妨礙《宣言》作為一項指引或標準對現實人權立法和活動產生影響，如荷蘭學者馬爾賽文，瑞典學者格德門德爾·阿爾弗雷德松以及挪威學者阿斯布佐恩·艾德等。

〔註14〕〔加〕約翰·漢弗萊：《國際人權法》，龐森等譯，世界知識出版社1992年版，第158頁。

〔註15〕王鐵崖：《聯合國與國際法》，《中國國際法年刊》1986年，第19頁。

〔註16〕孫平華：《〈世界人權宣言〉研究》，北京大學出版社2012年版，第192～198頁。

〔註17〕王鐵崖、田如萱：《國際法資料選編》，法律出版社1982年版，第985頁。

〔註18〕白桂梅：《〈世界人權宣言〉在國際人權法上的地位和作用》，《中外法學》1998年第6期。

　　儘管在《宣言》本身的「法律屬性」上存在爭論，但是學者們都無一例外主張《宣言》在國際人權法中的突出地位和卓越貢獻，同時它也對國際人權法規則的形成和發展起到了巨大的促進作用。無論《宣言》是否具有國際習慣法的性質，在國際人權法領域它必然具有巨大的道德權威。這種國際道德和國際輿論上約束力對任何國家而言都是存在的。聯合國大會主席伊瓦特（Herbert Evatt）在《宣言》通過時評價道：「宣言僅僅意味著第一步，因為宣言並不是一項要求各國實施並生效的公約，它也沒有強制力，然而它是一項巨大進步。這是第一次由組織起來的國際社會制定的人權和基本自由宣言。這份文件建立在整個聯合國絕大多數權威觀點的基礎上，並且全世界成千上萬的人民、男人、婦女和兒童都將尋求它的幫助、指引和啟迪。」〔註 19〕這種人權上的指引和啟發已經在全球範圍內蔓延開來，它使得任何人可以清晰的去瞭解自己享有的各項基本權利和自由，而不僅僅讓這些權利停留在人們模糊的意識當中。而且，它為各國政府、組織和民眾提供了一張清晰的人權發展藍圖，已成為「所有人民和所有國家努力實現的共同標準」。

1950 年，《世界人權宣言》通過的第二年，紐約聯合國國際幼兒學校的學生觀看這一歷史性文件的海報（圖片來源：聯合國照片／UN Photo）

第二節　起草的國際準備與法理依據

　　《世界人權宣言》起草有著深厚的國際基礎：在二戰期間發布的一些涉及權利與自由的重要宣言與國際法文件，為起草做了充分的國際政治上的準

〔註 19〕 *Yearbook of the United Nations* (聯合國年鑒) (1948~1949), New York: United Nations Department of Public Information, 1950, p.535.

備；在舊金山制憲會議上制定的《聯合國憲章》中有關人權的規定，成為起草《世界人權宣言》的主要法理依據。

一、戰爭中的自由宣言

1941 年 1 月，美國總統富蘭克林‧羅斯福在國會發表的國情咨文中呼籲在世界範圍內保護「四大自由」（four essential human freedoms）。他提出，如果要在未來確保世界的和平與安全，就應當期待一個建立在四項根本人類自由基礎上的世界。第一項自由是在全世界範圍內的言論和表達自由；第二項自由是在世界範圍內人人享有信仰自由；第三項自由是免於匱乏的自由，即應當從經濟方面保證世界上每個國家都能給他的人民提供健康的和平生活；第四項基本自由是免於恐懼的自由，即在世界範圍內裁減軍備，這種徹底的方式確保在世界範圍內沒有國家會採取軍事行動侵犯鄰邦。羅斯福指出「自由意味著人權至上無處不在」（Freedom means the supremacy of human rights everywhere）。〔註 20〕儘管在演講發表不久，由於日本偷襲珍珠港，美國從中立國轉為參戰國，隨之而來的物資管治、輿論控制、禁止罷工等戰時體制使得四大自由在美國也成了奢望；而且羅斯福並沒能親眼目睹二戰的結束，接踵而來的杜魯門主義主導美國外交，全球干預、冷戰和美蘇軍備競賽的到來，使得美國距離「四大自由」越來越遠。但是，它曾起到的歷史作用不應該被抹殺，「四大自由」在戰爭期間的歷次重要宣言中一再被強調，使人權保護成為戰爭後期法西斯投降條件的一部分。〔註 21〕「四大自由」也是要求在世界範圍內確立人權規則的先聲，為《世界人權宣言》起草做了最初的政治和輿論準備。

1941 年 8 月，美國總統富蘭克林‧羅斯福和英國首相溫斯頓‧丘吉爾在大西洋北部紐芬蘭阿金夏海灣的奧古斯塔號軍艦上舉行大西洋會議，於 13 日簽署了《大西洋憲章》，並以聯合宣言的形式於 14 日對外公布。憲章包括八條意在反對侵略維護和平的目標，內容涵蓋人民免受侵略、自由選擇自己的政府、在貿易和原料方面的平等待遇、提高勞動標準、經濟合作與社會保障、

〔註 20〕 Franklin D. Roosevelt, "The Four Freedoms", Franklin D. Roosevelt's Address to Congress January 6, 1941, *Congressional Record*（美國國會記錄），1941, Vol. 87, Pt. I.

〔註 21〕 Johannes Morsink, *the Universal Declaration of Human Rights: Origins, Drafting, and Intent*, Philadelphia: University of Pennsylvania Press, 1999, p.1.

自由生活免於匱乏和恐懼、公海航行自由以及各國放棄使用武力等。〔註 22〕羅斯福認為，這一憲章的主要精神是再次強調了包括「四大自由」、各國放棄使用武力、民族自決在內的人權〔註 23〕。儘管如此，《大西洋憲章》同樣具有其歷史侷限性：一方面，英國急於讓美國參戰以緩解軸心國對英倫本土的轟炸，另一方面，美國則希望削弱英國並打開其殖民地市場，它是美英兩國妥協的產物。而且此後丘吉爾曾不止一次強調他不願葬送大英帝國，英國不受《憲章》的約束。他在印度問題和香港問題上否認民族自決，不僅派兵鎮壓印度民族獨立運動，還拒絕歸還香港主權。〔註 24〕但在當時特定的歷史時期內，《憲章》確實鼓舞了世界反法西斯人民的鬥志，並直接推動了反法西斯聯盟的建立。它高舉自由與人權的旗幟，尤其是對民族自決權的確認，使包括殖民地國家在內的全世界嚮往自由、人權與和平的人民站在了法西斯的對立面。

　　1942 年 1 月 1 日，就在《大西洋憲章》簽署五個月之後，26 個反法西斯國家〔註 25〕代表在華盛頓簽署了《聯合國家宣言》。在宣言中使用「聯合國家」（United Nations）是美國的提議。由於「協約國」、「盟國」的稱呼會使各國之間發生聯繫並承擔相應義務，而各國之間並非是傳統國際關係中的「盟國」關係，因而使用「聯合國家」的稱呼更為妥帖。「聯合國家」創造的新型國家關係為以後國際政治的進一步發展創造了廣闊的發展空間。這份宣言在第一句話中首先重申贊成《大西洋憲章》的原則，並再次明確了人權目標：「為了捍衛生命、自由、獨立和宗教自由，以及維護本國和他國的人權和正義，必須徹底戰勝敵人。」該宣言還對在戰後成立一個維護國際和平與安全的國際組織達成了一致意見，為聯合國的創建奠定了基礎。

　　一方面，這些國際法文件尤其是《聯合國家宣言》建立的新型國家關係為起草國際人權法案提供了國際政治上的可能性；同時，隨著這些國際文件的出臺，人權的重要性在國際上已經普遍傳播開來，國際上非政府組織和各

〔註 22〕 *Yearbook of the United Nations (1947~1948)*, New York: United Nations Department of Public Information, 1949, p.3.

〔註 23〕 〔美〕富蘭克林·德·羅斯福：《羅斯福選集》，商務印書館 1982 年版，第 356 頁。

〔註 24〕 李鐵成：《大西洋會議和大西洋憲章的歷史地位》，《外交學院學報》1984 年第 2 期。

〔註 25〕 至 1945 年 3 月，又有法國等 21 個國家相繼加入《聯合國家宣言》。

國人民對於制定國際人權法案的呼聲越來越高，這也為起草《世界人權宣言》奠定了廣泛的群眾基礎並做好了國際輿論上的準備。

二、《聯合國憲章》——起草《宣言》的法理依據

如上所述，聯合國（United Nations）的術語最初由美國總統羅斯福提出。它首先出現在《聯合國家宣言》（Declaration by United Nations）之中，作為「聯合起來的國家」使用。在舊金山制憲會議上，各國一致同意採用這一名稱作為即將成立的國際組織的名字，向已經去世的這位美國前總統表達敬意。〔註26〕

為了成立聯合國，美、中、蘇、英四大國（Four Major Powers）於 1944 年春夏之交在位於美國華盛頓特區附近敦巴頓橡樹園（Dumbarton Oaks）召開了一系列會議，史稱「敦巴頓橡樹園」會議。在這次會議上簽署了《關於建立普遍性國際組織的建議案》，並建議將新的組織命名為「聯合國」。這份建議案勾勒出了《聯合國憲章》的基本輪廓。

1945 年 2 月，丘吉爾、羅斯福和斯大林在雅爾塔會晤，決定在 1945 年 4 月 25 日在美國舊金山召開聯合國制憲會議。中國和法國受邀和美、英、蘇三國一道共同作為會議主辦國，中國政府接受了這一邀請。法國政府承諾參加會議，但決定不作為主辦國一同行動。會議還邀請了所有向法西斯軸心國宣戰的國家以及在《聯合國家宣言》上簽字的國家參加會議。〔註27〕

制憲會議開幕時，有 50 個國家的 282 名代表及大批隨員到場參加。中國代表團由宋子文、顧維鈞、胡適、董必武等十人組成，包括各黨派及無黨派人士。〔註28〕會議的一項最為重要的任務就是制定《聯合國憲章》。雖然各國在舊金山會議上仍舊存在諸多矛盾與衝突，但盡速擊敗日本仍為各國首要目標，因此許多問題都能以各方互作妥協而取得協議，6 月 25 日，舊金山會議第 9 次全體會議一致通過了《聯合國憲章》和《國際法院規約》。大會指導委員會以中國抵抗侵略最先，特准為簽署《聯合國憲章》之第一國。〔註29〕顧

〔註26〕作為國際組織的名稱，聯合國（United Nations）原定名稱為「聯合國組織」（United Nations Organization），後來因一封給《時代》週刊主編的信中的建議，才由「UNO」改為「UN」。這封信指出，名稱用「NO」結尾有否定的涵義。參見張遠峰：《懷念我親愛的父親》，《張彭春論教育與戲劇藝術》。
〔註27〕*Yearbook of the United Nations (1947~1948)*, New York: United Nations Department of Public Information, 1949, p.5.
〔註28〕石源華：《中華民國外交史》，上海人民出版社 1994 年版，第 598 頁。
〔註29〕石源華：《中華民國外交史》，上海人民出版社 1994 年版，第 599 頁。

維鈞、董必武等依次用毛筆簽字〔註 30〕，自此中文也成為聯合國的官方語言之一。

　　《憲章》於 1945 年 10 月 24 日起生效，聯合國正式成立，聯合國大會把這一天定為「聯合國日」。《憲章》成為起草《世界人權宣言》的法理依據。

　　《憲章》中規定了人權的內容，並有七處直接提到了「人權」。第一處是它在序言中宣布：「我聯合國人民同茲決心重申基本人權，人格尊嚴與價值，以及男女與大小各國平等權利之信念。」接著是在第 1 條規定：聯合國的宗旨之一是「不分種族、性別、語言或宗教，增進並激勵對於全體人類之人權及基本自由之尊重」。以及第 13 條第 1 款第 2 項「大會應發動研究，並作成建議以促進經濟、社會、文化、教育及衛生各部門之國際合作，且不分種族、性別、語言或宗教，助成全體人類之人權及基本自由之實現。」及第 55 條第 3 款「聯合國應促進全體人類之人權及基本自由之普遍尊重與遵守，不分種族、性別、語言或宗教。」及第 62 條第 2 項「本理事會為增進全體人類之人權及基本自由之尊重及維護起見，得作成建議案。」及第 68 條「經濟及社會理事會應設立經濟與社會部門及以提倡人權為目的之各種委員會，並得設立於行使職務所必需之其他委員會。」及第 76 條第 3 款「按據本憲章第一條所載聯合國之宗旨，託管制度之基本目的應為：不分種族、性別、語言或宗教，提倡全體人類之人權及基本自由之尊重，並激發世界人民互相維繫之意識。」其他諸多條款更是隱有「人權」的相關意涵。

　　儘管《聯合國憲章》中包含有很多人權條款和內容，但它本身並不是一項人權法案。雖然有成員國提出要增加更多的人權條款甚至直接起草一個人權法案作為憲章附件的要求，但並未得到聯合國制憲會議的採納。戰勝國們顯然希望首先解決戰後國際關係和國際格局劃分問題，而非其他。因此最終還是對人權採取了概括性規定，但這也為制定更加詳細的國際人權法案預留了空間。此後，為回應聯合國各成員國、非政府組織對制定人權法案的希冀，聯合國加快了制定《世界人權宣言》的步伐。

　　由於《憲章》在聯合國起到一個根本大法的作用，因而它關於人權的規定能夠成為《世界人權宣言》的主要法理依據。起草《宣言》過程中對《憲

〔註30〕胡適認為《憲章》規定安理會五大國享有否決權違背了各國不論大小強弱一律平等的精神，因而拒絕在《聯合國憲章》上簽字。參見胡明：《胡適與聯合國》，《開放時代》1995 年第 6 期，第 55～56 頁。

章》多有參考，有很多條款和措辭更是直接來自《憲章》。而相應的，在聯合國日後的實踐當中，每逢需要對《憲章》中的人權條款進行解釋時，則經常需要求助於更為詳細的《宣言》。

此外，《聯合國憲章》之所以能成為《宣言》的法理依據，除了《憲章》涉及了人權內容以外，還有一項非常關鍵的因素。這裡需要著重強調《憲章》第 68 條，即要求設立以提倡人權為目的的委員會來推進人權的規定。這就意味著經濟及社會理事會必須設立承擔《宣言》起草工作的人權委員會，而且人權委員會也成為唯一一個在《聯合國憲章》中命名並責令必須設立的聯合國機關，由此可見聯合國設立者們對於人權的認可和重視。

1945 年 6 月美國舊金山會議上，中國共產黨的代表董必武在《聯合國憲章》上用毛筆簽字（圖片來源：聯合國照片／UN Photo）

第三節 助推《宣言》起草

一、中國的主張

　　儘管通過版本的《聯合國憲章》中多處體現了人權精神，並規定了建立人權委員會的條款。然而，在 1945 年舊金山制憲會議前夕，由四大國通過的「敦巴頓橡樹園建議案」（實際上起到了《憲章》草案的作用）中，僅僅規定了「促進對人權和基本自由」的尊重這一在政治和道義上的最高層次的承諾。實際上在敦巴頓橡樹園第一階段，美、英、蘇三國會議形成的議案原文中並沒有涉及到過多的人權事項，而是主要討論了聯合國的組織架構，因為他們更為注重的是國際安全和戰後利益分配的問題。中國為避免三國在第一階段會議對重大事項的議定造成既成事實，而導致第二階段中、美、英參加的會議流於形式，因而在第一階段會議期間就以「備忘錄」的形式向三國提交了《我方基本態度與對重要問題之立場》和《國際組織憲章基本要點節略》的方案。其中涉及人權的建議包括：一切國際爭議不得訴諸武力，和平為唯一方式；各國和各種族不論大小強弱應當一律平等，並尊重各國領土完整及政治獨立；明確「侵略」的要件和定義，凡有觸犯者即為侵略；在國際託管方面應盡力保障當地居民安全和福利，促進其教育以期能成獨立自主之國等等。〔註 31〕在第二階段中、美、英三國會議中，中國重提應將堅持各國和各民族一律平等的原則寫入建議案，而其他三大國對於這一提議暗含的意義感到害怕，因而不同意這一條。〔註 32〕中國還建議加強經濟及社會理事會的職能，尤其是理事會在促進教育及文化方面的國際合作上應承擔的特殊任務。建議案在經社理事會職能方面根據中國的建議作了補充和強化。〔註 33〕此後建立的人權委員會正是設在經濟及社會理事會這一機構之下，張彭春則在這一機構中擔任中國常任代表。由於敦巴頓橡樹園除中國外的三大國對這一系列的人權原則並不十分重視，因而中國關於人權的一些合理建議並未完全反映在「建議案」中。

〔註31〕　〔中國臺灣〕秦孝儀：《中華民國重要史料初編——對日擾戰時期》第三編·戰時外交（三），裕臺公司中華印刷廠 1981 年版，第 875 頁。

〔註32〕　〔加〕約翰·漢弗萊：《國際人權法》，龐森等譯，世界知識出版社 1992 年版，第 54 頁。

〔註33〕　〔前蘇聯〕C·E·克里洛夫：《聯合國史料》（第一卷），張瑞祥等譯，中國人民大學出版社 1955 年版，第 54 頁。

　　在舊金山會議上，較大的爭點在於託管領土（實際上是殖民地）問題。在這一問題上，相比小國的意見，大國的態度尤為重要。中國對於託管領土人民的權利再次據理力爭。中國主張《憲章》應當促進領土及其居民逐漸走向獨立或者自治，直至獲得民族的完全獨立。蘇聯也對中國的意見表示贊同。而英、法、美三大國基於其殖民利益，對中國的這一主張極為反對。為了讓中國與它們保持一致，美國甚至主張給中國在託管理事會中保留永久性席位。但是中國並不想在託管領土問題上為自己謀求特殊利益，因而仍然「衷心希望把民族獨立包括在聯合國的基本目標之中」〔註34〕。而這一建議積極促成了《憲章》76條第2款的規定：「根據本憲章第一條所載聯合國之宗旨，託管制度之基本目的應為：增進託管領土居民之政治、經濟、社會及教育之進展；並以適合各領土及其人民之特殊情形及關係人民自由表示之願望為原則，且按照各託管協定之條款，增進其趨向自治或獨立之逐漸發展。」

　　此外，在會議上蘇聯也建議加強文化方面的國際合作，並要激勵對全人類的人權和基本自由的尊重，這與中國在敦巴頓會議上的主張是一致的。這一建議最終得到美、英、法三個大國的贊同，被寫入《聯合國憲章》。〔註35〕

　　中國重視在聯合國事務中的作用，並支持殖民地人民自主，倡導國際人權的外交政策是有其歷史原因的。其實，早在1939年11月，國民政府針對日本侵略就曾提出建立有效的世界「集體安全組織」的設想；1942年，國民政府高層王世杰、林森等人也曾向國際呼籲「重建世界和平」，並提議應當把確保世界未來和平與贏得當前戰爭放在同樣重要的地位上看待。因而不僅要建立世界和平組織，還應當制定一份新的「國際公約」；1945年4月毛澤東在《論聯合政府》中也宣布，中國共產黨支持建立保障戰後國際和平安全的機構的主張，歡迎舊金山聯合國代表大會召開並將派代表參加，藉以表達中國人民的意願。〔註36〕建立聯合國是符合飽經戰爭苦難的中國人民願望的，包括列強在華利益在內的殖民利益紛爭是兩次世界大戰的導火索，作為大國之一的中國更傾向於支持弱小國家的利益。這也正是中國在制定《聯合國憲章》和

〔註34〕宗成康：《論中國與聯合國的創建》，《民國檔案》1995年第4期。
〔註35〕郭群：《聯合國》，世界知識出版社1956年版，第12頁；轉引自孫平華《〈世界人權宣言〉研究》，北京大學出版社2012年版，第72頁。
〔註36〕毛澤東：《論聯合政府》（1945年4月24日），《毛澤東選集》（第三卷），人民出版社1991年版，第1085頁。

籌備聯合國方面十分積極,並努力推動國際人權尤其是「民族獨立」入「憲」的原因。

總之,中國對國際人權的不懈努力與堅持,對聯合國在人權問題上的態度產生了積極影響,也為後來中國成為第一屆人權委員會 18 個成員國之一,以及中國代表張彭春在《宣言》起草委員會中得以發揮關鍵作用奠定了重要基礎。

二、拉美國家、非政府組織和普通民眾的推動

民眾向國際社會提出保障人權的訴求,聯合國的一些較小的成員國和國際非政府組織呼籲出臺一部國際人權法案,也是《宣言》能夠快速進入起草程序的重要推動力。得益於聯合國這一平臺的建立,小國和非政府組織的聲音首次被全世界耐心地聆聽。正是由於它們的積極推動,不僅使得最終通過的《憲章》更多地包含了人權方面的內容,也使聯合國不得不將人權作為優先事項加以考慮,更督促聯合國將起草國際人權法案的任務盡快地列上了工作日程。這些倡議表明了世界人民對於保護人權和制定國際人權法案的強烈意願,也標誌著新的國際關係開啟。新興的國際力量採取舉措主動表達自己的意願,預示了舊金山會議將不再重蹈歷史上歷次由大國主宰戰後國際會議的覆轍,也預示了聯合國將不再淪為大國的利益角逐場。

1941 年 8 月,《大西洋憲章》簽署期間,在阿根廷首都布宜諾斯艾利斯舉辦的人權會議上,羅馬教皇就曾呼籲國際社會應當出臺一項國際人權法案。1943 年 10 月,猶太人,天主教徒和新教徒組成的團體聯合印發了 75 萬份名為《和平模式》(A Pattern for Peace)的宣傳冊,呼籲和平與尊重人權,包括被壓迫者和少數群體的權利。美洲國家於 1945 年 2 月即舊金山制憲會議前兩個月,在墨西哥城召開了「戰爭與和平」的研討會,21 個參會國家表達了他們希望聯合國憲章中應當包含一項國際人權法案的共同期待。〔註 37〕

在舊金山會議上,美國邀請 42 個非政府組織分別代表教會、工會、種族團體等參加會議,他們均派了觀察員列席,並作為美國代表團的顧問。這些非政府組織的代表從頭至尾參加了所有會議,並且為在《憲章》中加入強有力的人權條款於會下積極活動。他們的游說發揮了巨大作用並取得了美國的

〔註 37〕Johannes Morsink, *The Universal Declaration of Human Rights: Origins, Drafting, and Intent*, Philadelphia: University of Pennsylvania Press, 1999, pp.1~2.

支持，即使是蘇聯代表團也因此改變了反對在《憲章》中加入人權條款的原本立場。〔註38〕不可否認，《聯合國憲章》能夠對人權提供較為有力的保護，在一定程度上得益於非政府組織，它們在制憲會議期間進行了堅持不懈的游說活動。

同時，也有一些國家代表不滿足於僅僅增加個別的人權條款，建議應當在《憲章》中增加專門的權利法案部分。而巴拿馬、智利和古巴三國代表則更為激進一些，他們提議除《憲章》外，大會還應當另行通過一項「國家權利和義務」法案和一項關於「人的基本權利」的法案。

大會指導委員會儘管對於單獨制定人權法案的提議給予了部分認可，但仍認為這一提議不適合在舊金山會議上研究，因而決定：「此次會議，由於時間所限，不能著手實現這樣一份國際公約性質的草案。在聯合國正式成立之後，就能夠更好地對這一建議進行審議，並且通過一個特別委員會或其他方式更好的處理這一建議。」〔註39〕但是會議的主辦國們由此也認識到這一問題的迫切性，因而美國總統杜魯門（Harry S. Truman）在舊金山會議的閉幕詞中宣布：「根據這份文件（《憲章》），我們有充分的理由期待一個能為在座所有國家接受的國際人權法案（的誕生）。」〔註40〕

然而，無論如何，這些小國家和非政府組織的努力使得有關人權條款得以通過，其中就包括第 1 條，規定保護人權為聯合國的宗旨之一，以及第 68 條要求經濟及社會理事會設立人權委員會的條款等等。〔註41〕

此外，為了推動聯合國盡早開展《宣言》起草工作，很多國家、非政府組織、民眾群體甚至個人，都提交了各自的國際人權法案的草案。儘管在舊金山會議上，大會指導委員會否決了巴拿馬、智利和古巴關於會議期間起草國際人權法案的建議，但是三國仍然向大會聯合提交了一份人權法案的草案。他們的這次聯合行動獲得了非政府組織的支持和讚賞。一些非政府組織也都提交了各

〔註38〕〔加〕約翰·漢弗萊：《國際人權法》，龐森等譯，世界知識出版社 1992 年版，第 55 頁。

〔註39〕 *Yearbook of the United Nations (1948~1949)*, New York: United Nations Department of Public Information, 1950, p.524.

〔註40〕 *Yearbook of the United Nations (1948~1949)*, New York: United Nations Department of Public Information, 1950, p.524.

〔註41〕〔加〕約翰·漢弗萊：《國際人權法》，龐森等譯，世界知識出版社 1992 年版，第 55 頁。

自版本的草案。美國法律學會（American Institute of Law）〔註42〕在1943年就形成了一份草案，並由巴拿馬在舊金山會議和聯合國大會上提出，這份草案後來得到了起草委員會的重視。〔註43〕美國猶太人委員會（American Jewish Committee）、美國律師協會（American Bar Association）、國際勞工組織（International Labour Organization）世界管理協會、國際權利研究所、《自由世界》雜誌等都提交了自己的草案。還有很多以個人名義提交的草案，比如著名國際法學者赫西·勞特派特（Hersch Lauterpacht），英國作家赫伯特·喬治·威爾斯（Herbert George Wells），美洲國際法研究所（American Institute of International Law）創建人，後任海牙國際法院法官的智利國際法學家和律師亞歷讓德羅·阿爾瓦雷斯（Alejandro Alvarez），洛杉磯西南法學院（Southwestern Law School）院長羅林·李·麥克尼特（Rollin Lee McNitt）以及天主教國際和平協會的帕森牧師等。〔註44〕

聯合國正式成立之後，古巴和巴拿馬兩國於1946年1月在聯合國大會第一屆會議上又分別再次提出國際人權法案的議題，雖然未被大會列入議程，但大會根據美國的提議，通過了將該項任務交由經濟及社會理事會和其下屬的人權委員會來完成的決議。〔註45〕起草《宣言》被正式提上了日程。而最初提交草案的三個國家中，智利和巴拿馬兩國因其對人權法案的積極推動而入選人權委員會成員國。

〔註42〕美國法律學會設立於1923年，總部在費城，距離賓夕法尼亞大學法學院很近。學會以「澄清和簡化法律以更好地適應社會需求」為宗旨，著名的美國「法律重述」活動即由它發起。

〔註43〕美國學者Johannes Morsink在其著作中提出這份草案是由巴拿馬提出的，中國政法大學孫平華博士也提到這份草案由巴拿馬代表團提出，然而據《宣言》起草人之一，原人權司司長漢弗萊的回憶，該草案是由秘魯提出的。根據筆者查閱的聯合國檔案中的秘書處大綱，其中提及巴拿馬提交的草案是由美洲法律協會起草的。因此很可能是漢弗萊誤記。See official document of the United Nations: E/CN.4/AC.l/3/Add.l（即秘書處大綱）, p.360; Johannes Morsink, *The Universal Declaration of Human Rights: Origins, Drafting, and Intent*, Philadelphia: University of Pennsylvania Press, 1999, p.1~2；〔加〕約翰·漢弗萊：《國際人權法》，龐森等譯，世界知識出版社1992年版，第144頁。

〔註44〕*Yearbook of the United Nations (1948~1949)*, New York: United Nations Department of Public Information, 1950, p.525;〔加〕約翰·漢弗萊：《國際人權法》，龐森等譯，世界知識出版社1992年版，第144頁。

〔註45〕*Yearbook of the United Nations (1946~1947)*, New York: United Nations Department of Public Information, 1948, p.176.

舊金山會議（1945.4.25～1945.6.26）現場照片（圖片來源：聯合國照片／UN Photo）

第四節　人權委員會和起草委員會

1946 年 1 月 10 日中國代表團（第二排桌）出席在倫敦中央大廳召開的聯合國大會第一屆會議，自左 2 至左 4 分別是張彭春、錢泰、傅秉常（圖片來源：聯合國照片／UN Photo）

　　聯合國大會第一屆會議在倫敦召開，張彭春作為中國四位正式代表之一（另三位為首席代表顧維鈞、傅秉常及錢泰）出席會議。大會任命中國、白俄羅斯蘇維埃社會主義共和國、丹麥、法國、海地、巴拉圭、菲律賓、沙特阿拉伯和土耳其九國代表組成全權證書委員會，負責審查會員國代表的全權證書並向大會提出有關報告，同時任命中國代表團首席代表顧維鈞為聯合國大會副主席。〔註46〕會議選舉了六名安理會非常任理事國，中、法、蘇、英、美五國為安理會常任理事國。1946 年 1 月，中國以 44 票的最高票當選為經濟及社會理事會成員國，〔註 47〕張彭春則被委任為中國駐經濟及社會理事會常任代表。在擔任代表期間，他先後在理事會做了三次具有重要影響的演講。1946 年 1 月 23 日，在倫敦聯合國經濟及社會理事會第一屆會議開幕式上，張彭春做了題為《新的忠誠》（A New Loyalty）的演講，期待聯合國經社理事會能夠贏得世界人民對它的新的忠誠，能夠推進和加強世界各國的建設性合作；2 月 7 日，在倫敦聯合國經濟及社會理事會第一屆 1 次會議，張彭春作《向細菌宣戰》的演講，並提交創辦「世界衛生組織」議案，號召世界各國在衛生領域通力合作，尤其是經濟發達國家要加強對落後國家的援助；6 月 4 日，在紐約聯合國經濟及社會理事會第二屆 1 次會議上，他又發表《經濟低壓地區的世界意義》的演講，表達了他對世界欠發達國家的關切，他認為世界上很多地區尚未擺脫飢餓，經社理事會應推動全世界人民生活水平的提高，否則世界的良心不能得到安寧。張彭春具有世界主義的視野，他並未將關注侷限於一黨、一國，而是關心著全人類的共同命運。這是他能夠為國際人權事業做出不朽貢獻的重要個人因素。

一、張彭春與他的同事們

　　根據《聯合國憲章》第 68 條規定：「經濟及社會理事會應設立提倡人權為目的的委員會。理事會於 1946 年 1 月 23 日到 2 月 18 日期間在英國聖公會總部大樓召開了第一次會議，設立了人權委員會（Commission on human rights）的籌備小組，即「核心委員會」（nuclear commission），並在其之下設立「婦

〔註 46〕 Official document of United Nations: A/PV.3 (大會第一屆會議第三次全體會議的逐字記錄), p.33.
〔註 47〕 Official document of United Nations: A/PV.6 (大會第一屆會議第三次全體會議的逐字記錄).

女地位」小組委員會（sub-commission on the status of women）。〔註48〕「核心」人權委員會成立後，理事會也就將拉美國家遞交的國家人權法案的草案轉交給了委員會。

核心委員會於 1946 年 4 月 29 日到 5 月 20 日在紐約亨特學院（Hunter College）召開會議，一方面研究了委員會組成方面問題，另一方面決定開始國際人權法案的起草工作，要求秘書處盡可能地收集與法案起草相關的信息。此時，秘書處專設了由加拿大代表漢弗萊任司長的聯合國人權司，負責研究各國、各組織團體及公民個人提交的草案。〔註49〕正是在這次會議上形成的一些決議，促使完全意義上的人權委員會得以設立。

聯合國經濟及社會理事會根據核心委員會的建議，在其 1946 年 6 月召開的第二屆會議上決定人權委員會由 18 個聯合國成員國的代表組成。緊接著在第三次會議宣布了 18 個成員國的名單：澳大利亞，比利時，白俄羅斯蘇維埃社會主義共和國〔註50〕，智利，中國，埃及，美國，法國，印度，伊朗，黎巴嫩，巴拿馬，菲律賓共和國，英國，烏克蘭蘇維埃社會主義共和國，烏拉圭，蘇聯和南斯拉夫。其中，智利和巴拿馬是最早提交國際人權法案的幾個國家中的兩個。

正式成立的人權委員會於 1947 年 1 月 27 日至 2 月 10 日在紐約成功湖（Lake Success）召開了第一屆會議。經英國代表查爾斯‧杜克斯（Charles ducks）提議並述及張彭春在人權領域的努力，張彭春當選人權委員會副主席。〔註51〕同時，美國代表埃莉諾‧羅斯福夫人當選為人權委員會主席，黎巴嫩代表馬立克博士為會議報告員。委員會面臨的主要任務是在聯合國秘書處的協助下準備一份國際人權法案的草案。因而在此次會議上，各委員會一致同意：主席、副主席和報告員在秘書處的協助下，先行起草一個的國際人權法草案初稿，然後提交給人權委員會第二屆會議審議。

〔註48〕 "Report by the Economicand Social Council to the General Assembly", Official document of United Nations: A/125, p.5.

〔註49〕 *Yearbook of the United Nations (1948~1949)*, New York: United Nations Department of Public Information, 1950, p.525.

〔註50〕 白俄羅斯和烏克蘭當時雖然仍是蘇聯的加盟共和國，但是在聯合國設立之初，依蘇聯請求，其加盟共和國也應當在聯合國各自佔有席位，否則有失公平，英、美為了爭取蘇聯對設立聯合國的支持，經各方妥協，最終確定加盟共和國中白俄羅斯和烏克蘭各自擁有席位。因而蘇聯在聯合國實際上擁有 3 票。

〔註51〕 Official document of United Nations: E/CN.4/SR.1.

　　羅斯福夫人是個極具行動力的人物，她很快就決定著手起草工作。人權委員會第一屆會議閉幕一週後的週末，她邀請起草小組成員張彭春、馬立克和漢弗萊在她位於華盛頓廣場的公寓喝茶，商議起草事宜。幾人同意由漢弗萊博士準備第一份草案。這一方面是由於漢弗萊曾是加拿大的著名律師，對大陸法和英美法都很熟悉，而且精通英語和法語兩門聯合國官方語言；〔註52〕另一方面，漢弗萊領導的秘書處根據核心委員會在亨特學院的會議決定，已經開始著手收集與起草相關的信息、草案、提案以及建議。

　　在漢弗萊正準備草案期間，由於經濟及社會理事會第四屆會議上某些國家的發難，這一進度被打亂了。在此屆理事會第 68 次會議上，蘇聯代表團最先對起草小組的安排提出質疑。因為他們開始認識到這種安排會把人權委員會的其他成員國排除在早期的起草工作之外。蘇聯代表在會上表示，國際人權法案的起草工作非常重要，不能僅僅由「一小撮專家」（a small group of experts〔註53〕）來負責。起草小組應當擴大，並包括歐洲代表。理事會其他成員國代表對蘇聯的考慮也表示了贊同。捷克斯洛伐克的代表提議應當擴大起草小組，智利、法國和蘇聯也應當參與起草。法國代表勒內·卡森表示支持捷克斯洛伐克的提案，並很快正式向經濟及社會理事會提交了一份有關參與起草的決議草案。〔註54〕經社理事會下屬的社會委員會也建議設立由八個國家組成的起草委員會，並在起草委員會之下設立一個臨時小組委員會，由它根據秘書處提供的相關資料起草一份草案初稿。人權委員會主席羅斯福夫人採納了這一建議並於 1947 年 3 月 24 日寫信給經社理事會主席，表示她將任命一個由澳大利亞，智利，中國，法國，蘇聯，美國，黎巴嫩和英國八國組成的起草委員會。經社理事會在第四屆會議期間就批准了這一建議，並同時要求人權委員會在草案初稿起草完畢後發送聯合國各會員國收集意見。〔註55〕事後，法國代表勒內·卡森指出，早先的三人起草小組存在兩個問題：首先，起草人員的代表性不足，起草小組中沒有歐洲代表，這是「明顯的疏漏」；另一方面，法語也是聯合國的官方語言之一，沒有精通法語的代表參與討論，起草的條文在從英文翻譯為法文時往往有所出入，與原意不符。〔註56〕

〔註52〕孫平華：《〈世界人權宣言〉研究》，北京大學出版社 2012 年版，第 77 頁。
〔註53〕Official document of the United Nations: E/CN4/AC.1/2.
〔註54〕Official document of the United Nations: E/CN4/AC.1/2, E/AC.7/13.
〔註55〕Official documents of the United Nations: E/325.
〔註56〕René Cassin, "Quelques Souvenirs sur la Déclaration universelle de 1948", *Revue de droit contemporain*, XV.1, 1968, p.6.

　　至此，《世界人權宣言》起草委員會正式建立起來了。由起草小組擴大為起草委員會，增強了《宣言》草案的代表性和普遍性，為《宣言》日後得以為各國所接受並且順利通過奠定了良好的基礎。起草委員會中八位成員國代表分別為：美國代表 Eleanor Roosevelt（埃莉諾‧羅斯福），中國代表 Peng-chun Chang（張彭春），黎巴嫩代表 Charles H. Malik（查爾斯‧馬立克），法國代表 René Cassin（勒內‧卡森），澳大利亞代表 William Hodgson，智利代表 Hernan Santa Cruz，蘇聯代表 Alexander Bogomolov 和英國代表 Charles Dukes。在這八位成員之外，時任聯合國第一任人權司司長的加拿大代表 John Peter Humphrey（約翰‧漢弗萊）作為起草的組織者和協調人，也加入到起草委員會中。在兩年艱苦的起草工作中，18 個人權委員會成員國的代表團和 8 個起草委員會成員國代表們都做出了巨大的努力和貢獻，很難斷言誰的角色更為重要。「即使是經常在諸多方面固執、刁難的蘇聯代表，也提出了極有價值的建議」〔註 57〕。然而，其中有五位成員在起草過程中貢獻最多，他們是埃莉諾‧羅斯福、張彭春、查爾斯‧馬立克、勒內‧卡森和約翰‧漢弗萊。筆者在此根據聯合國官方網站上的信息對張彭春及他的同事們做簡要的介紹。

埃莉諾‧羅斯福（Eleanor Roosevelt）

　　埃莉諾‧羅斯福，是美國總統羅斯福的夫人。繼任的杜魯門總統 1946 年任命她為美國駐聯合國常任代表。她享有很高的國際威望，因而人權委員會的工作也受到了國際上的極大關注。人權司司長漢弗萊認為，「她的巨大影響

〔註 57〕Sam Macfarland, "a Tribute to the Architect, Eleanor Roosevelt, Peng-chun Chang, Charles Malik, John Humphrey and René Cassin", paper presented at the International Society of Political Psychology, Paris, July 2008.

是人權委員會在最初一些年中主要財富之一」。〔註58〕她在起草過程中發揮了重大作用，在東西方緊張時期，羅斯福夫人的卓越聲望和信譽促使對立的兩個超級大國擱置爭議，順利完成了起草過程。同時得益於她快速和高效的領導能力，《宣言》的起草工作才能很快得以完成。1968 年，她被追授「聯合國人權獎」。

　　張彭春是人權委員會的副主席，對《宣言》的起草和最終順利通過做出了巨大貢獻。聯合國官方對他的評價如下：「知名劇作家、哲學家、教育家和外交家張彭春先生，在中國以現代話劇導演聞名。他通過採用儒家學說的各種理論使不同思想派別達成妥協，從而能夠向其他代表解釋中國的人權觀念並在辯論過程中創造性地解決了很多僵局。他以普遍性的名義，堅持刪除《世界人權宣言》中所有關於自然和上帝的隱喻。」〔註59〕

張彭春（P. C. Chang）

〔註58〕〔瑞典〕格德門德爾‧阿爾弗雷德松、〔挪威〕阿斯布佐恩‧艾德編：《〈世界人權宣言〉：努力實現的共同標準》，中國人權研究會組織翻譯，四川人民出版社 1999 年版，第 5 頁。

〔註59〕參見聯合國關於張彭春的介紹，聯合國官方網站 http://www.un.org/depts/dhl/udhr/members_pchang.shtml，訪問時間：2018 年 11 月 13 日。

　　查爾斯・馬立克，哈佛大學哲學系教授，美國貝魯特大學哲學系創建人。他同時也是一位跨越宗教邊界的神學家，倡導東正教基督徒、羅馬天主教徒和新教徒之間的共通性。他代表黎巴嫩出席了創建聯合國的舊金山會議。他曾擔經濟及社會理事會主席，並在 1948 年聯合國大會第三委員會針對《世界人權宣言》辯論期間，擔任第三委員會主席。他在《宣言》關鍵條款的辯論中擔當了重要角色，在解釋和完善《宣言》中的一些基本概念問題上也起到了關鍵作用。1960 年他回到美國大學的講臺繼續從事他的學術生涯。

查爾斯・馬立克（Charles H. Malik）

　　勒內・卡森，曾經擔任巴黎大學教授和歐洲人權法院法官。他在第三委員會、人權委員會和《宣言》起草委員會中都充當了關鍵角色。卡森出生於一個猶太商人家庭，自 1920 年起，他曾先後在里爾大學和巴黎大學教授稅法和民法，直至退休。1959 年他成為歐洲人權法院的法官，1968 年起擔任院長。為了紀念他，位於法國斯特拉斯堡的歐洲人權法院所在的街道被命名為勒內・卡森大街。由於他在《宣言》起草過程中的貢獻和其他人權領域的矚目成就，於 1968 年被授予諾貝爾和平獎。

勒內・卡森（René Cassin）

　　約翰·漢弗萊，著名的加拿大籍國際律師。他主要承擔為人權委員會收集和分析背景資料的工作。他為起草《世界人權宣言》而準備的 408 頁的「大綱」構成了人權委員會和起草委員會討論及審議的基礎。他興趣廣泛，對政治、貿易和藝術都有一定的研究，並且他精通英語和法語，因而在英語和法語國家的文化、學者與實用主義者、國際政治家與聯合國工作人員之間起到紐帶作用。他在聯合國工作了 20 年，長期致力於人權保護。

約翰·漢弗萊（John Peter Humphrey）

　　此外，在起草過程中，還有其他幾位中國代表也參與到了起草過程中。根據法國漢學家魏丕信（Pierre-Etienne Will）教授的研究，中國政府駐聯合國安理會副代表夏晉麟（C.L. Hsia）〔註 60〕參與了人權委員會早期籌備工作。當時擔任中國駐瑞士公使的吳南如〔註 61〕（Nan-ju Wu），民國著名法學家、中國駐梵蒂岡公使吳經熊（John Wu Ching-hsiung）〔註 62〕以及任職於聯合國秘書處的吳德耀（The-yao Wu）〔註 63〕都曾部分參與人權委員會的會議，但

〔註 60〕夏晉麟，浙江鄞縣人，曾任南京國民政府外交部科長，立法院立法委員，持志學院教授等職。1938 年至 1940 年任國民黨中央宣傳部駐英代表。1940 年至 1946 年任國民黨中央宣傳部駐美代表，創立中國新聞社。1946 年起任中國政府駐聯合國安理會副代表。

〔註 61〕吳南如，國民政府時期外交官，江蘇宜興人，北洋大學畢業，並先後肄業於美國華盛頓大學、哥倫比亞大學。1946 年 10 月任駐瑞士公使館公使，並擔任巴黎和會中國代表團顧問。

〔註 62〕吳經熊，民國著名法理學家，浙江鄞縣人。1920 年畢業於上海東吳大學法科，次年赴密歇根大學法學院學習，獲法學博士學位，曾任東吳大學法學院院長，上海特區法院院長，立法院憲法草案起草委員會副委員長等職，1939 年當選美國學術院名譽院士，1946 年任羅馬教廷駐中國特命全權大使。

〔註 63〕吳德耀，海南文昌人，1946 年獲哈佛大學政治博士，任美國麻省工學院社會科學系副研究員，1947～1949 年任職聯合國中國代表團專門助理。

他們都不曾發揮張彭春那樣重要的作用。魏丕信認為，即便吳經熊在學術上有很高的聲譽，但他似乎沒有張彭春的魄力，可能也缺乏他那樣開放的思維。〔註64〕張彭春的貢獻是最為關鍵的。

張彭春作為人權委員會及起草委員會的副主席，是唯一能代表亞洲聲音的《宣言》起草人。他成功地把亞洲的價值觀念尤其是東方儒家思想引入到《宣言》中。因而，與傳統認知不同的是，《世界人權宣言》並非僅僅是由西方主導並充滿西方人權話語的人權文件，他是多種人權觀念妥協的結果，其中也包含了東方尤其是中國對它的貢獻。通過研究起草過程，筆者還發現一點我們傳統認知中的偏差。所謂的中西方人權觀的二元劃分過於籠統的概括了當今世界人權觀念的差異。在起草過程和第三委員會的辯論中，法國與中國之間人權觀點顯然要比二者同英美國家的人權觀更接近。張彭春與法國代表勒內·卡森的觀點經常一致，並且常常互相啟發和補充。比如，倡導仁愛（或博愛）精神、欣賞包容彼此的人權文化和哲學、堅持人權的普遍意義、對經濟與社會權利的重視與堅守等方面，都是中國與法國所共同分享的人權觀念，而這些觀念卻與英美國家的人權觀念大相徑庭。英、美在起草《宣言》之初甚至未考慮要將經濟與社會權利包括在內。因而，法國也並不認為自己的人權觀念可以被籠統地劃歸於「西方人權觀」。法國人權學者稱英美人權觀為盎格魯-撒克遜式的人權觀。與盎格魯-撒克遜的人權概念只承認公民政治權利而排斥經濟、社會和文化權利不同，法國人權概念完全能夠接納並且積極主張後者。

二、《宣言》草案的形成與通過

《世界人權宣言》草案在秘書處大綱和起草委員會所起草的建議草案基礎上，經過了人權委員會第二屆、第三屆會議以及起草委員會第一屆和第二屆會議的審議和討論。然後《宣言》草案被提交給聯合國大會進行最終審議，各成員國在大會第三委員會和大會全體會議上再次經過激烈的辯論，才最終通過了我們現在看到的版本。

1947年6月9日至25日起草委員會在紐約成功湖召開第一屆會議，這屆會議先後進行了19次討論。首先要選舉委員會負責人。澳大利亞代表動議，

〔註64〕Mireille Delmas-Marty, Pierre-Etienne Will, *China, Democracy, and Law: A Historical and Contemporary Approach*, Koninklijke Brill, 2011, p.333.

起草委員會負責人員參照人權委員會，維持不變。智利代表附議，認為根據
經濟及社會理事會的意圖，人權委員會負責人員應當在起草委員會繼續履行
職責。因此，羅斯福夫人、張彭春、馬立克分別自動當選主席、副主席和報
告員。〔註 65〕根據經濟及社會理事會的決定，原先要求秘書處起草草案初稿
的安排被取消了，秘書處只被要求提供一份「附有注釋的大綱」，作為臨時工
作組撰寫草案初稿的參考。秘書處人權司在約翰・漢弗萊的領導下，編輯了
一份長達 408 頁的「大綱」〔註 66〕提交會議，其中主要包括三部分：（一）人
權委員會第一屆會議上各成員國代表對草案的建議；（二）智利、古巴、巴拿
馬等國提交的建議草案及美國、印度的提案；（三）55 個國家的憲法中關於人
權規定。此外，秘書處（主要是漢弗萊）從中總結了 48 條權利條款，人權學
者稱之為「秘書處大綱」。大綱中也涉及到中國代表張彭春在第一屆會議提出
的相關建議。比如，張彭春提請人權委員會注意《中華民國憲法》中第 18 條
關於考試權的規定，他提出參加公共考試並擔任公職的平等權利是邁向民主
社會的一種有效的政治設計。〔註 67〕很久之後漢弗萊回憶說，儘管當時稱這
份文件為大綱，但實際上它是秘書處起草的一份國際人權法案的草案。〔註 68〕
這部大綱後來確實成為起草《世界人權宣言》的重要參考，而並不僅僅是卡
森在回憶這段歷史時所說的「基礎性的文件工作」〔註 69〕

在會議之前，起草委員會還收到了英國代表德克斯頓勳爵（Lord Dukeston）
附有英國建議草案的信，以及美國針對原版「秘書處大綱」文本的修改意見。
漢弗萊把美國的修改意見作為提案編入供會議討論的新的「秘書處大綱」之
中。〔註 70〕

在所有這些文件基礎上，起草《世界人權宣言》的工作就變得更為有計
劃。最初起草委員會決定在「秘書處大綱」的基礎上討論起草問題。但是很

〔註 65〕Official document of the United Nations：E/CN.4/AC.1/SR.1, p.2.

〔註 66〕這份 408 頁的大綱在聯合國文檔系統中仍可查詢，聯合國文檔編號為：
E/CN.4/AC.l/3/Add.1。

〔註 67〕Official document of the United Nations: E/CN.4/AC.l/3/Add.1, p.266.

〔註 68〕John P. Humphrey, *Human Rights and the United Nations: A Great Adventure*,
Dobbs Ferry: Transnational Publishers, 1984, p.29.

〔註 69〕René Cassin, "Historique de la declaration universelle en 1948", in *La Pensée et
l'action*, Paris: Editions Lalou, 1972, pp.108.

〔註 70〕*Yearbook of the United Nations (1948~1949)*, New York: United Nations
Department of Public Information, 1950, p.525.

快，在人權委員會第一屆會議上曾引發爭議的問題，即《宣言》應當採取何種法律形式又被提出來。一些代表主張草案初稿應當採取「宣言」或者「聲明」的形式；另一些代表則主張採取「公約」的形式。雙方的主要爭執在於法案是否具有強制約束力。最終雙方都做出了讓步，支持宣言的代表同意在宣言之後可以附加一個公約，而支持公約的代表則同意公約可以盡可能的在內容上寬鬆一些或者在表述上概括一些。然而起草委員會最終意識到草案初稿的形式的決定權在人權委員會手中，因此決定同時起草一份宣言和一份公約，由第二屆人權委員會最終取捨。同時，起草委員會還建立了一個臨時工作組，由法國、黎巴嫩、英國代表參與，負責在「秘書處大綱」基礎上起草一份草案初稿，主要由勒內‧卡森執筆。卡森在他的法國助手埃米爾‧吉勞德（Emile Giraud）〔註71〕的幫助下，很快就起草了一份包含序言和44條建議條款的草案。此後，起草委員會以此為基礎逐條審查、討論並修改。由此，卡森也被一些學者稱為「世界人權宣言之父」〔註72〕。而美國學者莫辛克（Johannes Morsink）、格林頓（Mary Glendon）和漢弗萊本人都對這種認識進行了糾偏，他們認為卡森的草案與「秘書處大綱」並沒有太大的差別，除了更加組織化的語言以及邏輯方面的改進。據筆者的比對，完全由卡森提出的只有三個條款，其餘的都是在「秘書處大綱」基礎上略作修改。而「秘書處大綱」則是來源於世界各國的憲法及聯合國各個組織、各成員國以及非政府組織的各種版本的草案和數不清的建議。此後，草案又根據各成員國的建議經歷了無數次的修改。因此莫辛克認為，在起草委員會第一屆會議之後，《宣言》所有的修改、刪除和增加，便不再與單個的任何個人或國家相聯繫。漢弗萊本人也強調，《世界人權宣言》並不具有像美國《獨立宣言》之父傑斐遜意義上的作者，成百上千的人都為最後的結果做出了貢獻。實際上，匿名處理給予了《宣言》更大的權威性。〔註73〕

　　1947年12月2日到17日，人權委員會在日內瓦舉行了第二屆會議。會議主題是討論在起草委員會第一屆會議期間制定的國際人權法案初稿。許多

〔註71〕Emile Louis Jean Giraud，法國律師，學者和公務員。1947～1950年任人權司研究部門的負責人，1950～1954年調任國際法發展與編纂司副司長。

〔註72〕A. j. Hobbins, "René Cassin and the Daughter of Time, the First Draft of the Universal Declaration of Human Rights", *Fontanus* II, 1989, pp.7~26.

〔註73〕John P. Humphrey, *Human Rights and the United Nations: A Great Adventure*, Dobbs Ferry: Transnational Publishers, 1984, p.43.

非政府組織在此期間列席會議，一些組織還提交了他們自己的草案。起草委員會第一屆會議已經進入到《宣言》的具體細節的討論，但是對於公約則仍然停留在基本內容的一般審查。在此屆會議上，人權委員會決定同時起草一份原則性的宣言以及規定詳細權利及強制性義務的公約，並兼顧考慮法案的執行措施等問題。由此，國際人權法案的框架被確定下來，即包括宣言，公約以及執行措施三個重要部分。〔註74〕

因而，委員會分成三個工作組分別準備這三份草案並隨時接收來自各國的建議。兩周後，《宣言》草案完成，這份草案被稱為「日內瓦草案」。因而委員會決定先行將《宣言》草案遞送各成員國，以接受來自各方的意見。此屆會議的另一成果就是在執行措施方面有了進展，撰寫了一份關於執行措施的報告（聯合國檔案號：E／600），作為委員會討論的基本文件。

1948年5月3日到21日，起草委員會第二屆會議在成功湖召開。會議審議了來自13個成員國的意見。但此次會議大部分時間花費在討論公約的問題上，很多國家代表仍堅持主張宣言和公約應當作為國際人權法案一併通過。因而本次會議的主要工作是重新起草了公約草案，只有很少的時間用於修改《宣言》的部分條款，而執行措施的問題則沒有時間討論。

1948年5月24日到6月18日，人權委員會第三屆會議在成功湖召開。由於起草委員會剛剛仔細審查了公約草案並重新起草了新版本的草案，因而這屆會議將《宣言》草案（日內瓦草案）的討論放在了優先位置，執行措施和公約草案則打算放在這之後討論。然而，委員會並沒有料想到此次會議針對《宣言》草案的討論會如此激烈，以至於沒有時間審議其他議題。委員會對《宣言》草案進行了逐條審議，很多代表認為日內瓦草案過於繁冗拖沓，因而主張刪減。中國代表團在此前就提出了更為簡潔的草案作為參考，〔註75〕而英國和印度的修正案几乎把所有條款都縮減到了其最低限度。〔註76〕最後，委員會在借鑒英、印修正案和中國草案的基礎上進行了修改，完成了新版本的草案，但已經沒有時間來討論公約草案和執行措施草案。因而委員會決定先將已完成的《宣言》草案報送大會第三委員會，而另外兩項草案則向後推遲。

〔註74〕 *Yearbook of the United Nations (1948~1949)*, New York: United Nations Department of Public Information, 1950, p.526.
〔註75〕 Official document of the United Nations: E/CN.4/95, pp.14~15.
〔註76〕 Johannes Morsink, *The Universal Declaration of Human Rights: Origins, Drafting, and Intent*, Philadelphia: University of Pennsylvania Press, 1999, p.11.

在經濟及社會理事會第七屆會議上，理事會各成員國在《宣言》草案報送聯合國大會前對其作了最後審議。在 1948 年 8 月 25 日和 26 日的理事會全體會議上，各國都逐一對草案發表了意見。雖然存在諸多批評，但大部分成員國認為《宣言》草案作為世界人權事業的標誌性一步，應盡早通過，因而同意將《宣言》草案轉交聯合國大會。至此，《宣言》草案的基本框架和內容已經形成，先於公約和執行措施進行表決已成定局。

9 月 21 日，經社理事會將《宣言》草案（E／800）正式送交第三屆聯大，聯大將其委託給第三委員會〔註 77〕進一步研究討論。隨後的兩個多月的時間裏，第三委員會先後召開了 81 次會議逐步審議草案的每一項條款，各國代表提出的修正案多達 168 項，其中由張彭春帶領的中國代表團單獨提出的修正案有 7 項，此外中國還與其他國家聯合提出多項修正案。第三委員會最初開展了一次總體辯論，然後對每一項單獨條款進行了詳細辯論。在總體辯論過程中，成員國代表都闡述了自己的觀點，其中的大部分代表都表達了積極支持的態度。人權委員會主席羅斯福夫人指出，「宣言在保護和推進人權方面邁出了重要一步……正如宣言序言中所述，它的通過，促使各成員國努力通過教誨和教育促進對權利和自由的尊重，並通過國家的和國際的漸進措施，使這些權利和自由在各會員國本身人民及在其管轄下領土的人民中得到普遍和有效的承認與遵行」。〔註 78〕中國代表張彭春對《宣言》評價很高，他說：「大會將要通過的人權宣言草案是一份及時和崇高的文件，因而有迫切的需要。《憲章》要求所有成員國尊重人權，《宣言》則把這些權利明確地表述出來。」〔註 79〕除中、美兩國外，阿根廷、澳大利亞、比利時、玻利維亞、巴西、加拿大、智利、哥倫比亞、古巴、多明尼加共和國、厄瓜多爾、法國、希臘、危地馬拉、海地、黎巴嫩、墨西哥、挪威、巴基斯坦、巴拿馬、菲律賓、英國、敘利亞和烏拉圭也都給予《宣言》積極評價。其中一部分代表在發言中強調了《宣言》的重要性。法國代表認為《宣言》可以被看作是對《聯合國憲章》的權威解釋。《宣言》通過之後，人權問題將從以往的國家問題上升成

〔註77〕第三委員會是大會的主要委員會之一，主要處理社會、人道和文化問題，因而也稱為社會、人道主義和文化委員。
〔註78〕Official document of the United Nations: GAOR, Third Session, Proceedings of the Third Committee (A/C. 3). p.32.
〔註79〕Official document of the United Nations: GAOR, Third Session, Proceedings of the Third Committee (A/C. 3), pp.47~48.

為國際關注。挪威代表表示，雖然《宣言》意在建立道德標準，而不是強加法律義務，然而它將存在實際價值，因為它無疑將成為在聯合國討論人權問題的基礎。厄瓜多爾等國的代表，在對《宣言》表示支持的同時，對只有《宣言》草案能在本屆大會通過感到遺憾，認為今後還應通過一項人權公約。比利時、中國和法國等代表，則非常歡迎《宣言》草案的普遍性，認為這是由各個國家的不同意見之間妥協的成果。自然，也有部分國家的代表表達了反對意見。新西蘭、南非、沙特阿拉伯、蘇聯、波蘭、白俄羅斯、烏克蘭蘇維埃社會主義共和國、南斯拉夫和捷克斯洛伐克對《宣言》草案提出了批評。南非代表認為，《宣言》只能規定世界各國所公認的基本權利，而它顯然超出了這些「普遍權利」，他的代表團無法接受「遷徙自由」的人權理論，即一個人不能生活在特定的區域就意味著損害了他的尊嚴。〔註 80〕南非代表認為這會破壞南非多種族結構的基礎。沙特代表則認為《宣言》大部分是以經常與東方文化矛盾的西方文化模式為基礎的，但他表示，這也並不意味著《宣言》與東方傳統衝突，只不過不是很契合。〔註 81〕新西蘭代表認為，缺少執行措施的《宣言》是不應該被通過的，且《宣言》草案尚未反映聯合國所有成員國的意見，並不是一個成熟的文件。古巴則聯合一批拉美國家，希望以 1948 年剛剛在波哥大通過的《美洲人的權利和義務宣言》作為藍本，大幅修訂《世界人權宣言》。由於當時 59 個會員國中有 20 個是拉美國家，這個提議對《宣言》通過是個不小的威脅。〔註 82〕然而，《宣言》通過的最大阻力則來自蘇聯。蘇聯代表對諸如草案未列舉對法西斯的譴責與防止，未界定國內公民對於國家和人民的義務，以及部分條款過於抽象等提出批評，同時指出《宣言》的根本缺漏在於未規定「民族自決權」。最終經過激烈的反覆辯論，第三委員會終於在 12 月 6 日深夜結束這一冗長而艱難的過程，趕在大會閉幕前將報告送交全體會議討論。〔註 83〕

〔註 80〕 南非代表指的是《世界人權宣言》遷徙自由和選擇住所的權利的自由，而南非 1913 年開始實行種族隔離，在 1948 年以律形式確定了種族隔離制度。

〔註 81〕 *Yearbook of the United Nations (1948~1949)*, New York: United Nations Department of Public Information, 1950, p.528.

〔註 82〕 〔加〕約翰・漢弗萊:《國際人權法》，龐森等譯，世界知識出版社 1992 年版，第 148 頁。

〔註 83〕 第三屆聯大後半期會議召開則要等到來年的三月份，若如此則《宣言》很可能就此被擱置。

12月9日到10日，聯大審議了報告，儘管蘇聯、南非等國家重申了其在第三委員會的反對意見，但全體會議最終於12月10日，以40票贊成、0票反對、8票棄權〔註84〕的結果，在聯合國217A（III）號決議〔註85〕中通過了《世界人權宣言》。

從聯合國相關的會議記錄中可以看出，在此期間，草案的具體起草工作不是在會上，而是在會下先將草案起草或修改完畢之後再提交到會議上進行討論。1948年5月27日之後，人權委員會第三屆會議進入了對草案的逐條審議階段，最終審定《宣言》草案提交聯合國大會。1947年6月到1948年12月，從起草委員會正式建立到《宣言》最終通過經歷了一年半時間。在草案形成和通過的幾個重要階段，始終都有張彭春參與。他幾乎在參加的所有會議上都提出了中肯的意見，對起草程序，起草的基本方向以及具體條文表述都提出了很多有價值的觀點，貢獻頗多，下文將進行詳述。

1947年6月9日起草委員會第一屆1次會議在紐約成功湖舉行，左3為張彭春（圖片來源：聯合國照片／UN Photo）

〔註84〕 棄權的國家包括白俄羅斯蘇維埃社會主義共和國，捷克，波蘭，沙特阿拉伯，烏克蘭蘇維埃社會主義共和國，南非，蘇聯，南斯拉夫聯盟。加拿大在第三委員會對草案表決時曾投棄權票，後來在大會全體會議最終表決時轉投贊成票。參見聯合國年鑒，*Yearbook of the United Nations (1948~1949)*, New York: United Nations Department of Public Information, 1950, p.535。

〔註85〕 Official document of the United Nations: A/RES/217.

第四章　張彭春對《世界人權宣言》起草的貢獻

　　在制定《世界人權宣言》的兩年時間裏，起草工作並不是一帆風順的，人權委員會和起草委員會遇到了來自各方面的阻力，也遇到了諸多想像不到的困難。張彭春是《宣言》最為堅定的擁護者和支持者。法蘭西學院院士米海爾依‧戴爾瑪斯－馬蒂（Mireille Delmas-Marty）指出，張彭春實際上發揮了比一般人通常所說的要大得多的作用。這位外交官兼劇作家和哲學家在起草工作啟動之初即提交了他自己的方案，因而他被推選為起草委員會的副主席。〔註 1〕也正是由於張彭春的努力，《宣言》的起草工作才得以順利進行。法國代表勒內‧卡森事後回憶說：「全靠他用適當字句，摒除障礙，《世界人權宣言》得以順利通過。」〔註 2〕正如中國學者盧建平中肯的評價：「由於他的折衝樽俎，宣言的起草才得以順利進行而免於流產。」〔註 3〕

　　同時，他也是是委員會中「東方文明」的代言人。他不僅運用中國智慧促成《宣言》通過，還將儒家關於人權的理論和學說介紹給人權委員會和其他聯合國成員國。他貫通中西的博學多才和主張和諧的寬容精神，又促使他成為了東方文明和西方文明的調解人。

〔註 1〕〔法〕米海爾依‧戴爾瑪斯－馬蒂：《當代中國的依法治國進程：進展與阻力》，石佳友譯，《中外法學》2003 年第 2 期。
〔註 2〕《張彭春論教育與藝術》，第 708 頁。
〔註 3〕盧建平：《張彭春和〈世界人權宣言〉》，《南方週末》2008 年 12 月 25 日，D25版。

第一節　「世界」人權宣言

借用法國駐聯合國大使史蒂芬・埃塞勒（Stéphane Hessel）的說法，「世界」（universal）一詞在此前的國際公約或文件中從未被使用過，這是勒內・卡森的創造。在起草過程中，《宣言》的名稱一直被確定為「國際人權宣言」（International Declaration of Human Rights）。直至《宣言》通過前夕，勒內・卡森以法國代表的身份提起了「關於《國際人權宣言（草案）》名稱的修正案」。他提出使用「世界」（universal）一詞來代替「國際」（International）。該修正案在聯合國人權委員會以 17 票支持，11 票反對，10 票棄權的結果獲得通過。勒內・卡森在聯合國大會上對修改的理由做了演說：「宣言的主要創新在於它的普遍性，正是因為它是世界的，它才能夠涵蓋比地方性宣言更廣闊的範圍，並且構建起良好國際秩序所需要的規則……宣言不僅僅表達的是某些偉大思想家的價值觀，它是第一個承載著為全人類共同體所接受的道德價值觀的文件。因此它從根源上和目的上都是世界性的。」〔註4〕

《宣言》普遍性的達成，張彭春功不可沒。在起草《世界人權宣言》過程中，張彭春始終提醒人權委員會應當堅持《宣言》的普遍性質。在他看來，這一文本應當為全世界所有人（至少應是絕大部分人）所認可和接受，而其中所規定的權利也應當為所有人享有。《宣言》並不同於國際條約，不需要各國政府的簽署和批准，它將在世界範圍內產生效果和影響，也包括在 1948 年 12 月 10 日表決時投棄權票的國家以及在當時尚未加入聯合國的國家。正是基於這種認識，他為《宣言》注入了關鍵的普遍性因素，使《宣言》成為第一個真正的世界性人權文本。在《宣言》通過之時，各國代表再次確認：「世界」人權宣言是為全世界的普羅大眾而撰寫的，不分國界、種族和文化。《世界人權宣言》也因此為世界各國所推崇，成為傳播最為廣泛的國際人權法律文件。

一、人權的主體是全人類

《世界人權宣言》是第一份真正承認人權主體普遍性的人權文件。它的第二條指出：「人人有資格享有本宣言所載的一切權利和自由，不分種族、膚

〔註4〕Robert Charvin, R. Cassin et la Déclaration Universelle des Droits de l'Homme, *Revue Belge de Droit International*, 1998/2, Bruxelles: Editions Bruylant, p.321~337.

色、性別、語言、宗教、政治或其他見解、國籍或社會出身、財產、出生或其他身份等任何區別。」回顧此前出現的英國《權利法案》（1791），美國《獨立宣言》（1776）以及法國《人權宣言》（1789），它們都沒有能夠像《世界人權宣言》這樣貫徹人權主體的普遍性。當初西方資產階級思想家倡導的自然權利或天賦人權指的是人的天賦的不可侵犯的權利。然而，「一旦加上性別、膚色、民族之後，這些抽象的脫離肉體的人性呈現了一種具體的形式，即具有一定財產的白種人的形式。」因此在實踐中很容易發現，他們所說的「人」不是指的所有的人，而是指歐洲的白人、男人、有產者，至於歐洲的有色人種、女人、勞動者則被排除在外，亞、非洲人被視為野蠻人更是被排除在外了。〔註5〕

在《世界人權宣言》之前，女性不僅在實際中得不到與男性同等的人權保護，且在早期人權文本中就被有意或者無意的忽視了。西方語境中的「人權」是英語中的「men's right」和法語中的「droit de l'homme」，即「男人的權利」。儘管英語中的「men」和法語中的「homme」都同時包含了「人」的意思，但這種用語的混淆本身就帶有否定女性的意味。正如日本學者大沼保昭指出的，「在無意識中使用將男子與人一般視為同一的用語來表現人權主體的這一事實中，明顯存在男子中心的思維形態。」〔註6〕的確，在英語和法語中都有能夠表現無性別傾向的「人」和「人權」的詞彙（「人」可以表述為「human being」和「l'être humain」，「人權」則可以表述為「human right」和「le droit humain」）〔註7〕，然而他們都不約而同地選擇了帶有性別歧義的表述。而在現實中，政治個體通常代表的是男性和普遍性，女性並非是個體，既是因為她不和人的原型一致，又是因為她是確保男性個體的個體性的他者。在財產享有、遺產繼承、國籍和姓名等許多方面，女性的權利確實都比男性要受到更多的限制。法學家布萊克斯通（Blackstone，1723～1780）在代表作《英國法釋義》（Commentaries on the Laws of England）中評論「女人沒有法律認可

〔註5〕谷春德：《中國特色人權理論與實踐研究》，中國人民大學出版社2013年版，第20～21頁。

〔註6〕〔日〕大沼保昭：《人權國家與文明》，王志安譯，生活‧讀書‧新知三聯書店2003年版，第150頁。

〔註7〕當前也有些女權主義者從構詞法方面質疑「human」並非無性別偏見，他們認為「human」的詞綴構成仍然是「man」，因此也應該創造「huwoman」這種表述。當然，這一新興的語言學問題並不在本書討論之列。

的公民地位」。〔註8〕到了 1921 年，法國大法官莫里斯・諾利歐認為婦女並非「毫無價值」，只不過是「不能存在」的公民罷了，如同亂倫或同性婚姻。直到 1944 年，法國婦女才有了選舉權，「這是反抗壓迫的結果，雖然不是很正式……」〔註9〕

西方人權設計的「人」的原型，不僅是男人，還得是白人。最明顯的例證是，在諸多人權宣言、法案頒布之後，歐美反而開展了更大規模的殖民擴張與屠殺：當來自歐洲的殖民主義者踏上美洲大陸的時候，災難便降臨在紅種的印第安人身上。殖民主義者對這些印第安人進行了殘酷的大屠殺，在《獨立宣言》頒布和美國建立之後，對印第安人的種族滅絕行為在開發西部時期達到高峰。在非洲，「入侵的殖民主義者如同雄獅撕食它們的獵物那樣瓜分了非洲大陸……豐富的自然資源和廉價的勞動力……致使他們發財致富。白人殖民主義者發現，用船隻把身強力壯的非洲人運到美洲去做奴隸是有很大經濟價值的……作為奴隸的非洲人被迫過著一種如同被馴化的動物一般的非人生活。」〔註10〕兩次起源於白人內部紛爭的世界大戰，以及相伴隨的大屠殺，更是將西方人權的虛偽鏡象擊得粉碎。西方所謂的人權觀念並沒有讓世界逃脫厄運。世界範圍內大規模的屠殺與殖民讓西方任何關於人權的理論和學說變得虛偽。啟蒙思想家約翰・洛克在「光榮革命」後擔任過英國貿易和殖民地事務委員會委員，在非洲學者眼中，他是個殖民主義論者。〔註11〕提倡「天賦人權」的《獨立宣言》起草人傑斐遜，雖然多次主張廢除奴隸制，但他一生中卻擁有超過 650 餘名黑奴，美國史學家史蒂芬・安伯洛斯說，他是一名「偽君子」，「明知自己在奴隸體制中得利為不道德，但在其一生中卻顯然看不到放棄的跡象。」〔註12〕美國對紅種印第安人最

〔註8〕 〔美〕約瑟芬・多諾萬：《女權主義的知識分子傳統》，趙育春譯，江蘇人民出版社 2003 年版，第 5 頁。

〔註9〕 〔英〕科斯塔斯・杜茲納：《人權的終結》，郭春發譯，江蘇人民出版社 2002 年版，第 106 頁。

〔註10〕 〔毛里求斯〕吳輔麟：《殖民主義的惡果》，盧麗平譯，中國友誼出版公司 1987 年版，第 3 頁。

〔註11〕 約翰・洛克主張人僅僅具有一系列欲望和傾向，是本能的集合體。因此，在非洲學者眼中的洛克是殖民主義的始作俑者。參見〔毛里求斯〕吳輔麟：《殖民主義的惡果》，盧麗平譯，中國友誼出版公司 1987 年版，第 2 頁。

〔註12〕 Stephen Ambrose, "Flawed Founders", *Smithsonian* 33(8), November 2002, pp.26~33.

大規模的屠殺也是發生在這位「騎在奴隸背上進入自由之殿堂」〔註 13〕的總統任期之內的。

　　由此可見，現代西方所說的人權主體的普遍性，實際上在《世界人權宣言》之前並不怎麼「普遍」。正因此，在《宣言》起草過程中，人權主體的普遍性成為了一項重大議題。《宣言》通篇使用了意義更為抽象的「human」（人）這一用語。〔註14〕「不歧視條款」在第 2 條中被給予了核心地位，而且將「種族」、「膚色」和「性別」以明確列舉的方式規定為不歧視條款中的前三項要素。禁止種族與性別的歧視這是以往的任何人權宣言都沒有作為核心內容明確提及的。〔註 15〕在人權委員會第一屆會議剛開始，圍繞「序言」討論時，張彭春就指出「人權的基本原則應當獲得在人類層面上（human level）的普遍適用（universal application）。」〔註 16〕在這裡，張彭春有意使用了在「人類層面」（human level）這一術語來強調人權的普適性，他同時還強調人的價值以及人與動物的差別，意在表明區別只存在於人與動物，而非人與人之間。

　　在種族問題上，張彭春是種族平等的堅定支持者。他認為《宣言》在人權平等方面「有必要強調人類種族（human race）的團結和一致性這一觀念，這樣才能保證《宣言》始終能夠被正確理解，以及防止將來任何以種族不平等的名義發動戰爭的可能性。」〔註 17〕他在會議上要求記錄員在會議記錄中明確記錄這一理念（ideal），以備起草宣言時參考。因此，基於張彭春的建議，秘書處大綱中沒有明確提及的「不分種族權利平等」的規定出現在了卡森初稿的第 5 條當中，其中同時也列入了性別間權利平等。

　　在性別平等問題上，聯合國婦女地位委員會也作出了重要貢獻。從秘書處大綱到卡森草案再到日內瓦草案階段，宣言中提到「人」的部分都採用了

〔註 13〕 Garry Wills, *Negro President: Jefferson and the Slave Power*, Boston: Houghton Mifflin, 2003.

〔註14〕 〔英〕科斯塔斯・杜茲納：《人權的終結》，郭春發譯，江蘇人民出版社 2002 年版，第 94 頁。

〔註15〕 1948 年 5 月 2 日《美洲人的權利和義務宣言》先於《世界人權宣言》半年頒布，其中規定了不歧視條款：「人人在法律面前平等，享有本宣言所宣告的權利，承擔本宣言所宣告的義務，無種族、性別、語言、宗教信仰或任何其他因素的區別。」但是這一規定很大程度上是來源於《世界人權宣言》草案。

〔註16〕 Official document of the United Nations: E/CN.4/SR.7, pp.3~4.

〔註17〕 Official document of the United Nations: E/CN.4/SR.15, p.5.

「men」的表述。丹麥的博迪爾‧貝格特魯普（Bodil Begtrup）女士以該委員會主席身份參加會議，提出應當用「human beings」代替「men」，以避免出現性別上的曲解，這一表態得到了印度代表漢薩‧梅塔（Hansa Mehta）夫人的支持。這一建議在《宣言》中最終得以實現。儘管她們也提出，第一條「人們應當像兄弟一樣彼此對待」（act towards one another like brothers）的表述中，「like brothers」的措辭不妥，可以考慮加進「姐妹」一詞（即「like brothers and sisters」）以避免性別歧視。然而，為了保證語義的完整和自然，最終版本的《宣言》措辭並沒有完全採納這一建議，而是將「像兄弟一樣」修改為「以兄弟關係的精神」（in a spirit of brotherhood）這一類比表述，以弱化性別因素。〔註18〕因此，現在的《宣言》第1條後半句為：「他們賦有理性和良心，並應以兄弟關係的精神相對待。」〔註19〕作為聯合國大會決議文件通過的繁體中文版《世界人權宣言》〔註20〕文本，應是由張彭春主導翻譯並審定的，對該條款後半句的表述則是：「人各賦有理性良知，誠應和睦相處，情同手足。」對比之下，以「和睦相處，情同手足」替代「以兄弟關係的精神相對待」的變通處理，進一步避免了可能出現的性別歧視。英、法文本中的困局，在張氏的中文本中得到了解決，這反映了張彭春在人權普遍性尤其是性別平等上的堅持。

對於《宣言》措辭中的性別因素曾引起爭議這一歷史情況，目前通行的中文本翻譯並未給予關注，將「brotherhood」譯為「兄弟關係」值得商榷。

此外，張彭春還主張人權主體應當包括殖民地的人民，避免了《宣言》表述上的一項重大疏漏。《宣言》序言最後一段第一句這樣表述：「大會發布這一世界人權宣言，作為所有人民和所有國家努力實現的共同標準。」然而，直至人權委員會第三屆會議審議之前，這句話只包含了「所有國家」，而沒有「所有人民」的措辭。蘇聯代表首先發現這一表述的疏漏：「所有國家」意味著尚未成立自治政府（即國家）的殖民地人民被排除在外了。張彭春立即表示同意：「毫無疑問，那些目前尚未享有自治的人民應當被包括在《宣言》中。」因而他主張在「所有國家」之前增加「所有人民」的措辭，以涵蓋更為廣泛的人權主體，

〔註18〕 參見〔瑞典〕格德門德爾‧阿爾弗雷德松，〔挪威〕阿斯布佐恩‧艾德編：《〈世界人權宣言〉：努力實現的共同標準》，中國人權研究會組織翻譯，四川人民出版社1999年版，第50頁。

〔註19〕 此句筆者採用了《世界人權宣言》通行中文版本的翻譯。

〔註20〕 關於張彭春翻譯最初的中文《世界人權宣言》這一重要貢獻參見本章第5節。

從而「排除任何被誤讀的可能性」。〔註21〕這一主張得到了人權委員會的採納。

二、接納普遍人權觀念但摒棄西方中心主義

　　人權的普遍性除了表現為人權主體的普遍之外，還表現在人權價值、目標和內容的普遍性。在當今國際社會中，無論是發達國家還是發展中國家，東方國家還是西方國家，對於人權價值和目標都有普遍一致的認知和理解，對於《聯合國憲章》的人權保障的宗旨和《世界人權宣言》確認的一系列基本人權與自由都給予了原則性的普遍認可和尊重。各國共同簽署了諸多國際或區域性的人權公約（條約），共同採取行動來制裁某些踐踏人權的國際罪行，這些都是人權普遍性的體現。〔註22〕正如《宣言》序言所描述的，人權已經成為「所有人民和所有國家努力實現的共同標準」，並「得到普遍和有效的承認和遵行」。

　　作為《宣言》的起草人之一，張彭春認為，儘管各個國家的國情不同，但可以有共同的人權目標。他在聯合國教科文組織的一次演講中說：「世界上已有 35 部或 40 部憲法有了人權法案，這一事實表明，儘管各國的哲學觀或思想體系不同，達成協議是可能的。」〔註23〕在張彭春看來，人權的價值和目標已經得到普遍的認可，在人權內容的很多方面，各國也可以達成原則性的共識。

　　然而，作為一個文化多元主義者，他還堅持認為，人權的普遍性並不能否定其特殊性的一面。多年的留學和外交生涯，足跡遍布東亞、中東、歐洲、北美與拉美，這使張彭春對於東方文化（尤其是儒家文化和伊斯蘭文化）與西方文化的差異有了切身的體會和深入理解。在聯合國，他和中國代表團始終都能站在公正立場上，作為世界特別是東方弱小國家、民族權益的代表，盡力為它們伸張正義、主持公道。早在敦巴頓橡樹園會議前夕，蔣介石致電羅斯福，就公開聲稱中國是東方國家的代表，必須參加會議，「蓋東方人民如無代表，則此會議將對於世界之一半人類失去意義也。」〔註24〕在西方國家佔據人權委員會多數的情況下，張彭春是唯一能夠代表亞洲立場的聲音

〔註21〕Official document of the United Nations: E/CN.4/SR.78, p.5.
〔註22〕朱力宇、張小勁：《中歐人權觀的異同及其對中歐關係的影響》，《國家行政學院學報》2002 年第 2 期。
〔註23〕盧建平：《張彭春和〈世界人權宣言〉》，載《南方週末》2008 年 12 月 25 日，D25 版。
〔註24〕〔中國臺灣〕秦孝儀：《中華民國重要史料初編——對日擾戰時期》第三編‧戰時外交（三），裕臺公司中華印刷廠 1981 年版，第 826 頁。

〔註 25〕，他堅決反對任何西方中心主義的論調。因此他在一開始就對起草提出要求，「人權宣言必須涵蓋西方以外的觀點」〔註 26〕。在漢弗萊準備秘書處大綱之前，張彭春甚至建議他「在著手起草前花上六個月到中國去研究儒家思想。」〔註 27〕他認為《宣言》中應該更多的體現「全球共識」的人權理念，而非西方中心主義的人權觀。西方的人權觀念並不能被看作普世人權觀，更不應當試圖壟斷人權的話語。1948 年，聯合國教科文組織為了給《宣言》起草提供建議，曾致函全球範圍內的各國專家學者調查各國的人權觀念。在回函中，中國、印度和伊斯蘭世界的學者都對自己文明中的人權觀念做了詳細闡述。因而張彭春指出，聯合國教科文組織哲學委員會在全世界的人權觀念調查反饋結果就已經揭示了人權觀念的多樣性特徵。〔註 28〕就此他強調：「中國的哲學思想和儒家學說，早已為十八世紀的歐洲哲人所傾服。十九世紀的歐洲人民走向狹隘之路並以自我為中心，但經過第二次世界大戰之後，人類應該以博大的眼光來看待世界性的問題。」〔註 29〕

張彭春在國際人權領域內對人權普遍性和特殊性的睿智主張，成為日後非西方國家抵制西方中心主義的普遍人權話語，他的遠見卓識也在不斷增多的國際人權對話中得到無數次的驗證。1993 年的《維也納宣言和行動綱領》已被世界上許多人視為現代人類為加強人權保障而奮鬥的歷史進程中一個新的里程碑。〔註 30〕這一文本表達了與張彭春類似的觀念：在人權原則上著重強調了人權的普遍性〔註 31〕，但同時指出，我們不能忘記各個國家和各個地

〔註 25〕菲律賓當時也是 18 個人權委員會成員國之一，但菲律賓只在地理概念上屬於亞洲，在文化上實際已經非常西化。

〔註 26〕田滄海：《聯合國〈人權宣言〉的起草功臣張彭春》，《華聲報》1989 年 5 月 19 日版。

〔註 27〕John Humphrey, *The Universal Declaration of Human Rights: Its History, Impact and Juridical Character in Human Rights: Thirty Years after the Declaration*, ed. B. G. Ramcharan, The Hague: Nijhoff, 1979, p.23.

〔註 28〕Jack Mahoney, The Challenge of Human Rights, Hoboken: Blackwell Pub, 2006, p.47.

〔註 29〕田滄海：《聯合國〈人權宣言〉的起草功臣張彭春》，《華聲報》1989 年 5 月 19 日。

〔註 30〕李步云：《人權的普遍性和特殊性》，王家福、劉海年、李林主編《人權與 21 世紀》，中國法制出版社 2000 年版，第 3 頁。

〔註 31〕《維也納宣言和行動綱領》第二部分第 2 段：「世界人權會議重申所有國家莊嚴承諾依照《聯合國憲章》、有關人權的其他國際文書和國際法履行其促進普遍尊重、遵守和保護其他所有人的一切人權和基本自由的義務。這些權利和自由的普遍性是不容置疑的。」第二部分第 3 段：「所有人權都是普遍的、不

區之間以及不同歷史、文化和宗教背景之間差異的重要性。因此，無論是《世界人權宣言》還是《維也納宣言和行動綱領》，都沒有忘記這個世界是一個不同文明和不同文化共存的世界。我們應該通過不同文明之間在尊重對方的社會條件的前提下不斷對話來達成一個共同的人權標準。〔註32〕

三、拋棄人權哲學紛爭，秉持宗教寬容理念

就概念而言，「人權」最早起源於西方的自然法學說。自然法理論是從天上，而不是從地上尋找人權的根據。它借助哲學家對人性的抽象表述，甚至憑藉神學家關於上帝創世的假說，來論證人權的絕對性和神聖性，將人權看作一個不證自明的、抽象的、先驗的原則。〔註33〕因此，西方的人權哲學帶有濃厚的基督教色彩。

在《宣言》起草之初，人權委員會副主席張彭春與報告員馬立克就因哲學觀念不同而產生了爭論。黎巴嫩代表馬立克曾經師從著名英國哲學家懷海特（Alfred North Whitehead）和德國存在主義哲學大師海德格爾（Martin Heidegger），因而對西方哲學有很深入的研究。同時，他本人是天主教徒，強烈推崇托馬斯·阿奎那的經院哲學。按照漢弗萊的說法，張彭春和馬立克是委員會中兩個最為聰明的人物，然而他們在哲學上的對立使得他們很少達成一致的意見。〔註34〕在羅斯福夫人、張彭春和馬立克三人起草小組成立之後，羅斯福夫人希望馬上開展工作，因而邀請張彭春、馬立克以及漢弗萊到她位於華盛頓廣場的寓所喝茶，並商量起草事宜。馬立克在茶會上對托馬斯·阿奎那的自然法哲學滔滔不絕。然而張彭春卻認為，《宣言》中既應該反映阿奎那的思想，也應當反映孔子的思想。他擔心《宣言》受到過多的西方影響，因此提醒漢弗萊起草大綱時不僅要反映西方的想法，也不能忘記世界上還存在其他的哲學理念。他希望秘書處花幾個月時間來研究儒學的基本思想，這

可分割、相互依存和相互聯合的。國際社會必須站在同樣的地位上、用同樣重視的眼光、以公平、平等的方式全面看待人權。固然，民族特性和地域特徵的意義，以及不同的歷史、文化和宗教背景都必須要考慮，但是各個國家，不論其政治、經濟和文化體系如何，都有義務促進和保護所有人權和基本自由。」

〔註32〕〔日〕堤功一：《對人權的尊重：普遍性和相對性》，王家福、劉海年、李林主編《人權與21世紀》，中國法制出版社2000年版，第20頁。

〔註33〕夏勇：《人權概念的起源》，中國政法大學出版社1997年版，第246頁。

〔註34〕B. G. Ramcharan, *Human Rights Thirty Years after the Universal Declaration*, Boston: Martinus Nijhoff, 1979, p.23.

樣才有可能為人權委員會準備一份像樣的文本。漢弗萊回憶說，張彭春和馬立克的哲學思想相差太遠，很難共同起草一份文書。〔註 35〕也正因如此，最後決定由漢弗萊和秘書處負責起草一份大綱。

在討論《宣言》第 1 條和第 16 條時，哲學與宗教的衝突開始顯現出來。在最開始，馬立克提議在第 16 條「保護家庭」條款中增加「被造物主賦予」（endowed by the Creator）的措辭。蘇聯代表回應說：「很多人並不信仰上帝並且《宣言》意在保護人類整體，無論是信教者還是不信教者。」〔註 36〕最終這項提議未通過表決。而後，又有些國家的代表主張將上帝（God）或者造物主（Creator）寫入《宣言》的第 1 條，以表明人權的來源。荷蘭代表在經社理事會第 7 屆會議上第一次表達了這一立場，加拿大表示支持。在聯大第三委員會對《世界人權宣言》的審議中，有些拉美國家，如巴西、阿根廷、哥倫比亞和玻利維亞等，溫和地為「上帝依照其形象和意願創造了人」這種觀念辯護。例如巴西代表對第 1 條的修正案就表述為：「人是依照上帝的形象和意願創造出來，並被賦予理性與良心。」〔註 37〕張彭春提醒持宗教立場的代表們，中國人占世界人口的很大一部分，他們「有著不同於基督教西方的思想和傳統。這些思想包括好的舉止、禮儀和禮貌以及體諒他人。然而，中國代表並沒有主張《宣言》應當提及它們。」他希望他的同事應當表現出同樣的理解並且撤回帶有基督教色彩的修正案。他總結說：「對西方社會而言，宗教不容忍的時代已經結束了。」〔註 38〕在張彭春看來，自斯賓諾莎和洛克始，宗教寬容的思想就已經在歐洲存在了，西方國家對於宗教信仰應該秉持一種寬和的態度，而不應當強加於人。儒家倡導的「和而不同」和「己所不欲，勿施於人」都說明了這一點。

張彭春對於原草案中第一條「人自然地（by nature）賦有理性和良心」這一頗具教會自然法意味的表述同樣持反對意見。張彭春主張刪除關於「自然」（nature）的一切表述。事實上，他並不排斥啟蒙思想家的人權哲學。在第三委員會針對《宣言》起草的辯論中，他對卡森能夠「如此良好的展示 18 世紀的法國人權理論」表示感謝與折服。而且他也經常運用啟蒙思想來佐證自己

〔註 35〕 John Humphrey, *Human rights and the United Nations: A Great Adventure*, Dobbs Ferry: Transnational Publishers, 1984, p.29.

〔註 36〕 Johannes Morsink, *The Universal Declaration of Human Rights: Origins, Drafting, and Intent*, Philadelphia: University of Pennsylvania Press, 1999, p.255.

〔註 37〕 Official document of the United Nations: A/C.4/243.

〔註 38〕 Official document of the United Nations: GAOR C.3, p.98.

的觀點。〔註 39〕然而，他認為《宣言》文本應當確認的是其中更為普遍的成分。「自然」的表述容易讓人聯想到自然法和上帝，將會把人權問題引入宗教和哲學的論爭，而刪除「自然」就「排除了任何理論上的問題，這些問題不能夠也不應該在一個將為世界普遍適用的宣言中提出來。」〔註 40〕而且，刪除「自然」之後，「那些信仰上帝的人仍然可以在這一開放條款中尋得上帝的理念，並且同時其他不同理念的人也將能夠接受這一文本。」〔註 41〕這一提議獲得了比利時代表的支持。

對於「自然」這一措辭持支持態度的馬立克，提出一個變通方案，他主張將「自然地」（by nature）改為「在本性上」（by their nature）。這樣，「人自然地（by nature）賦有理性和良心」就變為「人在本性上（by their nature）賦有理性和良心」。他解釋說，這樣就可以避免誤將「nature」理解為某種超越人本身的存在。

最終，聯合國第三委員會決定避免宣稱、暗示或否認國際人權體系是基於任何人性、或是本性、或是上帝的基礎之上，因此刪除了「by nature」的措辭，僅僅表述為「人賦有理性和良心」。漢弗萊在當天（1948 年 10 月 11 日）的日記中寫道：「第三委員會決定從句子中刪除『自然』的措辭……這意味著馬立克被打敗了，他是所有這些托馬斯主義的概念的來源。」〔註 42〕

張彭春的解釋是令第三委員會做出決定的重要原因。他的意見十分中肯，不偏不倚，既照顧了基督教的信仰者，也尊重了其他宗教尤其是伊斯蘭教的信仰者，同時讓更多不信仰宗教的人也能接受這一文本。他主張的拋棄哲學紛爭，倡導宗教包容的理念，體現了儒家學者對東西方哲學以及基督教與伊斯蘭教的包容，是儒家思想對《世界人權宣言》乃至國際人權事業的重要貢獻。事後很多基督教和天主教的信仰者卻沒有表現出相同的大度，他們仍然很難接受《宣言》中沒有提及上帝這一人權的來源。〔註 43〕然而法國代

〔註 39〕Johannes Morsink, *The Universal Declaration of Human Rights: Origins, Drafting, and Intent*, Philadelphia: University of Pennsylvania Press, 1999, p.281.

〔註 40〕Official document of the United Nations: GAOR C.3, p.98.

〔註 41〕Official document of the United Nations: GAOR C.3, p.114.

〔註 42〕A. J. Hobbins, *On the Edge of Greatness Vol 1 1948~1949: Diaries of John Humphrey, First Director of UN Division Human Rights*, Montreal: McGill-Queen's University Press, 1999, p.58.

〔註 43〕Sam McFarland, "A Tribute to the Architects, Eleanor Roosevelt, Charles Malik, Peng-chun Chang, John Humphrey, and René Cassin", paper presented at the International Society of Psychology, Paris, July 2008.

表勒內‧卡森在《世界人權宣言》通過後給予了中肯的評價：《宣言》最終能夠被全世界所接受，大部分應當歸功於它的純粹世俗性質。〔註44〕

張彭春與馬立克促膝而談（圖片來源：Mary Ann Glendon 所著「A World Made New」一書）

第二節　「宣言」還是「公約」

　　根據聯合國檔案的記錄，大會和經濟及社會理事會在決定起草《世界人權宣言》之初，並沒有清楚地說明這一文本的性質和法律地位。當時，鑒於二戰對人權的侵害，很多國家之間簽訂了和平條約，諸國際組織也將保護人權納入其組織宗旨。巴拿馬、智利、古巴等成員國在聯合國成立之初就提議制定具有法律約束力的人權法案，國際社會也對聯合國出臺法案抱有很高期待。最初，聯合國大會提議人權委員會應當起草一份「國際權利法案」

〔註44〕Sam McFarland, "A Tribute to the Architects, Eleanor Roosevelt, Charles Malik, Peng-chun Chang, John Humphrey, and René Cassin", paper presented at the International Society of Psychology, Paris, July 2008.

（International Bill of Rights）。實際上，「Bill of Rights」是起源於英美法系的概念，並沒有明確的法律性質指向，有時是宣言性質的，例如美國《獨立宣言》，就沒有法律上的約束力；有時也確立在一國的憲法或基本法之中，例如英國 1689 年權利法案（全稱《國民權利與自由和王位繼承宣言》）和美國 1789年權利法案（美國憲法前十條修正案），就具有法律的強制約束力。因而，在最初提議的語境中，一份國際權利法案有可能意味著一份宣言，亦或一份公約。而在《宣言》制定之初，實際上就其法律形式存在三種可能性。首先，可以將權利法案作為《聯合國憲章》的一部分，即以《憲章》修正案的形式在其後附一份權利法案。但是這一由拉美國家提議的方案在舊金山制憲會議期間就已經被大會否決了，因此人權委員會就不再考慮；另外兩種可能性，就是作為一份宣言或者一份公約單獨予以通過。

　　就這兩種形式而言，公約的起草難度較大，內容較宣言要更為詳細，還需要包含具體的執行措施，因此需要國際法方面的專家參與並且要花費更多的時間來撰寫。還有很重要的一點，公約對各成員國具有國際法上的約束效力。而另一方面，宣言的起草則相對簡單，各參加方只需要在原則上同意宣言中聲明的內容，而不會受到過度的約束。

　　因而各成員國圍繞著這兩種可能性，即「宣言還是公約」的問題進行了多次討論。在人權委員會第一屆 7 次會議上，羅斯福夫人就希望大家就這一問題盡快做出決議。她首先作為美國代表陳述了自己的意見，她希望法案能夠寬鬆和概括一些，從而滿足新的問題和情況。〔註 45〕羅斯福夫人實際上已經表明她傾向於採取宣言形式的態度。然而各成員國代表在此次會議上並未能形成一致意見。在最初，美國和蘇聯都堅定地採取反對公約的立場。羅斯福夫人提議宣言應當與其執行措施分開，她說，美國代表團更希望首先通過一份權利和自由的宣言。〔註 46〕蘇聯代表則乾脆宣稱，起草小組沒有權限起草一份人權法案的執行文件，〔註 47〕否認了公約的可行性。印度代表則堅持法案的公約性質，她認為法案作為「一份充斥著神秘主義和形而上原則的模糊的決議」並不是一個好主意。他的國家需要的是「一份可以約束所有成員國的法律文件」。她說，《憲章》和大會決議明顯是要求制定一份具有「強制

〔註 45〕Official document of the United Nations: E/CN.4/SR.7, p.2.
〔註 46〕Johannes Morsink, *The Universal Declaration of Human Rights: Origins, Drafting, and Intent*, Philadelphia: University of Pennsylvania Press, 1999, p.15.
〔註 47〕Official document of the United Nations: E/CN.4/SR.16, p.2.

「屬性」的法案。印度代表的意見獲得了澳大利亞代表的支持，他也贊同一份「約束各成員國的多邊公約」而非一份簡單的人權建議，澳大利亞甚至提出還應當以公約為基礎建立國際人權法院。〔註 48〕因此，在這一問題上，形成了兩種針鋒相對的意見。美、蘇及南斯拉夫堅持起草一份不具有正式約束力的宣言，而菲律賓、印度、澳大利亞和英國都堅決主張制定一項有約束力的公約。美國和蘇聯兩個超級大國之所以主張制定非正式的宣言，是帶有一定政治意圖的。隨著冷戰加劇，美、蘇兩國都把人權作為一項實現其全球擴張戰略的政治武器，因此，一項寬泛的宣言更有利於發揮其作用——盡可能地批評其他國家人權狀況的同時，又不至於束縛自己全球擴張的手腳。美國從一開始就準備了蘇聯陣營人權「弱點」的材料，另外，從自身角度，非洲裔美國人的境遇是讓美國頭疼的問題，按美國自己的解釋，《世界人權宣言》不具有約束力，當前的黑人待遇問題只是「本質上屬於」美國「國內管轄」的事項。〔註 49〕而對於一些小國而言，他們更願意看到一份對大國和小國採取一視同仁約束的公約，這樣不僅能夠約束大國的行為，同時在對抗大國侵犯時就又多了一項國際法依據。

在後來的會議上，美、蘇的立場則有所讓步妥協。他們指出，他們並不是反對制定有強制力的法案，但是詳細的執行條款需要仔細研究，當前制定一份這樣的法案條件尚不成熟，因此可以首先起草一份宣言。〔註 50〕法國代表卡森提出一個折衷方案，即不要糾結於非此即彼的問題，先起草一份盡可能詳細的人權文件，暫不明確屬性，這樣既有利於法案起草，也能滿足各成員國的要求。而英國代表則對這種不確定性表示擔憂，最後補充說，英國政府並不是要求法案必須包含執行措施，但是由於法案的執行涉及到國內司法的問題，因此他們不願意看到一份模棱兩可的文件，應當保證法案完全清楚，並且能預見其後果。因而，英國為了促使當前草案被定性為較為詳盡的公約，甚至直接向八國委員會提交了英國起草的公約草案。

在人權委員會第一屆會議上，智利、埃及、法國、及烏拉圭等國對此的態度相對溫和。他們既不主張馬上就制定一份詳細的多邊公約（自然對於澳

〔註 48〕Official document of the United Nations: E/CN.4/SR.15, p.2.
〔註 49〕〔瑞典〕格德門德爾‧阿爾弗雷德松、〔挪威〕阿斯布佐恩‧艾德編：《〈世界人權宣言〉：努力實現的共同標準》，中國人權研究會組織翻譯，四川人民出版社 1999 年版，第 8 頁。
〔註 50〕Official document of the United Nations: E/CN.4/SR.15, pp.5~6.

大利亞建立國際人權法院的建議很快予以否決），也不認為人權委員會此次的工作將止步於一份宣言，因此他們屬於中間派。但是他們同樣也並未提出具體的可操作性方案。在起草委員會第一屆會議上，張彭春認識到僅僅起草宣言不可能滿足委員會各個成員國的要求，而直接起草公約的激進做法也必然會遭到反對。因此張彭春在折衷基礎上提出了具體的方案，國際人權法案應當包括三份不同的文件：第一份是簡明的宣言，第二份文件是對宣言諸條款的詳細解釋，第三份文件則是執行措施。〔註51〕按照張彭春的設想，《宣言》的結構應當是盡量簡潔的，否則很難廣泛傳播。詳細的解釋則是為了便於《宣言》的執行，因此，第二份文件實際上充當了一個細則的作用（實質上就是公約），為第三份文件提供執行依據。這種提案實際上照顧到了雙方的利益，而且又具有可操作性。1947 年 12 月舉行的人權委員會第二屆會議上，儘管各國起初仍然各執一邊，但最終確定了國際人權法案由三部分構成：（一）宣言；（二）公約；（三）公約的執行措施。這種安排與張彭春的設計幾乎同出一轍。

　　事實上，在張彭春逝世 9 年之後通過的《經濟、社會和文化權利國際公約》和《公民權利和政治權利國際公約》，正是在《宣言》基礎上起草的，是對《宣言》進一步的解釋和細化。而張彭春當年提出的公約執行措施，則根據聯合國 543（VI）和 547（VI）號決議，被分別納入到兩個公約及兩個任擇議定書〔註52〕之中。〔註53〕1966 年通過兩公約時，距離張彭春最初提出國際人權法案的框架設計已有近 20 年時間。由此可見，張彭春對《宣言》的最初定位是非常準確的，對國際人權法案構成的設計也是極具前瞻性的。

第三節　可行性方案

　　在《世界人權宣言》起草期間（1947～1948），東西方冷戰已經拉開序幕。1946 年丘吉爾到訪美國時，就發表了著名的「鐵幕演說」──「一道橫亙歐洲大陸的鐵幕已經落下」，拉開了冷戰的序幕。1947 年初，美國總統杜魯門在國會兩院聯席會議上發表國情咨文，挑明了對社會主義國家的敵視態度，即

〔註51〕 Official document of the United Nations: E/CN.4/AC.1/SR.4, p.11.
〔註52〕 兩個任擇議定書分別為 1966 年《公民權利和政治權利國際公約任擇議定書》（旨在構建一個獨立的人權上訴機制）和 1989 年《旨在廢除死刑的〈公民權利和政治權利國際公約〉第二任擇議定書》（如其名稱，旨在廢除死刑）。
〔註53〕 〔加〕約翰‧漢弗萊：《國際人權法》，龐森等譯，世界知識出版社 1992 年版，第 167 頁。

所謂的「杜魯門主義」，這標誌著美蘇冷戰的正式開始。在這種局勢下，《宣言》的起草必須盡可能地加快進度，以避免逐漸白熱化的兩大陣營對峙給起草工作帶來不利影響。法國代表卡森在後來的一篇回憶文章《宣言的歷史》（Historique de la Déclaration）中就為《宣言》捏了一把冷汗：如果大家再爭論不休，就會錯過政治上的有利時期，「冷戰已經開始並且威脅到宣言的妥協和通過，當然也包括公約。」〔註54〕

張彭春早已預料到起草可能面臨的國際形勢。

一方面，他本身是一位外交家，他不同於學者出身的報告員馬立克與法國代表卡森，也不同於律師漢弗萊與政治活動家羅斯福夫人，他對於國際形勢的預見能力顯然要高於委員會中的其他幾位關鍵人物。在 1937 年到 1947 年的十年時間裏，他一直從事外交活動，形成了對國際形勢的敏銳洞察力，這種外交敏感能夠很自然地使他預見到兩大陣營的對抗將對《宣言》起草和通過產生怎樣的影響。張彭春的外交戰略眼光在他南開任教期間就已經有所體現。1918 年，張彭春在南開修身課上專門做了一次題為「學生應注意時事」的演講。他極力主張青年應當關注國內外時局。他在 1918 年 4 月 10 日的南開演講中就準確預見了第一次大戰的形勢：雖然有美國加入，但俄國與德國單獨媾和，德國可全力進攻西線，「巴黎之能守與不能守，想於一二星期內可定。歐戰之結局，式可於今年見之。」〔註55〕他從一戰中日本的軍事行動就已預見了日本帝國主義在遠東的野心，因而他就報告前一天日本出兵海參崴一事評價道：「果聯軍允日人占西比利亞，則將來世界大局，必將因之而大變矣。」〔註56〕

另一方面，張彭春對美蘇態勢的關切從人權司司長漢弗萊的日記中得到了驗證。漢弗萊在 1948 年 10 月 24 日的日記中寫道在張彭春處晚宴時，張彭春認為美蘇衝突已經不可避免，雙方都在試圖改善自己的地位，他甚至預言美蘇在 1949 年秋天有可能開戰。

張彭春對於冷戰的形勢非常清楚，他顯然能夠預料到這種情況對於《宣言》的通過意味著什麼。早在 1947 年起草委員會第一屆會議之初，還尚未開始起草工作時，張彭春就建議道：「委員會盡可能達成寬泛的觀點，並始終意

〔註54〕René Cassin, "Historique de la declaration universelle en 1948", in *La Pensée et l'action*, Paris: Editions Lalou, 1972, pp.103~118.

〔註55〕1918 年 11 月 11 日德國宣布投降，第一次世界大戰結束。

〔註56〕張彭春：《學生應當注意時事》（1918 年 4 月 10 日），段茂瀾記錄，《南開校風》第 93 期，1918 年 4 月。

識到制定國際人權法案的歷史背景。」〔註 57〕顯然張彭春清楚認識到當時東西方矛盾日深，已經預料到了在《宣言》中達成讓步協議並非容易的事情，因此他希望《宣言》的條款盡可能寬泛以利於得到各國的妥協，同時為了保證《宣言》最終能夠順利通過，減少冷戰的影響，必須儘量節約時間，加快起草進度。為此，在委員會對某些問題沒有頭緒時，他經常能夠提出切實可行的方案，使起草工作能夠順利地開展。

　　人權委員會建立初期，作為一個嶄新的聯合國工作機構，《聯合國憲章》中並未對其作細緻規定。其基本任務、職權範圍、機構設置等都尚處於摸索階段。然而，人權委員會第一屆會議上，由於人權委員會尚缺少工作程序章程，有代表仍堅持應當先通過一項章程之後再開展包括起草國際權利法案等其他工作。然而，由於秘書處和經社理事會的建議程序規則並不完備，若直接將其作為最終程序章程通過，一方面在程序方面難免會有所疏漏，另一方面，第一屆會議很可能會花費大量時間討論程序規則而非人權法案本身，這勢必對《宣言》起草進度產生影響。為能夠盡快開始討論人權法案的相關問題，張彭春提議先臨時性通過一個僅適用於第一屆會議的簡易程序規則，以便盡快開展其他實質性工作，會後再對該章程進行審查或修正，待第二屆會議時直接提交委員會審議是比較合理的方案。這一提議得到澳大利亞和印度等多數代表贊同，委員會也採納了張彭春的建議。〔註 58〕由此人權委員會得以集中精力，快速投入到《世界人權宣言》的起草工作中。

　　在起草委員會工作初期，各成員國始終圍繞著法案性質為「宣言」還是「公約」，以及是否同時考慮法案的執行措施爭論不休。直到人權委員會第二屆會議上，才最終確定了國際人權法案將由一份宣言，一份公約以及執行措施三部分構成，並且將同時推進三份文件的起草工作。但此前各成員國對這一問題已經歷了長時間的討論。早在人權委員會第二屆會議之前的起草委員會第一屆 5 次會議上，張彭春已經為起草工作規劃了可行的方案：「在當前階段，委員會只能期待一份基本原則和權利的清單，並以『宣言』的形式提交聯大審議。對宣言中一些過於簡單的術語，可以用注釋闡明。在此之後，委員會才可能再考慮實際執行的措施。」〔註 59〕在他看來，在有限的期限

〔註 57〕Official document of the United Nations: E/CN.4/AC.1/SR.2, p.4.

〔註 58〕Official document of the United Nations: E/CN.4/SR.3, p.3.

〔註 59〕Official document of the United Nations: E/CN.4/AC.1/SR.5, p.4.

內同時完成三份文件的起草工作是不切合實際的，宣言在先、公約和執行措施在後是最為現實的做法。然而，很多國家仍然希望公約和執行措施同時跟進。英國代表還為此提交了一份附帶執行措施的公約草案。在蘇聯代表看來，英國的公約草案試圖把英國國內法中的一些法律原則轉換為國際法，因而對此提出了批評。由於相持不下，起草委員會最終沒能採納張彭春「先宣言後公約」的方案，決定同時起草宣言和公約。由此，就如何開始起草第一稿草案，法國代表勒內・卡森建議，應設立兩個起草小組分別負責起草宣言和公約。蘇聯代表卻不這麼看，他說即便需要起草兩份文件，也沒有必要設立兩個起草小組，因為公約的細則與宣言的原則性規定實質上是有邏輯的聯繫的。而英國代表則乾脆認為設立起草小組已經沒有必要，起草委員會可以直接開始這兩份文件本身的起草工作了。但是，他對委員會如何同時起草兩份文件又不至於文件之間產生混亂表示疑問。很顯然各成員國對於起草工作如何具體開展並沒有頭緒。儘管由於成員國之間的爭執，起草委員會沒有採納張彭春主張的「宣言在先，公約和執行措施在後」的建議，此時張彭春又很快調整思路，就如何同時起草兩份文件規劃了另一項可行性方案：設立一個小規模的起草小組，以秘書處大綱作為基礎，根據之前會議討論的結果對草案進行補充和邏輯調整，然後據此向起草委員會提出建議，哪些條款具有宣言性質，哪些則具有公約性質。〔註60〕相較於法國代表建議的大費周章，蘇、英代表建議的缺少操作性，張彭春的建議既簡單易行，又具有很強的可操作性。

若此時沒有張彭春的建議，或直接遵從其他國家代表的方案，起草小組很有可能會根據會上討論確定的諸多權利原則，另起爐灶，同時制定宣言和公約兩份草案。而在這一關鍵節點上，張彭春明確第一稿草案將在秘書處大綱基礎上調整邏輯結構，並補充、修改而成。由於秘書處大綱的主要內容仍屬於宣言性質，這實際上為《宣言》起草先於《公約》奠定了基調，也為委員會節省了大量不必要的時間和精力耗損。

必須指出的是，秘書處大綱能夠作為起草活動的主線，張彭春功不可沒。在一開始，大綱並非起草工作唯一參考文獻。如前所述，包括拉美等各國政府以及國際組織和個人提出了諸多版本的草案，而羅斯福夫人似乎偏愛美國

〔註60〕 Official document of the United Nations: E/CN.4/AC.1/SR.6, p.8.

基督福利會草案〔註 61〕，英國代表則始終堅持他自己的公約草案。因此，初稿並不必然要在秘書處大綱基礎上起草。秘書處大綱最大的勁敵是英國草案，但這一均衡在張彭春的建議下被打破了。在起草委員會第一屆會議上，法國和澳大利亞主張同時討論秘書處大綱和英國草案，法國的方案是先討論兩個草案中共同出現的原則，然後再就大綱中有而英國草案中沒有的原則進行分析。而張彭春提出了更為明確的工作方向：「起草委員會注意討論應當按照從具體到抽象，首先應當找出秘書處大綱中委員會成員都贊成的條款，然後再比較英國提交的草案或其他建議案中的其他條款。」他還特別強調不應當簡單複製此前已經存在的各國國內的權利法案。〔註 62〕若按照卡森的建議，委員會將僅就人權的基本原則展開討論，並需要同時兼顧兩個文本，這必將大大放緩討論的進度。而張彭春的建議較法國明顯具有更強的可操作性，他不主張脫離具體條款的抽象討論，而且主張將大綱作為主要參照（即將大綱作為立法討論的靶子）。這樣的討論更有效率，避免了同時參照多個文本引起的思路上的混亂。正是在他的建議下，起草委員會在前幾次會議中一直將秘書處大綱作為討論主線。奧斯陸大學歷史學教授阿謝爾德・薩姆諾伊（Ashild Samnøy）對《宣言》起草過程恰當地點評道：「對可選擇的草案的否決，對《宣言》起草進程也是一個促進。與同時處理幾個可選擇的草案相比，集中討論一個談判文本就顯得更有效率，更具戰略眼光。」〔註 63〕

也恰恰由於之前起草委員會已經充分討論了大綱中的條款，此次張彭春主張第一稿草案應「以秘書處大綱作為基礎，根據之前會議討論的結果進行補充和邏輯調整」的建議得到起草委員會一致認可。委員會按照張彭春的構想設立了由法國、黎巴嫩和英國組成的國際人權法案起草小組，並按照他建議的方案在秘書處大綱基礎上起草第一稿草案。得益於張彭春簡易並極具可行性的起草方案，僅短短三天之後，勒內・卡森版草案的初稿就形成了。這

〔註61〕羅斯福夫人在人權委員會第一屆會議上就要求優先討論美國天主教福利會的草案，對此印度代表頗有微詞。他認為印度的草案應當優先並作為討論的基礎。但是羅斯福夫人仍然堅持優先審議美國天主教福利會的草案。See Official document of the United Nations: E/CN.4/SR.13, pp.1~2。

〔註62〕Official document of the United Nations: E/CN.4/AC.1/SR.2, p.4.

〔註63〕阿謝爾德・薩姆諾伊（Ashild Samnøy）：《〈世界人權宣言〉的起源》，谷盛開譯，〔瑞典〕格德門德爾・阿爾弗雷德松、〔挪威〕阿斯布佐恩・艾德編：《〈世界人權宣言〉：努力實現的共同標準》，中國人權研究會組織翻譯，四川人民出版社 1999 年版，第 21 頁。

才有了此後人權委員會和起草委員會討論的基礎性文件。由於卡森草案是第一份以「草案」命名的起草文件，因此加拿大學者霍賓斯（A. j. Hobbins）給勒內・卡森冠以「世界人權宣言之父」之名。而美國學者莫辛克（Johannes Morsink）及漢弗萊本人對此提出了質疑。〔註 64〕莫辛克在比較了秘書處大綱和卡森草案兩個文本全文之後得出結論：卡森草案實際上與秘書處大綱並沒有太大的差別，除了「更加組織化的語言以及邏輯方面的改進」。〔註 65〕他認為完全由卡森提出的只有 3 個條款，而其餘的都是在秘書處大綱基礎上略作修改。因此這一稱號言過其實。然而，他們雙方的爭議忽略了一個重要事實，由卡森起草小組在秘書處大綱基礎上起草《宣言》第一稿草案正是執行了張彭春的建議。這才是兩版草案如此接近的根本原因。

1948 年 12 月，《世界人權宣言》通過前夕，時任經濟及社會理事會主席的馬立克指出：「如果秘書處大綱是孕育宣言的子宮，那麼卡森的草案就是這腹中的第一個胎兒。」〔註 66〕循著馬立克的說法來比喻，張彭春當之無愧這個胎兒的助產士。

而且，儘管起草委員會在會上並沒有採納張彭春「先宣言，後公約」的建議。但由於張彭春的因勢利導，宣言的起草工作在實際上遠遠領先於公約和執行措施。起草委員會第一屆 6 次會議後，卡森所在的起草小組利用週末完成了的《宣言》草案（史稱卡森草案）初稿，接著在 7 次會議上就有代表提出應該同時在制定公約和執行措施上下工夫。張彭春認為，《宣言》初稿既然已經起草出來，起草委員會應當首先逐條審閱草案初稿，然後才能顧及公約和執行措施。〔註 67〕這一提案得到了主席羅斯福夫人的支持。結果起草委員會第一屆會議實際上將主要精力放在了審議卡森草案初稿上，至會議結束，委員會已經將草案初稿審議完畢，並在修訂基礎上提出了起草委員會的建議稿，為宣言先於公約而通過打下了基礎。阿謝爾德・薩姆諾伊（Ashild

〔註 64〕 A. j. Hobbins, "René Cassin and the Daughter of Time, the First Draft of the Universal Declaration of Human Rights", Fontanus II, 1989. pp.7~26; Johannes Morsink, *The Universal Delaration of Human Rights: Origins, Drafting, and Intent*, Philadelphia: University of Pennsylvania Press, 1999, pp.8~9；〔加〕約翰・漢弗萊：《國際人權法》，龐森等譯，世界知識出版社 1992 年版，第 146 頁。

〔註 65〕 Johannes Morsink, *The Universal Delaration of Human Rights: Origins, Drafting, and Intent*, Philadelphia: University of Pennsylvania Press, 1999. p.8.

〔註 66〕 Official document of the United Nations: A/PV. 180, p.46.

〔註 67〕 Official document of the United Nations: E/CN.4/AC.1/SR.7, p.3~4.

Samnøy）評述說：「儘管 1947 年 12 月人權委員會第二屆會議做出的正式決定強調要同時制定一個宣言、一個公約以及執行措施三項文書，但『先宣言，後公約』的策略實際上佔了上風。」〔註68〕

　　張彭春之所以始終堅持宣言優先的方案，大致出於兩方面的考量。其一，應當堅持《宣言》內容和參加主體的普遍性。若把法案首先定位為一項公約，那麼在文本中的國家利益衝突則會更加明顯，文本中最終只可能載入各國均認同的條款，涉及實質權利的內容會受到諸多限制。同時公約只是針對參加國的法律文件，而無法影響到未參加公約的其他國家。因此，在權利內容和權利主體的普遍性方面都是與制定人權法案的初衷相悖的。其二，考慮到法案的可行性。有執行力的公約比宣言更為詳細也更為技術性，因此需要耗費大量時間，並需要法律專家的參與，而當前劍拔弩張的國際形勢並不允許起草委員會有絲毫的拖延。同時，使人權草案成為嚴格約束力的法律文件，很多國家都會投鼠忌器，極有可能導致草案最終無法通過。畢竟，尊重和保護人權非朝夕之功。當下最緊迫的是要先制定一個宣言，一俟時機合適，再制定一份公約。〔註69〕遵循先易後難，先簡後繁的策略，先宣言後公約無疑更具有可行性。

　　儘管新西蘭等國代表一直強調說宣言應當等待與公約及執行措施一起通過，然而歷史卻最終驗證了張彭春的戰略眼光。直到 18 年後，人權兩公約才由聯大通過並開放簽字和批准。如果按照宣言和公約一起完成、同時通過的規劃，《世界人權宣言》很可能與兩公約一同被無限期地拖延下去而無法得到通過。《宣言》的歷史也將被改寫。

第四節　中國智慧推動起草

　　加拿大的約翰・漢弗萊把張彭春看成是那種用智慧而不是別的來支配委員會的那種人。〔註70〕因此他在日記中寫道：「在智力層面上，他聳立（towers

〔註68〕 阿謝爾德・薩姆諾伊（Ashild Samnøy）：《〈世界人權宣言〉的起源》，谷盛開譯，〔瑞典〕格德門德爾・阿爾弗雷德松、〔挪威〕阿斯布佐恩・艾德編《〈世界人權宣言〉：努力實現的共同標準》，中國人權研究會組織翻譯，四川人民出版社 1999 年版，第 8 頁。

〔註69〕 盧建平：《中國代表張彭春與〈世界人權宣言〉》，《南方週末》，2008 年 12 月24 日，D25 版。

〔註70〕 盧建平、王堅、趙駿：《中國代表張彭春與〈世界人權宣言〉》，《人權》2003 年第 6 期，第 18～24 頁。

above）於第三委員會的其他成員之上。」〔註71〕張彭春不愧為「協調的藝術大師」，他「講求實用」，「隨時都有解決問題的實際辦法」。在整個起草過程中，他富有中國智慧的起草策略，多次把《宣言》從危機邊緣挽救回來。在討論陷入僵局的許多時候，他總能想出化解的辦法，從而推動起草順利進行。

一、運用中國式幽默和機智打破僵局

在起草過程中，人權委員會各成員國都積極爭取對起草工作施加影響。他們的動機似乎很明確，即制定一項盡可能明確有力的人權宣言，用以防止人權侵犯。對於委員會中的各國代表個人而言確實如此，能為《世界人權宣言》做出貢獻並施加自己的影響是一件偉大的成就，也是造福世界人民的行動。然而，正如有些學者指出的那樣，「對於各國政府來說，雖然它們都確實主張人權，但它們還有其他的興趣。這些興趣可能與其人權關注一致，也可能不一致。這樣，一項特別的人權政策的通過，就很可能被主要當成了實現一項超級目標的戰略手段。」〔註72〕有些對於人權關注的表達，顯然是出於其他的政治目的。對於美、英、蘇等大國而言，其中一個重要動機，就是盡可能地使《宣言》內容符合自身的要求，這樣才能躲避批評，同時得到機會來批評別的國家。這樣在國際政治對抗中就更能掌握主動。然而，這種國家間互相批評人權的狀況卻容易導致會議脫離原本的議題，陷入尷尬和僵局。

冷戰的大背景顯然加劇了這種情形，人權成了東西方意識形態戰爭的武器。因此《宣言》符合國內立法並揭露意識形態敵手的弱點顯得越發重要。為了更多地對《宣言》施加影響，美國國務院專門為羅斯福夫人配置了一個法律顧問班子。當時不僅僅是美國，英國和法國也都有各自的人權工作組。〔註73〕英國政府的人權工作組在談及人權活動的一系列動機時，毫不諱言：「王國政府尋求這項公約（指《宣言》）的目的有二：首先，王國政府把公約視為

〔註71〕A. J. Hobbins, *On the Edge of Greatness Vol 1 1948~1949: Diaries of John Humphrey, First Director of UN Division of Human Rights*, Montreal: McGill-Queen's University Press, 1999, p.88.

〔註72〕阿謝爾德·薩姆諾伊（Ashild Samnøy）：《〈世界人權宣言〉的起源》，谷盛開譯，〔瑞典〕格德門德爾·阿爾弗雷德松、〔挪威〕阿斯布佐恩·艾德編《〈世界人權宣言〉：努力實現的共同標準》，中國人權研究會組織翻譯，四川人民出版社1999年版，第7頁。

〔註73〕Eric Pateyron, *La Contribution Française à la Rédaction de la Déclaration Universelle des Droits de l'Homme, René Cassin et la Commission Consultative des Droit de l'Homme*, Paris: La Documentation Française, 1998, p.33.

確保提高人權標準的過程中的一個手段；其次，它可以作為政治鬥爭的武器。」〔註 74〕英國和美國的檔案都揭露，兩國政府當時對於自己的弱點都非常清楚，前者的問題在於殖民地，而後者則是黑人問題。美國也因此準備了蘇聯陣營「弱點」的材料。〔註 75〕

　　這種鬥爭直至今日仍在持續。20 世紀 70 年代（美國卡特政府時期為典型）〔註 76〕西方更加大張旗鼓的開展人權外交，將人權問題與國家關係、經貿關係掛鉤，對別國施加壓力和影響。尤其在蘇東劇變之後，由於中美之間矛盾突起，西方人權鬥爭的矛頭開始集中對準中國。在這種形勢下，從 1990 年到 2004 年這十四年中，美國等一些西方國家無視中國在促進和保護人權方面取得的成就，先後十一次在聯合國人權委員會上搞反華提案。這種人權政治化的做法因遭受到人權委員會多數成員國的反對而失敗。（參見表 4-1）

表 4-1：聯合國人權委員會對中國提出的「不採取行動」動議表決情況〔註 77〕

序次	時間	贊成	反對	棄權
1	1990 年 3 月 6 日	17	15	11
2	1992 年 3 月 4 日	27	15	11
3	1993 年 3 月 10 日	22	17	12
4	1994 年 3 月 9 日	20	16	17
5	1995 年 3 月 8 日	22	22	9
6	1996 年 4 月 23 日	27	20	6
7	1997 年 4 月 15 日	27	17	9
8	1999 年 4 月 23 日	22	17	14

〔註 74〕 阿謝爾德·薩姆諾伊（Ashild Samnøy）：《〈世界人權宣言〉的起源》，谷盛開譯，〔瑞典〕格德門德爾·阿爾弗雷德松、〔挪威〕阿斯布佐恩·艾德編《〈世界人權宣言〉：努力實現的共同標準》，中國人權研究會組織翻譯，四川人民出版社 1999 年版，第 7 頁。

〔註 75〕 阿謝爾德·薩姆諾伊（Ashild Samnøy）：《〈世界人權宣言〉的起源》，谷盛開譯，〔瑞典〕格德門德爾·阿爾弗雷德松、〔挪威〕阿斯布佐恩·艾德編《〈世界人權宣言〉：努力實現的共同標準》，中國人權研究會組織翻譯，四川人民出版社 1999 年版，第 8 頁。

〔註 76〕 梁洪傑：《美國的人權政策與「人權外交」評述》，《政治與法律》1992 年第 4 期，第 41～44 頁。

〔註 77〕 吳忠希：《中國人權思想史略》，學林出版社 2004 年版，第 223 頁。筆者根據最新數據略有增補。

9	2000 年 4 月 18 日	22	18	12
10	2001 年 4 月 18 日	23	17	12
11	2004 年 4 月 16 日	28	16	9

注：1. 1990 年聯合國人權委員會有 43 個成員國，1991 年起擴大為 53 個成員國。

2. 1991 年美國因為發動針對伊拉克的「沙漠風暴」戰爭，所以沒有提出反華提案。

3. 1995 年中國動議被否決，但美國為首的反華實質性表決有 21 國反對，20 國贊成，12 國棄權，中國以一票之差險勝。

4. 1998 年因美國總統訪華，所以沒有提出反華提案。

5. 因 2001 年美國在人權委員會選舉中落選，2002 年人權會上美國只能以觀察員的身份出席，不能提出反華提案。

6. 2005 年第 61 屆人權會的美國代表團正式宣布不在該次會議上搞反華提案。

由此可以想見，在當時美蘇冷戰逐漸升溫的背景下，兩大陣營的對抗及其意識形態鬥爭不可避免地波及到了《宣言》的制定工作。美、英、蘇等一些大國顯然像今天一樣，熱衷於將人權作為政治鬥爭的武器。人權委員會成員國之間經常互相點名批評對方國內具體人權狀況的行為，給起草工作帶來了困難。這種互相公開指責，使得現場氣氛十分尷尬，談判往往陷入僵局，無法進行下去。

然而，作為會場副主席的張彭春，每當遇到這種情形，他總能創造性地運用幽默機智的中國諺語化解僵局。這種方法既有說服力，又有助於緩和會場氣氛。有時，面對互相公開的人權指責，他機智幽默的勸解道：「Sweep the snow in front of one's door; over look the frost on others' roof tiles.」（自家各掃門前雪，莫管他人瓦上霜）〔註 78〕埃莉諾·羅斯福對此評價說：「張彭春給我們大家都帶來了極大的歡樂，因為他具有幽默感，從哲學的角度考慮問題，幾乎在任何場合他都能夠引述機智的中國諺語來應場。」〔註 79〕盧建平、黃建武以及孫平華也都確信，張彭春經常引用常識和幽默來促進對話，成功地調解爭端，為《宣言》的起草工作做出了巨大貢獻。〔註 80〕

〔註 78〕 Sam McFarland, "A Tribute to the Architects, Eleanor Roosevelt, Charles Malik, Peng-chun Chang, John Humphrey, and René Cassin", paper presented at the International Society of Psychology, Paris, July 2008.

〔註 79〕 〔瑞典〕格德門德爾·阿爾弗雷德松、〔挪威〕阿斯布佐恩·艾德編：《〈世界人權宣言〉：努力實現的共同標準》，中國人權研究會組織翻譯，四川人民出版社 1999 年版，第 6 頁。

〔註 80〕 參見盧建平：《張彭春和〈世界人權宣言〉》，《南方週末》2008 年 12 月 25 日，D25 版；黃建武：《儒家傳統與現代人權建設——以張彭春對〈世界人權宣言〉形成的貢獻為視角》，《中山大學學報（社會科學版）》2012 年第 6 期；孫平華：《〈世界人權宣言〉研究》，北京大學出版社 2012 年版，第 103 頁。

　　儘管囿於會議紀要的性質，聯合國的官方會議記錄中並未過多記載張彭春機智的中國式幽默對《宣言》的重要作用。然而美國著名的人權學者，哈佛大學的格林頓（Mary Anne Glendon）教授在其著作《一個新世界——埃莉諾·羅斯福與〈世界人權宣言〉》一書中記敘了一件趣聞，從側面證明了這一事實。黎巴嫩報告員馬立克是張彭春在人權哲學上的主要對手。作為《宣言》的主要貢獻者之一，在起草小組成立之初就與張彭春多次交鋒，由於張彭春善於恰到好處地使用幽默而有說服力的中國諺語，連對手馬立克也受到了薰陶。格林頓教授就提到，馬立克在與張彭春的兩年間的口頭辯論中獲得了回報——學到了張彭春的幽默和諸多中國諺語。在羅斯福夫人對委員會過慢的進度失去耐心的時候，馬立克，「像張彭春一樣（Chang-like）使用中國諺語」，溫和幽默地勸解道：「Matters must be allowed to mature slowly free from sharp corners.」〔註81〕（事緩則圓）

　　不只是在起草《宣言》的過程中，在聯合國的其他場合，張彭春也總能機智地引用幽默和常識來解決棘手的問題。在經濟與社會理事會第一屆會議上，張彭春提出召開國際衛生大會，設立世界衛生組織的議案。為了勸說成員國支持提案，他以「向細菌宣戰」為題作了一場既有趣又有說服力的演說。在強調衛生、健康和醫療方面國家間合作的重要性，號召各國應當摒棄國別偏見時，他沒有生硬地進行義務說教，而是詼諧地表達道：「我的意思是，細菌完全沒有任何人為的國家界限的偏見，它們往來於各處不需要護照、簽證，也沒有海關的屏障。它們也沒有民族自尊和區別的意識。我們只有在沒有國界限制的情況下才能把這些敵人從一個地方驅趕到另一個地方。在這場戰鬥中，我們是否可以從這些敵人那裡學到它們不那麼注意國家間區別的優點？」〔註82〕這一生動的表達贏得了與會代表的陣陣掌聲。還有另外一個事例可以佐證張彭春的幽默與機智。在1930年張彭春隨梅蘭芳劇團訪美期間，起初由於美國觀眾不懂京劇戲詞，興趣不高，有人中途退場，影響演出。因此，以後每逢開場，他都身穿禮服，用流利的英語向觀眾介紹京劇的特點及本場演出的劇情。最後強調：「中國京劇是古典戲劇的精華，只有文化水平高、又有

〔註81〕Mary Ann Glendon, *A World Made New: Eleanor Roosevelt and the Universal Declaration of Human Rights*, New York: Random House Trade Paperbacks, 2002, p.144.

〔註82〕Ruth H.C. & Sze-Chuh Cheng, *Peng Chun Chang, 1892~1957: Biography & collected works*, privately printed, 1995.

修養的觀眾才能欣賞，修養低的人則不能理解，所以他們難以久坐。」〔註83〕這樣，觀眾不但瞭解了劇情，也願意「保持修養」，因此便沒有人在中途退場，梅蘭芳劇團的京劇演出在美國獲得了巨大成功。儘管張彭春事後謙虛地評價說，演出取得如此成功，原因不僅僅在於觀眾的好奇心，而是中國京劇和梅先生獨特的造詣使美國觀眾的藝術享受得到了滿足。〔註84〕然而不能否認的是，張彭春是一位真正能將廣博視野與深厚智識運用到解決實際問題上的幽默大師。

二、倡導和諧，注重協商

在張彭春看來，《宣言》能否最終實現妥協並順利通過，必須要倚賴人權委員會和起草委員會各成員國的通力合作。因此，在起草過程中應當儘量保證一個和諧的氛圍，在協商基礎上達成共識。作為兩個委員會的副主席，張彭春始終秉持和諧原則，積極維護委員會內的討論秩序，避免各國代表間不必要的衝突，最大限度地促成合意，因為只有通過各國自願妥協完成的《宣言》，才有更大的可能性獲得通過。這既是一種外交智慧，也彰顯著儒家的求「和」精神。在對聯合國兩個委員會會議記錄的研究基礎上，筆者發現，張彭春經常通過以下幾種方式實現和諧與協商目標。

首先，張彭春在向其他代表闡述意見時，通常傾向於採取比較溫和的表達方式。比如此前已經提到，他經常採用幽默口吻並引用古老的中國諺語。一方面，幽默的表述方式比較易於為對方代表接受而不易引發衝突，另一方面，古代中國諺語作為中國哲學的精華提煉，其所佐證的觀點是很難反駁的。另外，張彭春習慣使用「儘管……但是……」的轉承句式，先承接對方觀點做進一步申述，然後通過轉折變換角度立論，闡述自己的立場。這種表達相比直接提出對立的觀點則更加委婉。例如，在討論秘書處大綱中的遷徙自由條款時，勒內・卡森認為遷徙自由很難執行，因為涉及到進入他國的權利，另外，國家留置國民的權利也應當加以考慮。智利和澳大利亞代表也同樣贊成遷徙自由，但是都認為該條款應當重新慎重詳細地起草。張彭春則說，他也認為遷徙自由是基本權利，可以作為基本原則寫入，但是（but），它的執行

〔註83〕龍飛、孔延庚：《張伯苓與張彭春》，百花文藝出版社，第122～123頁。

〔註84〕張彭春：《〈梅蘭芳先生在美國：評論與回顧〉前言》，Ruth H.C. & Sze-Chuh Cheng, *Peng Chun Chang, 1892~1957: Biography & collected works*, privately printed, 1995.

問題應當由各個國家單獨考量。〔註85〕《宣言》初稿剛剛完成時，還未來得及審議，就有代表鑒於《宣言》已經形成初稿，急於馬上在公約和執行措施下工夫。張彭春此時提出：「儘管（卡森）工作組的草案在條理邏輯上更進一步了，然而（however），委員會還是應當優先逐條審查這些條款。」〔註86〕

其次，張彭春是一位優秀的傾聽者。儘管張彭春的見解經常獨到而精闢，然而他卻很少搶先發言。他經常在聽取各國代表發言之後，提出自己更為穩妥折衷的方案，盡可能地促進溝通，達成妥協。在這一點上，相較於其他委員會成員甚至略微有些急躁的羅斯福主席，張彭春更加像一位領導者。在人權委員會第一屆會議即將閉幕時，人權委員會將就起草人權法案相關事項的討論結果形成一份報告遞交給經社理事會。對於應否將聯合國教科文組織和國際勞工組織的建議作為附件寫入報告，成員國之間曾發生爭執。報告人馬立克認為應當把它們的意見作為附件列入報告，這得到比利時代表的贊同。而蘇聯代表認為做出貢獻的非政府組織並非僅僅這兩個，而且它們不是人權委員會的成員，因而人權委員會的報告中不應當對他們的建議詳細闡述。張彭春在聽取雙方意見之後，給出了自己的折衷方案，建議馬立克以口頭方式將專業機構和非政府組織的建議彙報給理事會，而不寫入人權委員會自己的報告。這一提議令雙方都滿意，因而獲得全票通過。〔註87〕

再次，在大多數達成的一致意見偶而與張彭春的意見相左時，張彭春願意積極配合達成一致。張彭春一直強調《宣言》應當簡明扼要。儘管草案每次審閱都會相應減少條款數目，但是張彭春認為人權委員會第二屆會議上修訂的《宣言》文本仍然過於繁瑣。因此，在起草委員會第二屆會議期間，他提交了一份中國版的修正草案（參見本章第五節）。草案一共包括十條，非常簡明扼要地列出了重要的人權原則。然而，在意識到人權委員會絕大部分成員國顯然更傾向於一份比中國版草案更為詳細的宣言時，他即刻表示，鑒於人權委員會希望通過一份更為詳盡的宣言，他將撤回對某些段落的修正。另外，在第三委員會的辯論中，張彭春希望將「成功湖草案」（即在人權委員會第三屆會議定稿並最終提交大會第三委員會審議的草案）第28條〔註88〕（對

〔註85〕Official document of the United Nations: E/CN.4/AC.1/SR.4, p.5.
〔註86〕Official document of the United Nations: E/CN.4/AC.1/SR.7, pp.3~4.
〔註87〕Official document of the United Nations: E/CN.4/SR.22, p.7.
〔註88〕成功湖草案第28條規定：「本宣言的任何條文，不得解釋為默許任何國家和個人有權進行任何旨在破壞本宣言所載的任何權利和自由的活動。」

應最終文本第 30 條）中「從事任何活動」（engage in any activity）替換為「從事任何行為」（engage in any acts）。因為從法律上來講通常使用的是「行為」而不是「活動」。但是這一提案遭到美國、法國、英國和菲律賓不同理由的反對，羅斯福夫人認為「活動」的含義比「行為」更寬泛，因此前者顯然更恰當；法國代表也主張「行為」是「活動」的結果，從預防意義上說不僅僅要禁止最終的「行為」，還要禁止一開始的任何「活動」。菲律賓代表則認為「engage in any acts」的表述不正確，「perform any acts」或者「engage in any activity」才具有明確的法律意涵。因此張彭春很快回應說：「鑒於提案遭到諸多反對，我在這個問題上不再堅持。」〔註 89〕在積極配合委員會達成一致方面，張彭春表現得非常靈活，而不像很多代表那樣固執己見。〔註 90〕

最後，相較於投票表決，張彭春更傾向於實際達成合意。張彭春一直提醒委員會：「在如此重大事項上（指起草《宣言》），達成實際上的合意比通過簡單投票以壓制不同意見更為可取。」〔註 91〕因此，在人權委員會第一屆會議上，張彭春就同蘇聯代表一道，針對委員會成員在起草的任何階段都有權表達他們的意見遞交提案，獲得委員會採納。〔註 92〕這使得人權委員會 18 個成員國的意見可以充分反映在《宣言》中。在經社理事會第四屆會議上，鑒於蘇聯、法國等國代表批評小規模的三人起草小組缺乏代表性，羅斯福夫人最終決定擴大為八國起草委員會。與此同時，張彭春又與加拿大代表共同提案，要求秘書處在起草委員會完成《宣言》草案初稿後，將初稿分發聯合國所有成員國收集批評意見和建議。這為非人權委員會的聯合國成員國也提供了影響《宣言》的機會。各國的建議究竟對於《宣言》的文本產生多大影響已經無法考證，但這種策略至少在形式貫徹了協商民主的原則，有利於增強各個成員國對於《宣言》的認可度，為《宣言》最終能夠順利通過

〔註 89〕Official document of the United Nations: GAOR C.3, p.673.
〔註 90〕實際上此後委員會發現「活動」一詞並不能覆蓋「行為」的意涵：活動由系統化的多個行為構成，單個破壞人權的行為不能構成活動，但仍然應為《宣言》所禁止。因而在最終通過的文本中增加了「行為」一詞，與「活動」並列，即表述為：「宣言的任何條文，不得解釋為默許任何國家、集團或個人有權進行任何旨在破壞本宣言所載的任何權利和自由的活動或行為（to engage in any activity or to perform any act）」。由此可見張彭春的在英語語言方面的造詣是很高的。
〔註 91〕Official document of the United Nations: E/CN.4/SR.11, p.5.
〔註 92〕Official document of the United Nations: E/CN.4/SR.12, p.4.

埋下伏筆。

　　正因此，張彭春才被漢弗萊讚譽為「協調藝術的大師」。然而，張彭春在起草中運用協調策略，目的是為了推動起草進程，以便及時完成《宣言》起草。因此，這種協商策略不應被錯誤理解為「和稀泥」。在堅持真理和信念方面，他無疑具有堅韌不拔的精神：聯合國對他的評價是：張彭春「堅決主張去掉《世界人權宣言》中關於自然和上帝的一切隱喻」；作為教育家，他在教育權上始終堅持自己的理念，是對《宣言》中教育權貢獻最力的代表；他在起草過程中，他經常與法國代表勒內·卡森一道向英美法系諸國闡述經濟與社會權利的重要性，堅決地為經社文權利在《宣言》中爭取地位。此外，1947年11月17日，在人權委員會第二屆會議召開之前，張彭春作為中國代表出席聯合國大會，義正言辭地駁斥了蘇聯代表關於中國侵略外蒙的說辭〔註93〕，顯示出了中國在維護主權方面的堅定意志和決心。

三、審時度勢，擱置爭議

　　並非委員會中每一次爭議都能順利達成妥協。在面臨幾個成員國就某些爭執互不讓步時，唯一的辦法就是擱置爭議。在確定國際人權法案的性質是「宣言」和「公約」的問題上，委員會經歷了最為困難和頻繁的討論。正如前文所述，人權委員會剛剛成立不久，其內部就國際人權法案採取何種法律形式展開了交鋒。蘇聯代表和英國代表認為，在當前階段就決定法案的法律形式尚不成熟，法國代表勒內·卡森也建議委員會先討論具體內容，法律形式的問題應當放在最後來表決。然而羅斯福夫人和比利時代表則認為在對法案的實體內容進行討論之前，應當先確認人權法案的形式。當雙方在此問題上膠著時，張彭春審時度勢，意識到在這個問題上各國很難輕易達成妥協意見。張彭春提出，「在討論的當前階段不應該進行表決」，他建議，「應當假設起草的法案將作為大會決議，並在此基礎上討論法案的內容」。這一提議獲得委員會各成員國的贊同。正是由於張彭春的提議，委員會才正式進入對宣言內容的討論，開始了實質性的起草工作。

　　「聯大決議」實際上並非一種明確的法律形式，可以表現為宣言、公約、決定、章程、建議等不同的具體形式，按照通常理解，它往往僅具有建議或

〔註93〕「中華民國」重要史實資料庫。

敦促性質〔註94〕。但是也有例外情況：比如聯合國大會通過的作為章程的《聯合國憲章》對於聯合國會員國是具有法律上的約束效力的；另外，由聯合國大會決議通過的公約，一旦為成員國簽署並在國內批准，實際上也會產生約束效力。因此，事實上，張彭春的提議並未真正解決法律性質的問題，他只是希望委員會暫且擱置爭議，將主要精力放在起草法案的具體內容上。儘管此前也有代表提出應當先停止法律性質的討論，著眼於法案的實體內容，但由於沒有給文本提出一個起草的「名義」，因此未被接受。張彭春的擱置方案則以「聯大決議」給草案一個初步定性，這就意味著法案文本已經有了一個基本的起草框架，也給了雙方休戰的理由。因此，人權委員會第一屆會議期間，從第7次會議到第14次會議一直都按照張彭春的建議，圍繞著法案的內容展開討論，順利完成了對秘書處大綱的審議。

由於人權委員會上爭論未果，在之後的起草委員會上，英國直接以「公約」為名提交了一份草案，企圖促使草案向公約的方向發展。在討論過程中，張彭春有意提醒英國代表，起草委員會本身對草案性質的取捨是沒有最終決定權的，「所有的性質和內容事項都必須由人權委員會來最終決定」〔註95〕，英國代表因而有所覺悟，決定延至下次人權委員會會議召開再行討論，張彭春從而再次將爭論擱置，避免了起草委員會就法案性質再起風波。這次會議順利完成了卡森草案的起草與第一次審議，並在此基礎上形成了起草委員會的建議草案。

草案性質問題最終在日內瓦舉行的人權委員會第二屆會議上得以解決，即包括宣言、公約和執行措施三份文件，然而此時《宣言》建議草案已完成修改，形成了「日內瓦草案」並分發各成員國收集意見。由此《宣言》的起草工作基本完成，進度領先於公約已成為既成事實。

此外還有另外一個成功擱置爭議的例證。人權委員會第一屆 18 次會議上，涉及到人權委員會與其他委員會之間合作的議案。印度代表提出，聯合

〔註94〕 這裡僅指聯合國大會決議。但是聯合國安理會決議並非簡單的建議性質，對此學者認識不一。有學者認為，對於安理會決議的性質需要區分對待：安理會關於和平解決爭端方面的決議，儘管具有重要政治影響，但對當事國而言，不具有法律拘束力；安理會關於強制措施方面的決議，由於會伴隨著相應的制裁措施，因此對包括非會員國在內的所有國家具有法律約束力。參見王軍敏：《聯合國安理會決議的法律效力》，《中國黨政幹部論壇》2009年第11期。

〔註95〕 Official document of the United Nations: E/CN.4/AC.1/SR.10, pp.8~9.

國其他委員會對人權委員會目前的工作很感興趣，建議邀請其他委員會代表列席會議參與討論。蘇聯代表則認為這屬於經濟及社會理事會的職權，各委員會之間合作的問題應當由理事會來負責。張彭春從實用主義角度指出：在起草問題上，人權委員會 18 個成員國已經很難達成一致，其他委員會在此階段參與進來對於起草工作並無益處。而且蘇聯已經表示反對，如果在與起草宣言無關的這類問題上過多糾纏，會耽誤起草進度。顯然，對張彭春而言，暫時擱置問題不作討論是最佳的應對策略。因此他建議，考慮到起草工作的優先性，這個問題應當先放在一邊，到第二屆會議再討論，「當前階段應當盡可能地保持體制的簡單而實用」〔註 96〕。最終羅斯福夫人支持了張彭春的意見，決定對這個問題不作討論，交由經濟及社會理事會來做出決定。

四、運用概括性語言和兜底性措辭統攝各方意見

在《宣言》文本中使用概括性語言是人權委員會為達成妥協而採用的整體策略。由於各國政治、經濟、文化制度的多樣性，起草者們都意識到了起草《宣言》的困難，因此，智利、法國、蘇聯和中國的代表都強調，只有妥協，並且使用抽象的措辭，才有可能達成某種協議。〔註 97〕應當說明，這一起草策略並非張彭春的獨創，然而，他卻始終是這一原則的堅定支持者和靈活貫徹者。一方面，他在《宣言》措辭上十分考究，經常就此提出建議，另一方面，這並不妨礙他鼓勵委員會各成員國「盡可能達成寬泛的意見」。〔註 98〕他提出《宣言》應當是一份「不超過 20 條」〔註 99〕的「基本原則與權利的清單」。〔註 100〕還主張《宣言》使用概括、簡潔的語言，而不對條款進行過度解釋，以便能夠使各方意見都能夠包括進去。

使用「兜底性措辭」則是張彭春起草時使用的另一項策略。在《宣言》中使用兜底性措辭的條款是第二條「不歧視條款」。該條款規定：「人人有資格享有本宣言所載的一切權利和自由，不分種族、膚色、性別、語言、宗教、政治或其他見解、國籍或社會出身、財產、出生或其他身份等任何區別。」

〔註 96〕Official document of the United Nations: E/CN.4/SR.18, p.6.
〔註 97〕〔瑞典〕格德門德爾·阿爾弗雷德松、〔挪威〕阿斯布佐恩·艾德編：《〈世界人權宣言〉：努力實現的共同標準》，中國人權研究會組織翻譯，四川人民出版社 1999 年版，第 14 頁。
〔註 98〕Official document of the United Nations: E/CN.4/AC.1/SR.2, p.4.
〔註 99〕Official document of the United Nations: E/CN.4/AC.1/SR.8, p.6.
〔註 100〕Official document of the United Nations: E/CN.4/AC.1/SR.5, p.3.

這一句中出現了兩個「其他」（or other）作為兜底性措辭。「政治或其他見解」是為了將政見以外的見解包括進去。這一提案來自澳大利亞代表。而「其他身份」中的「其他」一詞，則是張彭春為了統攝英國和蘇聯雙方意見而提議加入的。此前的「日內瓦草案」使用的是「財產身份」（property status）一詞，英國代表認為，「財產」（property）本身就是「身份」（status）的一種，「財產身份」實際上限縮了「身份」的內涵。因此可以直接將「財產」刪除而只保留「身份」，這樣就可以將包括財產在內的所有身份都包容進去。但是這一提議遭到蘇聯代表的反對，他們要求保留「財產」一詞，因為「無論貧富都應當享有同等權利」。最後，張彭春提出了一種統攝雙方意見的妥協方案，即在「財產」和「身份」之間加上「或其他」這一兜底性措辭。這樣就變成了「財產或其他身份」，既保留和強調了「財產」，又能將財產以外的各類「身份」包容進去。這一方案獲得了各方的贊同。〔註 101〕後來經過修改，又增加了「出生」這一「身份」屬性，從而最終通過的《宣言》版本表述為「財產、出生或其他身份」。孫平華博士就此評論說：「中國代表張彭春當時所提出的這一妥協措施不僅解決了糾紛、化解了分歧意見，而且使得不歧視原則適合於任何情況，從而具體體現了平等和不歧視原則的普遍適用性。」〔註 102〕

第五節　中國草案與最終文本的漢譯

以張彭春為首席代表的中國代表團在起草委員會第二屆會議期間，提交了一份《宣言》草案，這是張彭春的重要貢獻之一。這份草案一共包括十條，僅僅描述了基本的人權原則，非常簡單明瞭。這份草案是在「日內瓦草案」（人權委員會第二屆會議修訂的《宣言》草案）基礎上修正而成的，但是明顯對前者進行了大幅度刪減。他強調說，這份更為簡短的草案更加注重教育目的，因為在形式上越簡單越容易理解和掌握。張彭春希望這份草案在對「日內瓦草案」的修訂上能夠起到參考意義，以提醒委員會儘量保持《宣言》的簡潔性。英國代表評價說：「中國的草案盡可能簡明地列舉了所有國家能達成基本一致的各項原則，對起草委員會的工作產生了良好的影響」〔註 103〕羅斯福夫

〔註 101〕Official document of the United Nations: E/CN.4/SR.5, pp.4~5.

〔註 102〕孫平華：《〈世界人權宣言〉研究》，北京大學出版社 2012 年版，第 104 頁。

〔註 103〕Official document of the United Nations: E/CN.4/SR.50, p.8.

人則表示了她中國草案的極大興趣，她主張將中國草案列入起草委員會會議報告並呈遞人權委員會作為參考。〔註104〕

　　這份記錄在聯合國文檔中的中國版《宣言》草案，是對中國參與《宣言》起草的歷史極為重要的見證。鑑於目前並沒有任何國內外研究成果提及這份草案的內容，因此筆者將草案譯介如下，並注明出處，以供參考。

　　　　《世界人權宣言》中國草案

　　（聯合國文檔號：E/CN.4/95，附件 A，第 14～15 頁，原文為英文）

　　第一條　人人都有生命權。

　　第二條　人人都有權享有良心與信仰自由，集會和結社自由，信息、演講以及表達的自由。

　　第三條　人人都有過體面的生活的權利，以及工作和閒暇、健康、教育、經濟與社會保障的權利。

　　第四條　人人都有權直接或者通過代表參加政府事務的權利。

　　第五條　人人都有受到法律平等保護的權利。

　　第六條　人人都有尋求庇護避免迫害的權利。

　　第七條　任何人的私生活、家庭、住宅、通信或聲譽不應當受到不合理的干擾。

　　第八條　任何人不應當受到任意逮捕或拘禁。

　　第九條　任何人不應當使為奴隸或非自願的奴役，或者遭受酷刑、殘忍或不人道的處罰或侮辱。

　　第十條　每個人都資格享有本宣言所載的人權和基本自由，不分種族、性別、語言或宗教。這些權利的行使需要尊重和符合所處社會中他人的權利及公正的要求。

　　這份草案最為主要的作用在於給予人權委員會一項重要提示，即應當注意《宣言》的簡潔性。張彭春認為，如果希望盡可能地擴大《宣言》在世界範圍內的傳播和影響，則應當使它易於誦讀，簡單明瞭。它同英國和印度聯合提交的《宣言》草案一道，成為人權委員會第三屆會議對「日內瓦草案」修改的重要參考。經過張彭春的提示，人權委員會各成員國在修改過程中對於行文的簡潔性頗多注意。因此，經過第三屆會議修改之後形成的「成功湖

─────────────────

〔註104〕Official document of the United Nations: E/CN.4/AC.1/SR.44, p.3.

草案」〔註105〕，相較「日內瓦草案」果然大為更張。從總體條款數目上看，「日內瓦草案」有33條，而「成功湖草案」只有28條；從總字數上來看，「日內瓦草案」條款正文約1689字，而「成功湖草案」只有約1031字，篇幅縮減了近40%。具體來看，以「集會和結社自由」為例，「日內瓦草案」中第19條規定：「任何人都有權享有為政治、經濟、宗教、社會、文化、工會或其他不違背《宣言》性質的目的，和平集會以及參加本地、國家和國際社團協會的自由。」這一冗長而拗口的表述在「成功湖草案」第18條刪減為：「每個人都有權享有集會和結社的自由。」當然，張彭春提交的草案實際上更為簡潔，「日內瓦草案」中的16、17、18、19條中涉及的諸多自由在中國草案中可歸結為第2條：「人人都有權享有良心與信仰自由，集會和結社自由，信息、演講以及表達的自由。」「集會和結社自由」只構成了該條款的一部分。

翻譯最初的中文版《世界人權宣言》是張彭春的另一重要貢獻。根據《聯合國憲章》規定，聯合國的官方語言為漢語、法語、俄語、英語和西班牙語。〔註106〕1948年12月10日聯合國大會同時通過了這5種語言版本的《世界人權宣言》。其中中文版的《宣言》則主要出自張彭春之手。《宣言》歷經兩年討論，其中每一個句子甚至每一個字詞都是無數次爭論和妥協的成果。因此，委員會對於任何字詞的更改都十分慎重，而對於翻譯文本中字詞的精準性提出了嚴格乃至苛刻要求。為此，聯合國大會第三委員會在審議《宣言》期間，成立了對應5種官方語言的語言小組，小組由5個成員組成，每個成員對應一種官方語言，負責審查5種官方語言版本《宣言》文本，以確保每一個字詞都能夠精確對應。〔註107〕張彭春是參與《世界人權宣言》主要中國代表，翻譯作為大會決議通過的中文版《宣言》的任務自然就落到張彭春的肩上。由聯合國大會217A（III）號決議通過的《宣言》中文版本（參見本書附錄二）〔註108〕與當前通行的中文版本差別很大〔註109〕：前者為繁體版，後者為簡體

〔註105〕因為人權委員會第三屆會議舉辦地為紐約成功湖，因此西方學者稱其為「成功湖」草案。

〔註106〕阿拉伯語在1973年之後也成為聯合國官方語言。

〔註107〕See Official Document of the United Nations: A/C.3/380.

〔註108〕Official Document of the United Nations: A/RES/217（III）（中文）.

〔註109〕孫平華博士在著作中對兩個版本做了比較，並對照英文和法文版本，主要從翻譯準確性方面闡述了兩個中文版本的差異。詳見孫平華：《〈世界人權宣言〉研究》，北京大學出版社2012年版，第113～160頁。

版；前者多用文言句式，而後者則完全為白話風格；在翻譯精度方面，兩者都本著忠實原文的精神進行翻譯，但是後者更傾向於採用直譯的方式，而前者在個別詞句上進行了意譯。

根據孫平華博士的研究，他所能查詢到最早的簡體流行本《宣言》出現在聯合國 1973 年出版的《人權：聯合國國際文件彙編》中。也就是在 1971 年 10 月 25 日聯合國恢復中華人民共和國合法席位之後，簡體的通行版本《宣言》才開始「流行」。當前聯合國中文網站上公布的《宣言》文本即為流行本，學者引用的《宣言》條款也幾乎都是來自這一版本。儘管如此，從聯合國大會決議的效力上來講，張彭春翻譯的《宣言》版本仍然具有一定的優先性。而且鑒於張彭春起草中發揮的關鍵作用，很有必要對決議通過的中文原版進行深入研究。筆者已經發現，張彭春在翻譯過程中對於個別詞句的意譯是帶有一定的目的性的，其中很重要的一點是對《宣言》進行更為中國化甚至儒家化的翻譯。例如，簡體流行本中「賦有理性與良心」中「良心」的英文為「conscious」，張彭春譯為「良知」。「良知」一詞當出自《孟子·盡心上》：「人之所不學而能者，其良能也；所不慮而知者，其良知也。」即指人生而有之的道德觀念；第二十七條關於文化生活權的表述中，流行本使用了「分享科學進步及其產生的福利」的表述，其中「分享」是對英文「enjoy」的翻譯。而張彭春則將該句翻譯為「共同襄享科學進步及其利益」，其中使用了「襄享」一詞作為「enjoy」的翻譯。「襄」在中文裏有「幫助、輔佐」之意，因而較於「分而享之」，「襄享」更帶有和諧、謙讓之意。這是與張彭春對「仁」的理解相一致的：「社會中之爭鬥，本意欲求利己，以多獲利益為志。然爭鬥一開，則不惟不利己，且不利群。群亡則己亦敗矣……強群即所以利己也。」〔註110〕因而，張彭春的翻譯為《宣言》注入了中國傳統文化的元素。由於《宣言》的源文件為英文和法文，完全直譯的詞句會使《宣言》帶有明顯的西式行文與邏輯。在描述人權觀念時使用蹩腳西式表述（儘管是中文）會弱化人權的普遍意義，這種西式表述本身就是對《宣言》宣稱的「世界性」的挑戰。因此，對《宣言》進行部分中國化的處理不僅是使中國人能夠普遍理解和接受《宣言》的必要步驟，也是將傳統儒家思想中集體主義人權觀念引入《宣言》的重要努力。

〔註110〕張彭春：《道德與個人》，段茂瀾記錄，南開《校風》第 59 期，轉引自《張彭春論教育與戲劇藝術》，第 52 頁。

第六節　總結

　　以上的闡述，表明張彭春對整個起草過程做出了非常卓著的貢獻。在哈佛大學的格林頓教授看來，張彭春和馬立克這兩位「哲人外交官」（philosopher-diplomat）是人權委員會在智力上的領導者。〔註111〕他們充當了領航者的角色，從而避免了《宣言》觸礁（Navigate the Shoals）〔註112〕，他們每次提出的方案總能將起草工作引入正軌，甚至引導著起草工作的走向。

　　這與張彭春的外交經歷是分不開的。他在土耳其擔任公使期間，就代表中國政府（以中國駐土耳其公使身份）與伊拉克外交部長在巴格達簽訂了友好條約，條約規定「兩締約國同意按照國際公法原則，建立兩國間外交關係」，「中國與伊拉克及兩國人民之間，應至誠和好，歷久不渝」。這些外交磋商的經驗，再加上學者的智識以及戰時的人權活動經歷，使他在起草中比純粹的政客、學者或者律師能夠發揮更為顯著的影響。〔註113〕他對西方哲學的深入理解和儒家學說的嫻熟掌握，使他成為東西方國家的協調人。他也成功將普遍性原則和儒家思想注入《宣言》之中。因此，有些學者認為《宣言》的起草過程是由西方國家主導的，這種觀點是有失偏頗的。無論如何，張彭春的積極活動是《宣言》得以順利通過的關鍵因素，以張彭春為核心的中國代表團在起草過程中的貢獻是十分顯著而卓越的。

　　同時，對於《宣言》通過而言，時間是一個不能忽視的重要因素。《宣言》不僅起草難度大，在審議階段也遭遇了阻力。蘇聯等東歐六國的代表曾經遞交提案試圖推遲《宣言》的通過；新西蘭要求《宣言》等待公約完成後一起審議；南非因遷徙和居住自由，以及社會、文化和經濟權利寫入《宣言》可能衝擊其國內種族制度而擔憂；沙特阿拉伯拒絕接受第 16 條婚姻平等權以及第 18 條宗教選擇自由；古巴等拉美國家也試圖用《美洲人的權利和義務宣言》替代《宣言》的一些條款……然而這份重要的國際人權文件仍然極其幸運地在第三屆聯合國大會前期會議結束前夕報送全體會議討論，並於 1948 年 12

〔註111〕Mary Ann Glendon, *A World Made New: Eleanor Roosevelt and the Universal Declaration of Human Rights*, New York: Random House Trade Paperbacks, 2002, p.145.

〔註112〕Mary Ann Glendon, *A World Made New: Eleanor Roosevelt and the Universal Declaration of Human Rights*, New York: Random House Trade Paperbacks, 2002, p.143.

〔註113〕參見祁懷高：《張彭春：國民外交家和人權活動家》，《世界知識》2009 年第 13 期。

月 10 日午夜之前通過。漢弗萊認為《宣言》能夠在 1948 年的聯合國大會進行討論，可謂是一個奇蹟。這也應當部分歸功於張彭春的起草方案和策略折衝，為起草委員會、人權委員會和聯大第三委員會節省了大量的時間。1949年以及以後的任何時間，《宣言》可能都很難依照當前的內容通過了。在《宣言》通過之後不久，聯合國在人權領域的政治角逐加劇，高漲的政治運動開始佔據聯合國的主要議程，美蘇冷戰的對抗加劇使得人權問題更加敏感，更加意識形態化，而二戰的血腥味催生的國際人權立法的緊迫感卻在逐漸淡去。人權委員會原本計劃《宣言》之後馬上通過的人權兩公約被擱置到了 18年後的 1966 年才通過並開放簽字，就是最好的例證。如果沒有張彭春的努力，《宣言》何時通過恐怕就很難預料了。

1947 年 6 月 9 日在紐約成功湖召開的第一屆起草委員會上，張彭春（前排左）與羅斯福夫人（前排右）（圖片來源：聯合國照片／UN Photo）

起草委員會第一屆會議（1947.6.9～1947.6.25），張彭春在與澳大利亞代表交流。
自左至右分別為：法國代表勒內·卡森、智利代表 Hernan de Santa Cruz、澳大利
亞代表 William R. Hodgson、中國代表張彭春（副主席）、聯合國社會事務部助理
秘書長 Henri Laugier、美國代表埃莉諾·羅斯福（主席）（圖片來源：聯合國照片
／UN Photo）

第五章 張彭春對《世界人權宣言》具體條款形成的影響

在人權委員會與起草委員會報告員、第三委員會主席馬立克看來，每一項條款的產生，每一條的每個部分都是一項生機勃勃的工作。在工作中，許多思想、興趣、背景、法制和思想信仰都發揮了各自的作用。「還有游說和策劃，一切都十分適宜，一切都符合這場競技所公認的規則，即使在會下也是這樣。每個條款整個實際產生過程已無法講述清楚。」[註1] 儘管如此，筆者認為通過仔細對比不同階段草案的條款內容，結合聯合國的官方記錄，仍然是能夠發現很多條款的來龍去脈的。經過不同階段草案版本的對照與對各個階段張彭春會上的發言記錄的研究，筆者確信張彭春對於《宣言》具體條款的形成的影響和貢獻是超乎多數人想像的。作為人權委員會和起草委員會的重要成員，他對於《宣言》中的每一條幾乎都發表過意見或給予過建議，其中很多建議都在《宣言》中得到了體現。《宣言》中很多條款的表述、邏輯順序、措辭甚至整個條款的形成，都直接來自於張彭春的建議。

由於草案經過多次修改，先後形成了諸多版本的草案。每一版草案都是根據會議上各方意見不斷修改而成的。為了便於討論，筆者將各個版本的順序、完成的具體時間以及在哪次會議上形成做如下交代：

一、秘書處大綱[註2]，由秘書處和漢弗萊共同起草，於 1947 年 6 月 9

[註1] 〔加〕約翰·漢弗萊：《國際人權法》，龐森等譯，世界知識出版社 1992 年版，第 146～147 頁。
[註2] 內容可參見聯合國文檔：E/CN.4/AC.l/3/Add.l。

日起草委員會第一屆會議召開前完成;

　　二、卡森草案〔註3〕,由法國、黎巴嫩和英國組成的國際人權法案起草小組共同起草,卡森主筆,於 1947 年 6 月 13 日至 16 日起草委員會第一屆會議前期完成;

　　三、起草委員會第一屆會議建議草案〔註4〕,於 1947 年 6 月 25 日起草委員會第一屆會議閉幕時完成;

　　四、日內瓦草案〔註5〕,於 1947 年 12 月 17 日人權委員會第二屆會議閉幕時完成;

　　五、成功湖草案〔註6〕,於 1948 年 6 月 18 日人權委員會第三屆會議閉幕時完成;

　　六、第三委員會草案〔註7〕,於 1948 年 12 月 6 日聯大第三委員會討論審議通過;

　　七、最終版本的《宣言》〔註8〕於 1948 年 12 月 10 日聯合國大會通過。

　　筆者將結合張彭春在各次會議上的發言及書面提案,比照以上草案的各個版本展開討論,分析張彭春在具體條款形成中的貢獻。

第一節　提議增加序言部分並闡明《宣言》的教育意義

　　秘書處大綱給《宣言》初步設計了一個簡短的序言部分。然而在人權委員會第一屆會議召開之前,美國提交的修正案中,將序言部分刪除了。張彭春第一個發現美國提案中刪除了「秘書處大綱」中的序言部分。他強調人權法案應當包含序言,以闡明人權法案所依據的理念。同時,應當建立一個標準以提高人類尊嚴並且強調對人的尊重。還應注意《宣言》的適用應當是普遍的,而不應當將人分為不同的層次(拒絕種族主義)。張彭春在會上多次提到「人對人的殘酷無情」〔註9〕,他希望《宣言》能夠通過宣布「人與動物之

〔註3〕卡森草案第一稿和第二稿內容參見聯合國文檔:E/CN.4/AC.l/W.2/Rev.1 和 E/CN.4/AC.l/W.2/Rev.1。
〔註4〕內容參見參見聯合國文檔 E/CN.4/21 中附件 F。
〔註5〕內容參見參見聯合國文檔 E/600 中附件 A 第一部分。
〔註6〕內容參見參見聯合國文檔 E/800 中附件 A。
〔註7〕內容參見參見聯合國文檔 A/C.3/400 附件 A。
〔註8〕內容參見參見聯合國文檔 A/RES/217。
〔註9〕張遠峰:《懷念我親愛的父親》,《張彭春論教育與戲劇藝術》,第 610 頁。

間的區別」以及人與人之間的同質性，來避免類似於二戰人類之間互相殘害
的悲劇。張彭春的建議得到了法國代表勒內‧卡森的支持，他同時提議也應
區分個人和民族的權利，強調國家應當保護人權。〔註 10〕因此委員會同意在
《宣言》中加入一個序言，其內容將包含張彭春和卡森的意見。因此，卡森
按照人權委員會第一屆會議和起草委員會第一屆會議前期的討論結果，在起
草《宣言》草案第一稿時，加入了一個比較詳細的序言。序言中反映了張彭
春提出的強調人的尊嚴以及「人的同質性」和「宣言的普遍性」等建議，如
應當尊重「人的自由和尊嚴」，「男女在人的尊嚴和價值方面享有同等權利」，
「推動、鼓勵對所有人的人權和基本自由的尊重，而無論種族、性別、語言
和宗教」等等。也加進了卡森所說的「人權應當受到國家和國際的共同保護」。
同時漢弗萊在秘書處大綱中建議序言中加入「四大自由」和「聯合國憲章」
的基本內容，這一要求也得到了體現。〔註 11〕

　　然而，卡森撰寫的序言部分並沒有獲得人權委員會的通過，委員會決定
在《宣言》全部審議之後由委員會領導層（officers）組成的「序言小組委員
會」重寫序言部分。在此期間，作為一名資深教育家，張彭春不止一次地提
醒委員會不能忽視《宣言》的教育目的和作用。他也是唯一一位要求在序言
中寫入《宣言》教育功能的代表。很多代表將《宣言》及其執行措施看作一
部對違反人權行為進行懲罰的法案，不僅強調制定違反人權法案的處罰條
款，甚至希望人權委員會成為一個接受人權申訴的上訴法庭。張彭春認為這
種觀點是不恰當的。他引用了兩句中國諺語來闡釋他的觀點，即「徒善不足
以為政，徒法不足以自行」（Good intentions alone are not sufficient for political
order and laws alone are not sufficient to bring about results by themselves）。（委
員會的）目的和意圖是造就更良好的人性，而不僅僅是處罰違反人權的人。
權利應當受到法律的保護，但是法律同樣應當促進人的善。應當側重於通過
教育和道德手段促進人權的發展和改善。執行措施不僅僅意味著懲罰，也應
當是推動人全面發展的舉措。〔註 12〕後來，在人權委員會第三屆會議上，他
又再次指出：「從教育進步的觀點來看，《宣言》的主要目標是喚起人們對於

〔註 10〕Official Document of the United Nations: E/CN.4/SR.7, pp, 3~4.

〔註 11〕See "The Cassin Draft", Appendix 2, Mary Ann Glendon, *A World Made New: Eleanor Roosevelt and the Universal Declaration of Human Rights*, New York: Random House Trade Paperbacks, 2002, p.145.

〔註 12〕Official document of the United Nations: E/CN.4/AC.1/SR.11, pp.10~11.

人的基本權利的關注，『教育』這個術語在這裡以更廣泛的意義使用，即如何改善人的生活質量。」〔註13〕

因此，在隨後人權委員會第三屆會議形成的「成功湖」草案中，教育目標被作為一項重要理念加入了序言之中。直至最後通過時，序言的最後一段做了如下表述：「發布這一世界人權宣言，作為所有人民和所有國家努力實現的共同標準，以期每一個人和社會機構經常銘念本宣言，努力通過教誨（teaching）和教育（education）促進對權利和自由的尊重……」。《宣言》的目的最終能採用強調教育功能的表述，張彭春功不可沒。

在張彭春看來，教育的作用是十分重要的，他認為教育之於民主、人權和現代化，是起到決定性作用和最根本的因素。教育者提供「知識」，通過這種因果律就可以使世界「沒有謀劃，自然而然地」變成現代世界。〔註14〕他在其博士論文中鮮明地站在了他的導師約翰‧杜威的立場上，並指出，其他現代哲學家都不能像杜威教授那樣清楚地陳述哲學思想與教育努力的固有統一。他引用了杜威在《民主與教育》中的話，「如果我們願意把教育看作塑造人們對於自然和人類的基本理智的和情感的傾向的過程，哲學甚至可以解釋為教育的一般理論。」〔註15〕他還將杜威的實用主義教育理論與儒家思想實現了完美的對接。他在巴格達的演講中引用了儒家的一句話來表達他以教育為核心的民主政治觀，「古之欲明明德於天下者，先治其國；欲治其國者，先齊其家；欲齊其家者，先修其身；欲修其身者，先正其身；欲正其心者，先誠其意；欲誠其意者，先致其知；致知在格物。」〔註16〕張彭春指出這種表達的程序使人將道德與政治相聯繫，將政治與教育相聯繫。

此外，張彭春關於「人的同質性」和「宣言的普遍性」等建議也仍然通過以下表述被體現出來：「鑒於對人類家庭所有成員的固有尊嚴及其平等的和不移的權利的承認」（序言第一段第一句），以及「鑒於各會員國業已誓願同聯合國合作以促進對人權和基本自由的普遍尊重和遵行」（序言第六段）。

〔註13〕Official document of the United Nations：E/CN.4/SR.50, p.7.
〔註14〕張彭春：《從教育入手使中國現代化》，《張彭春論教育與戲劇藝術》，第92頁。
〔註15〕〔美〕約翰‧杜威：《民主主義與教育》，王承緒譯，人民教育出版社1990年，第344頁。
〔註16〕《禮記‧大學》。

第二節　對《宣言》第1條的影響

《世界人權宣言》第1條

「人人生而自由，在尊嚴和權利上一律平等。他們賦有理性和良心，並應以兄弟關係的精神相對待。」

一、提出增加「尊嚴平等」的表述

　　《宣言》第一條是「平等原則」條款。在秘書處大綱中，第45條第2句中規定了平等原則：「在享有本權利法案規定的權利方面，應當享有在法律面前的充分平等。」〔註17〕人權委員會第一次提及平等原則始於第一屆會議上對天主教福利會的草案的討論，其中提到「不分種族、性別、語言和宗教的平等地位。」在會上，各國代表都就平等原則闡述了自己的立場。馬立克認為平等問題是一個非常模糊的問題，言外之意即《宣言》可以僅僅將平等作為一項原則列出而不必詳細闡明。而在羅斯福夫人看來，在當前階段，人權委員會應當先明確「平等」的意涵，才能起草《宣言》。蘇聯代表認為平等權可以從每個人都是聯合國家的公民這一角度來理解。人權法案中應當對此進行確認。法國代表則認為可以借鑒法國1789年《人權和公民權宣言》的第一條，用「在法律面前，人們生來是而且始終是自由平等的」這一表述來闡明國際人權法案平等原則。這一提議得到了智利和澳大利亞代表的贊同。張彭春此時提醒說，平等原則應當仔細審視，而且不能忘了「人的尊嚴」這一理念。〔註18〕實際上「人格尊嚴」在聯合國憲章中已經被提出〔註19〕，但是並沒有強調尊嚴的平等屬性。張彭春在此處意在強調除了權利的平等以外，尊嚴平等也是平等原則的另一重要方面，將尊嚴平等納入了平等權的範疇，是對平等原則的重要理論拓展。此次會議之後，卡森起草小組在起草時將平等原則列為第一條，並根據張彭春的建議加入了「尊嚴平等」的表述：「人人都是一個家庭的成員，擁有平等的尊嚴和權利，並且應當互相像兄弟般對待。」儘管在之後的各草案中第一條略有更動，但始終保留了「尊嚴平等」的表述。起草委員會第一屆會議建議草案中沿用了相同表述，日內瓦草案中表述為：

〔註17〕Official document of the United Nations: E/CN.4/AC.1/3 (秘書處大綱), p.359.

〔註18〕Official document of the United Nations: E/CN.4/SR.13, pp.3~4.

〔註19〕《聯合國憲章》序言中第2句即指出：「我聯合國人民同茲決心重申基本人權，人格尊嚴與價值，以及男女與大小各國平等權利之信念。」

「在尊嚴和權利方面所有人（all men）生而自由且平等。」之後的成功湖草案僅將「所有人」（all men）更改為「所有人」（all human beings），實際上中文表述不變，仍然為「在尊嚴和權利方面所有人（all human beings）生而自由且平等。」這一表述至此固定下來，並被《宣言》文本最終採納。因而可以確定，第一條中的「尊嚴平等」這一具體表述是由張彭春提出的。

張彭春的這一提議是具有重要意義的。追溯「人的尊嚴」這一辭藻的歷史，它的出現是相當晚的。在西方，現代英語中的「尊嚴」一詞為「dignity」，它源於拉丁文中「dignitas」（在古羅馬指一個男性公民終其一生獲得的個人影響力和影響力的總和），後經古法語「dignus」（有價值的），再經法語「dignité」（尊嚴）演變而來。拉丁文中的解釋顯然不適用於全人類，古法語中的含義也與今日不同，而法語和英語中對「人的尊嚴」的表述則直至18世紀啟蒙運動時期才得到廣泛使用，用來指代每個人與生俱來的尊嚴，這與封建時期「貴族的尊嚴」形成了鮮明的對比，從而打破了「尊嚴」的階級性。然而，「人的尊嚴」至此仍然不屬於全人類，在經歷了資產階級革命之後，西方對「人的尊嚴」的認知卻止步於各自民族國家的邊界，「尊嚴」以階級區分轉向了以國家和民族區分。兩次世界大戰中軸心國對他國人民生命和尊嚴的踐踏，殖民地人民淪為宗主國統治下的二等公民，都是這種國家（民族）主義所帶來的惡果。

而儒家經典中的很多論述都能得出承認普遍人道和尊重人類尊嚴的結論。孔子就講「天地之性人為貴」〔註20〕，說明人為萬物之靈，突出了人的重要地位；孟子也說，「羞惡之心，人皆有之；恭敬之心，人皆有之……羞惡之心，義也；恭敬之心，禮也」〔註21〕，這既是對「人的尊嚴」的普遍性闡述，也說明尊重他人是儒家倫理道德的要求，此外，孟子更進一步認為「尊嚴」是人區別於動物的本質屬性之一，「無羞惡之心，非人也」〔註22〕，「食而弗愛，豕交之也；愛而弗敬，獸畜之也」〔註23〕。即只供給食糧吃的而不給關愛，交往的關係和養豬是一樣的；給予關愛而不給予尊敬，就跟畜養寵物是一樣的。「尊嚴」在傳統儒家觀念中具有重要地位，構成了人與獸之間的關鍵區別。在儒家看來，尊嚴的區別對待儼然構成了對人權的巨大侵犯。

因此，在《宣言》中強調世界範圍內人人「尊嚴平等」是十分必要的。

〔註20〕《孝經・聖至章》。
〔註21〕《孟子・告子上》。
〔註22〕《孟子・告子上》。
〔註23〕《孟子・盡心上》。

張彭春從他的儒家哲學出發，要求對尊嚴問題給予重視，並增加「尊嚴平等」的表述，是對世界範圍內普遍存在不同國家與民族（尤其是宗主國與殖民地，發達國家與發展中國家，主體民族與少數民族）之間尊嚴不平等現象的回應，也是對人的共同主體性的強調，並藉此提出這樣一種要求：只要是人，無論種族、膚色、性別、出身、國籍等因素，都應當獲得同等的尊重。

二、將儒家的「仁」作為人權的理論基礎之一

　　張彭春更為重要的貢獻在於，他還為《宣言》的第一條以及世界人權理論注入了儒家的核心理念——「仁」。《宣言》第一條的後半句寫道：「他們賦有理性和良心，並應以兄弟關係的精神相對待。」其中，「理性」（reason）是基於馬立克的建議而加入的，而「良心」（conscience）一詞則完全是張彭春的貢獻。如上所述，卡森草案的第一條為「人人都是一個家庭的成員，擁有平等的尊嚴和權利，並且應當互相像兄弟般對待。」其中並沒有出現「理性」和「良心」的措辭。後來卡森、馬立克和英國代表傑弗萊‧威爾遜組成的工作組又舉行了兩次會議，對上述內容做了修改：「人人皆為兄弟。作為被賦予理性的一個家庭的成員，他們是自由的並擁有平等的尊嚴和權利。」〔註24〕更改的內容除了調整了語句的順序之外，還按照馬立克的要求增加了「賦予理性」這一契合西方理性主義傳統的措辭。在起草委員會第一屆8次會議上，張彭春就此表達了他的意見。他說：「應當在『理性』基礎上增加一項理念，如果從漢語的字面翻譯過來應當是『人與人的互相感知』（two-man-mindedness）。相當於英語中的『同情』（sympathy）或者『對同伴的感知』（consciousness of one's fellow men）。」他認為這一新的理念應當被看作是人的基本屬性。〔註25〕張彭春所說的『人與人的互相感知』，即是儒家的核心思想「仁」。他試圖更為詳細地闡述這一來源於儒家，然而卻應該為世界所有人所共有的理念：「仁」是一個人（在自己有需求時）能夠感受到他人與自己具有同樣的需求，而在享有權利時，能夠考慮到他人也擁有同樣的權利。〔註26〕卡森從張彭春的建議中受到啟發，他認為張彭春所說的「仁」類似於法國啟蒙思想中的「博愛」思想，因此

〔註24〕Official document of the United Nations: E/CN.4/AC.1/W.1, p.2.

〔註25〕Official document of the United Nations: E/CN.4/AC.1/SR.8, p.2.

〔註26〕Chung-Shu Lo (羅忠恕): "Human Rights in the Chinese Tradition", *Human Rights: Comments an Interpretations*, edited by UNESCO, New York: Columbia University Press, 1949, pp.186~187.

他認為增加這一措辭之後，第一條的表述就將「自由、平等和博愛」都包含了進來。〔註27〕他還指出「仁」實際上將人和動物區別開來，並同時賦予人較於地球上的其他存在更多的莊嚴和義務。〔註28〕由於「仁」在英語中並沒有現成的翻譯，馬立克和英國代表威爾遜建議將「仁」翻譯為「conscience」（良心）一詞，張彭春接受了這一建議。漢弗萊的日記表明，在第三委員會的辯論階段，張彭春再一次做了有關於「仁」的演說。日記中寫道：「今早在第三委員會的辯論熱烈有趣。張彭春以他號召的『人與人之間的感知』（two man mindedness）為題作了一場非常智慧的演說。他提請那些試圖在宣言中強加諸如自然法等特殊哲學概念的國家注意，宣言針對的是全世界的所有人。」〔註29〕因而，如前所述，由於張彭春的反對，第一條最終沒有加入任何關於「自然」（nature）、上帝（God）和造物主（Creator）的表述。

三、堅持第 1 條不應被併入序言

為了使第 1 條最終能夠保留在正文而不併入序言之中，張彭春做了巨大的努力。在第三委員會，古巴、危地馬拉、荷蘭、委內瑞拉、新西蘭和烏拉圭等國代表認為第 1 條表述的不是一項具體權利而是一項原則，因此主張將第 1 條併入序言而不必單獨列出；希臘代表則主張將第 1 條的兩句話分開，後半句作為義務規定併入「義務性條款」（對應《宣言》的第 29 條）之中；而南非代表的修正案則對第 1 條進行了大幅度刪減，「以兄弟關係的精神相對待」的表述被刪除。〔註30〕對此，張彭春一一給予了回應。首先，在他看來，《宣言》的第 1 條應當保留在原來位置上不變，不應併入序言。他指出，「難道第 1 條應該被剔除出宣言的主體，不讓讀者給予它本應得到的注意嗎？」此外，如果沒有第 1 條尤其是「以兄弟關係的精神相對待」的表述放在整個《宣言》的前面，後面各式各樣的權利規定會讓《宣言》顯得像一份自私自利的文本。而且，他認為該條款的兩個句子不應當被割裂。前句有關權利的

〔註27〕 Official Document of the United Nations：E/CN.4/AC.1/SR.8, p.2.

〔註28〕 Official Document of the United Nations：E/CN.4/AC.1/SR.13, p.4.

〔註29〕 A. J. Hobbins, *On the Edge of Greatness Vol 1 1948~1949: Diaries of John Humphrey, First Director of the UN Division of Human Rights*, Montreal: McGill-Queen's University Press, 1999. pp.55~56.

〔註30〕 〔瑞典〕格德門德爾·阿爾弗雷德松，〔挪威〕阿斯布佐恩·艾德編：《〈世界人權宣言〉：努力實現的共同標準》，中國人權研究會組織翻譯，四川人民出版社 1999 年版，第 56～57 頁。

寬泛聲明和後句對責任的暗示形成了一個很好的平衡。至於「以兄弟關係的精神相對待」的表述，張彭春主張應當保留。在人權委員會之前的修改過程中，張彭春就提議保留「以兄弟關係的精神相對待」的表述。他說「以兄弟關係的精神相對待」的表述與中國對「禮」以及注重善待他人的態度是一致的。〔註31〕挪威代表和法國代表表示支持，並且也同樣提出了極具說服力的意見。卡森確信如果第 1 條被變成序言，勢必破壞《宣言》的整體構想。同時還應考慮到，如果序言過長，公眾輿論會說聯合國大會是在害怕宣布其主張。〔註32〕最終完全保留的意見佔了上風，表決結果是，第 1 條保持不變。實際上第 1 條的重要地位是顯而易見的，它作為《宣言》的總體概括向世界宣布了人權，並隱含了相應的義務。張彭春等代表的反對意見使得第 1 條得以保留。

此外，張彭春在第三委員會辯論中還曾支持黎巴嫩代表的觀點，主張應當將「人人生而自由」（all human beings are born free）表述中的「生」（born）字刪除〔註33〕，因為它一方面會讓人們對人權產生的時間存有爭議（如尚未出生胎兒是否享有人權），另一方面，容易讓人聯想到盧梭及其人性本善的哲學理論。張彭春主張「為了《宣言》的目的」，文本中不應帶有某些哲學的印記。但是這一主張最終沒有被採納。〔註34〕

第三節　對涉公民政治權利的條款的影響

一、強調種族平等，區分「不歧視原則」與「法律前平等權」（第 2 條、第 7 條）

第 2 條

> 人人有資格享有本宣言所載的一切權利和自由，不分種族、膚

〔註31〕 Official document of the United Nations: GAOR, Third Session, Proceedings of the Third Committee (A/C. 3), pp.98~99.

〔註32〕 Official document of the United Nations: GAOR, Third Session, Proceedings of the Third Committee (A/C. 3), p.106.

〔註33〕 Official document of the United Nations: A/C.3/236 [China: Amendment to article I of the draft Declaration (E/800)].

〔註34〕 Official document of the United Nations: GAOR, Third Session, Proceedings of the Third Committee (A/C. 3), pp.98, 124.

色、性別、語言、宗教、政治或其他見解、國籍或社會出身、財產、出生或其他身份等任何區別。並且不得因一人所屬的國家或領土的政治的、行政的或者國際的地位之不同而有所區別，無論該領土是獨立領土、託管領土、非自治領土或者處於其他任何主權受限制的情況之下。

第7條

法律之前人人平等，並有權享受法律的平等保護，不受任何歧視。人人有權享受平等保護，以免受違反本宣言的任何歧視行為以及煽動這種歧視的任何行為之害。

《宣言》第 2 條規定了「不歧視原則」。在最早的秘書處大綱中，「不歧視原則」與「平等原則」一同被列在第 45 條：「任何人不得遭受任何歧視無論是基於種族、性別、語言、宗教或者政治信仰。」秘書處的這一表述主要參考了古巴、巴拿馬和印度提交草案的表述，以及各國憲法中的相關規定。如古巴草案中第 5 條表述為：「在法律面前的平等權不區分種族、宗教、膚色、階級和性別。」巴拿馬草案（即美洲法律協會草案）中規定：「在法律的規定和適用上，每個人有權免受基於種族、宗教、性別或任何其他原因的任意歧視。」印度提議的表述則是：「人人享有平等權，不分種族、性別、語言、宗教、國際或政治信仰。」〔註 35〕很多國家憲法中也規定了類似的表述，其中也包括 1946 年「中華民國憲法」第 2 條的規定：「中華民國人民，無分男女、宗教、種族、階級、黨派，在法律上一律平等。」〔註 36〕

在人權委員會，為了處理歧視的相關問題，還專門成立了「保護少數族裔與預防歧視小組委員會」。起初澳大利亞代表提出「保護少數族裔與預防歧視小組委員會」的命名。張彭春提出修正案：「預防歧視」比「保護少數族裔」更具包容性，因而較大的概念應當放在前面，應命名為「預防歧視與保護少數族裔」委員會。澳大利亞同意了這一修改。委員會採納了張彭春修改後的命名方案。〔註 37〕「預防歧視與保護少數族裔」委員會對種族歧視問題給予了很大重視。

同時，在人權委員會的討論中，張彭春也對種族平等原則的確立起到了

〔註 35〕 Official document of the United Nations: E/CN.4/AC.1/3 (秘書處大綱), p.360.
〔註 36〕 Official document of the United Nations: E/CN.4/AC.1/3 (秘書處大綱), p.362.
〔註 37〕 Official document of the United Nations: E/CN.4/SR.6, p.2.

推動作用。當法國和菲律賓提出《宣言》應當重視各種族的一致性時，張彭春以副主席的身份對此給予了支持。他認為《宣言》在人權平等方面「有必要強調人類種族（human race）的團結和一致性這一觀念，這樣才能保證《世界人權宣言》始終能夠被正確理解，以及防止將來以種族不平等的名義發動戰爭的可能性。」〔註38〕因此他在會議上要求記錄員在會議記錄中明確記錄這一理念（ideal），以備起草時參考。在「預防歧視與保護少數族裔」委員會的討論中，印度代表還提出，除種族外，還應增加「膚色」。因為他認為基於膚色的歧視與種族歧視並不完全相同。這一提議遭到了一些代表的反對，他們認為種族概念已涵蓋了膚色。儘管最初的妥協方案是在「種族」一詞上用腳注的方式注明「種族一詞涵蓋膚色」。然而在後來的討論中，膚色終於還是同其他理由一樣平等地列在了一起。〔註39〕

　　該條款中「或其他身份」的兜底性措辭也是為了統攝英國和蘇聯雙方意見由張彭春提議加入的（參見本書第四章第四節第四部分）。

　　關於《宣言》第2條「不歧視原則」與第7條「法律面前平等」之間的聯繫也是一個廣泛討論的問題。在第三委員會，古巴代表建議將草案第2條與第6條（對應《宣言》的第7條）合併，他的理由是「通過把它們合併為一條，避免無用的重複，使《宣言》擁有任何法律文件所不可缺少的更強的力度、意識和更高的質量」。〔註40〕張彭春反駁道，人權委員會將它們分為兩條，是經過深思熟慮的。第2條實際上意在「確保人人有資格享有宣言所載的一切權利和自由，而沒有任何區別」，而第6條的目的在於「為每個人提供法律保護，以免受到違反本宣言的任何歧視，從而使第2條的原則變為現實」，也就是對實體權利與程序權利做出了區分。卡森對此表示完全贊同，他認為第2條和第6條之間存在基本的不同：「第2條在完全意義上提出了每個人被賦予宣言中的權利與自由……而第6條被限縮主權和國家範圍內的人的法律地位。前者規定不歧視的原則，後者確保在他的國家中免遭歧視。這兩條十分相似，又不完全一致。」

〔註38〕Official document of the United Nations: E/CN.4/SR.15, p.5.

〔註39〕〔瑞典〕格德門德爾·阿爾弗雷德松、〔挪威〕阿斯布佐恩·艾德編：《〈世界人權宣言〉：努力實現的共同標準》，中國人權研究會組織翻譯，四川人民出版社1999年版，第82頁。

〔註40〕Official document of the United Nations: GAOR, Third Session, Proceedings of the Third Committee (A/C. 3) , p.128；〔瑞典〕格德門德爾·阿爾弗雷德松、〔挪威〕阿斯布佐恩·艾德編：《〈世界人權宣言〉：努力實現的共同標準》，中國人權研究會組織翻譯，四川人民出版社1999年版，第83頁。

〔註41〕在古巴的堅持下，張彭春提議，對於是否合併進行投票表決。他再次補充到，中國代表團已經充分強調了反對歧視對於世界人口中很大一部分人的重要性，對於這些人民來講，他們不能僅僅在國家立法的範圍內受到免於歧視的保護，尊重人類的所有基本自由與權利的平等原則還應當被單獨宣布出來。有鑑於此，第2條具有無可辯駁的意義。因而他再度奉勸古巴代表撤回其合併修正案，因為這份修正案有可能減損該條款重要性。最終，古巴同意撤銷提議，第2條和第6條都被包括在了最後的《宣言》文本中。

經過歷次討論之後，「不歧視原則」從最初秘書處大綱中的第 45 條，變為卡森草案和起草委員會第一屆會議建議草案中的第 6 條，後為日內瓦草案的第 3 條第 1 款，在成功湖草案中成為第 2 條後，在第三委員會草案和最終通過的《宣言》中保持了這一位置。不歧視原則的地位在起草過程中越來越得到凸顯，這與張彭春對該原則的強調不無關係。

二、簡化「法律人格」術語的表達（第6條）

第6條

人人在任何地方有權被承認在法律前的人格。

如德沃金言：「我們生活在法律之中，並以法律為準繩。」〔註 42〕法律作為社會中個人行為及人與人關係的規範，對一個社會人而言至關重要。可以說，個人只要處在社會中，那就無時無刻要與法律相聯繫。因此，獲得法律上的承認，成為一個法律上的人，是得以享受法律上的權利和承擔法律上的義務的前提條件。《宣言》第6條的目的即在於保護所有個人被法律作為人對待的權利，也就是說，作為法定權利和義務的承擔者，以及一個人權主體來對待。正如勒內·卡森在強調其重要性時說，承認所有人類的「法律人格」是廢除奴隸制的一種方式。奴隸被認為是工具、財產而不是享有權利的「人」。〔註43〕

秘書處大綱吸收了各國憲法中關於權利能力的規定，提出了「人人享有法律人格權」〔註44〕的表述。卡森草案中對此加以完善，以第15條規定：「每

〔註41〕 Official document of the United Nations: GAOR, Third Session, Proceedings of the Third Committee (A/C. 3), p.129.
〔註42〕 〔美〕德沃金：《法律帝國》，李常青譯，中國大百科全書出版社 1999 年版，第 1 頁。
〔註43〕 Official document of the United Nations: E/CN.4/AC.1/SR.8, p.7.
〔註44〕 秘書處大綱第 12 條第 1 句。

個人無論何地都具有法律人格（legal personality）。」張彭春認為，「法律人格」的說法有些太過技術化了。儘管卡森辯解道：「文本可能有些難理解，但是它們以最為具體可行的方式觸及了數以萬計的人的權利。」〔註45〕實際上卡森並沒有完全理解張彭春的意見。張彭春反對的並非是這一術語本身，而是其過於技術化的專業性。按照張彭春的主張，《宣言》應當盡可能簡單明瞭。張彭春指出，「它（指《宣言》）應當是一份為任何地域所有人民接受的文件，而不能僅僅是律師和學者所專有的。」〔註46〕「由於《宣言》是表達給世界上最廣大的人民看的，它無論怎麼明白易懂也不過分。」〔註47〕儘管卡森在其草案中極力維護「法律人格」的術語性表述，然而在張彭春提出這一意見之後，簡化使之易於為大眾所理解的修改傾向在起草委員會佔了上風。在隨後的起草委員會第一屆會議建議草案中，該表述改為「人人都有法律上的身份權」（the right to a status in law）；在日內瓦草案中，這一條款成為第 12 條：「在世界上任何地方，人人都有被承認為法律上的人（to recognition as a person before the law）的權利……」；成功湖草案第 5 條採取了同樣的表述；最後，這一表述被固定為「法律上的人」（a person before the law）。這種簡化在很大程度上是對最初的「法律人格」術語做了簡明的解釋，以便於普羅大眾理解。因此，這一條款能夠最終形成，張彭春功不可沒。在美國學者突維斯（Summer B. Twiss）看來，張彭春強調《宣言》的簡單清楚，恰恰體現了「張先生對人民的重要性和普遍意義的儒學精神之崇敬」。〔註48〕因此，如果結合這一段歷史來看流行本的中文翻譯，將「a person before the law」翻譯為「法律前的人格」，實際上將最初版本中「法律人格」（legal personality）的術語化表達在中文版中再次恢復了。若僅從這一措辭確立的歷史來看，中文流行本中的將「法律上的人」再度翻譯為術語「法律人格」是值得商榷的。〔註49〕

〔註45〕 Official document of the United Nations: E/CN.4/AC.1/SR.8, p.8.
〔註46〕 Official document of the United Nations: GAOR, Third Session, Proceedings of the Third Committee (A/C. 3), p.48.
〔註47〕 Official document of the United Nations: GAOR, Third Session, Proceedings of the Third Committee (A/C. 3), p.397.
〔註48〕 〔美〕薩維・突維斯：《儒學對世界人權宣言的貢獻——一種歷史與哲學的觀點》，國際儒學聯合會編《國際儒學研究》，中國社會科學出版社 1999 年版，第 41 頁。
〔註49〕 當然，對於當前大眾的文化程度與理解能力而言，理解「法律人格」的術語已經不再像當初制定《宣言》時那樣困難。

三、明確「庇護」的雙重權利內涵——尋求庇護與授予庇護（第14條）

第14條

（一）人人有權在其他國家尋求和享受庇護以避免迫害。

（二）在真正由於非政治性的罪行或違背聯合國的宗旨和原則的行為而被起訴的情況下，不得援用此種權利。

「庇護權」規定在《宣言》的第14條。這一條款是鑒於二戰中大屠殺給猶太人造成的慘痛經歷而確立的。20世紀30年代許多國家對德國猶太人採取的不接受政策顯然造成了災難性的後果，因為這些猶太人幾乎找不到可以尋求庇護的國家。〔註50〕因此1948年的《世界人權宣言》「避難權」條款以及1946年成立的國際難民組織，都是國際社會對這一系統性、大規模侵犯人權惡行〔註51〕的回應。最初，「庇護權」（right of asylum）由法國代表勒內·卡森首先提及，這與他出身猶太商人家庭的背景不無關聯。根據秘書處大綱的記錄，他在人權委員會第一屆會議上的發言是該條款的重要來源之一。〔註52〕而他發言的起因則是在此屆會議上，蘇聯代表認為某些涉及國內立法事項的權利不應當規定在國際人權法案之中。卡森則針鋒相對，他指出部分國內法律對國際領域的事項協調很不得力，因此很大一部與分人不得不在沒有適當規則遵循的情況下生活。應當有人來關心這類群體，避難、移民和國籍的權利與千百萬人息息相關，不能沒有任何規定。〔註53〕除了卡森的意見以外，秘書處收集的信息表明，很多國家的憲法中規定了庇護權。例如，古巴憲法第31條規定：「古巴共和國給予並承認因政治原因遭受迫害的人之庇護權……」法國憲法（1946年）序言中規定：「在共和國的領土範圍內，所有因為維護自由的行動而受到迫害的人都有接受庇護的權利。」因此秘書處大綱

〔註50〕〔瑞典〕格德門德爾·阿爾弗雷德松、〔挪威〕阿斯布佐恩·艾德編：《〈世界人權宣言〉：努力實現的共同標準》，中國人權研究會組織翻譯，四川人民出版社1999年版，第285頁。

〔註51〕系統性或大規模人權侵犯目前並未有標準和精確定義，有待進一步認識，通常指國際社會最關心的涉嫌種族滅絕罪、反人道罪、戰爭罪和侵略罪等行為，一般習語稱之為暴行（atrocities）。參見朱力宇，熊侃：《過渡司法：聯合國和國際社會對系統性或大規模侵犯人權的回應》，《浙江大學學報（人文社會科學版）》2010年第4期。

〔註52〕Official document of the United Nations: E/CN.4/AC.l/3/Add.l, p.281.

〔註53〕Official document of the United Nations: E/CN.4/13, p.8.

根據卡森的意見並同時參考各國憲法中關於庇護的規定起草了第 34 條。該條款規定：「每個國家有權給予政治避難者以保護」。卡森草案第 33 條沿用了這一條款，未做任何更改。在起草委員會第一屆會議上，蘇聯代表和羅斯福夫人認為這一條款中關於避難事由的限定應當從「政治」擴展到「宗教」甚至「科學」。卡森同意了這一建議，他認為「政治」這一限定詞只是為了排除一般犯罪行為。澳大利亞代表從《宣言》的屬性出發，建議這一表述應當從人權的角度而非國家權利的角度來規定。而張彭春則認為，個人的避難權和國家授予庇護的權利都應當作出規定。〔註 54〕因此，起草委員會最後將文本確定為：「人人有權在願意給予庇護的國家領土尋求庇護，以逃避基於政治或者其他信念或者種族歧視的壓迫。」這一表述按照張彭春的建議涉及了個人與國家兩個方面。其中避難權屬於個人，授予庇護的權利則屬於國家。增加「授予」或「給予」（grant）庇護權的措辭，在於明確庇護權的來源。相比較之前的文本，張彭春的提議對庇護權做了更為完整的界定，明確了庇護權不同於其他人權的雙重權利（力）屬性。庇護權既是一項個人權利，也是一項國家權利（力）。具體而言，庇護權的實現應具備兩個必要條件，一是個人有尋求庇護的權利，二是國家有給予庇護的意願，二者缺一不可。而其他國家代表的意見則有意或無意地忽略了庇護權的模糊規定可能給其實現帶來困境。張彭春將國家權利和個人權利的衝突明明白白地擺在了各國代表面前，引發了圍繞尋求庇護權與獲得庇護利的大討論。根據起草委員會第二屆會議最後的修改建議，庇護權條款簡化為：「人人有在其他國家尋求並且可以（may）被授予庇護以免遭壓迫的權利。」（第 11 條第 1 款）〔註 55〕這一簡化條款仍然提及了張彭春釐定的庇護權的雙重屬性：個人尋求庇護的權利和國家給予庇護的權利。而張彭春對此並不十分滿意，他提出了一份修正案，將「可以」（may）一詞去掉了，後來又做了進一步修正，增加了「應當」（shall）一詞，即「可以被授予庇護」的表述被修改為「應當被授予庇護」。這一修改回應了美國勞動者聯盟（American Federation of Labor）的意見：「『可以被授予庇護』一句的放任性質，剝奪了這一條款的真正價值。」而卡森較張彭春則更加激進一些，試圖把「國家給予庇護」作為一項義務確定下來，建議在該句末尾增加「聯合國與成員國一致行動，有義務確保該種庇護。」〔註 56〕然而，這卻遭

〔註 54〕 Official document of the United Nations: E/CN.4/AC.1/SR.9, p.8.
〔註 55〕 Official document of the United Nations: E/CN.4/95, p.7.
〔註 56〕 Official document of the United Nations: E/CN.4/97.

到了英國代表的質疑。他認定阻止外國人越過國境是一個國家的權利。荷蘭在此前也與英國立場一致，懷疑庇護問題是否應納入《宣言》。而世界猶太人大會（World Jewish Congress）比奈費爾德（Bienenfeld）指出，「獲得庇護權暗含在生命權的概念之中。」〔註57〕蘇聯代表也強調「沒有獲得庇護的權利，尋求庇護的權利就毫無意義了。」面對諸多爭論，張彭春仍堅持在庇護權問題上必須給予一個清晰的界定，不能試圖用一個模糊的條款來掩蓋個人與國家在庇護問題上的衝突，這對於實現庇護權是十分危險的。「委員會應當清楚、直接地說明國家是否在授予庇護權上擁有支配權。如果不包括界定條款，就會存在國家在被要求時不確定是否有義務給予庇護的問題。」〔註58〕因此要麼委員會採納法國的建議，用這一最為理想的解決方式作出規定，賦予國家接受庇護的強制性義務，要麼將授予庇護的權利明確地保留給國家。因而，「在其他國家尋求和被授予庇護以免遭迫害的權利」在人權委員會第三屆會議上得以通過。這一表述表明避難者不僅有權「尋求」庇護，也有權「被授予」庇護，實際上暗含了國家在避難者提出申請時應當給予庇護的意思。然而在聯合國第三委員會的最後討論中，英國代表提出將「和被授予」（and be granted）的措辭改為「和享受」（and enjoy），而沙特阿拉伯則試圖完全刪除「被授予」這一字眼。經過討論，各代表最終接受了英國的修正案，認為這總歸有「應當被授予庇護」的意涵，較於沙特阿拉伯一字不提的修正案更能讓人接受一些。事實上，直至今日這仍然是一個人權理論難題，庇護權問題只能通過國內立法或外交協商來達成一致。張彭春的建議雖然並沒有得到完全採納，但是他在國際上對庇護權的理論闡發及將其作為一項國際人權加以完善，對《宣言》中庇護權條款的最終確立和形成起到了關鍵作用。

四、精減集會和結社自由條款（第 20 條）

第 20 條

（一）人人有權享有和平集會和結社的自由。

（二）任何人不得迫使隸屬於某一團體。

張彭春提出了《宣言》中集會和結社自由條款的簡化方案。

〔註57〕 〔瑞典〕格德門德爾·阿爾弗雷德松、〔挪威〕阿斯布佐恩·艾德編：《〈世界人權宣言〉：努力實現的共同標準》，中國人權研究會組織翻譯，四川人民出版社 1999 年版，第 288 頁。
〔註58〕 Official document of the United Nations: E/CN.4/SR.57, p.5.

　　集會和結社自由，與發表意見自由一起，構成政治權利範疇的核心。毫無疑問，它們是構築具有活躍思想與集體合意的現代民主制度的基石。〔註59〕在法國思想家托克維爾看來，集會既是結社權的一種行使方式，也是擴大結社影響一個必要步驟，雖然結社也可以通過文字或者其他思想溝通手段來實現，然而「當一個政治社團將其活動中心設在某個國內重要地點時，它的活動顯然要強大，而它的影響也將擴大。在那裡人們容易互相見面，各種執行手段可以結合使用，思想可以用文字永遠無法達到的力量和熱情向外傳播。」〔註60〕因此，集會和結社作為一項重要的政治權利，應盡量避免給予任何形式的限制。

　　起草《宣言》時，各國憲法中均明確規定有集會和結社自由的條款，而聯合國收到的個別建議草案中也都有所涉及。因此秘書處大綱中據此也列入了集會和結社自由。其規定分散於19、20及21條。第19條規定「應當有和平集會的自由」；第20條規定「應當有為了不與權利法案相牴觸的目的組建團體的自由」；第21條規定「人人有依據法律設定的條件建立機構的權利」。卡森草案用兩個條款對集會與結社自由進行表述。其中第24條規定了集會與結社自由：「為政治、文化、科學、體育、經濟和社會等與本法案相容的目的之集會與結社自由受到承認與保障，且只受公共秩序之制約。」第25條增加了與之相聯繫的請願權的規定。「日內瓦草案」中雖然對卡森的表述做了較大修改，但是第19條的規定仍然較為冗長：「任何人都有權享有為政治、經濟、宗教、社會、文化、工會或其他不違背《宣言》性質的目的，和平集會以及參加本地、國家和國際社團協會的自由。」第20條中仍然維持了請願權的規定。在人權委員會第三屆會議上，蘇聯代表提出意見，認為集會與結社自由不應當給予具有納粹、法西斯或反民主性質的組織。如果不加區分，該自由可能會被濫用，因此主張增加限制條款。羅斯福夫人的主張則更為具體，她試圖補充「以自己意願組織和參加工會的自由」的措辭。〔註61〕自然，這一提議獲得了世界基督教工會聯盟（World Federation of Christian Trade Unions）和美國勞工聯合會（American Federation of Labor）的支持。張彭春則不贊成

〔註59〕〔瑞典〕格德門德爾‧阿爾弗雷德松、〔挪威〕阿斯布佐恩‧艾德編：《〈世界人權宣言〉：努力實現的共同標準》，中國人權研究會組織翻譯，四川人民出版社1999年版，第424頁。

〔註60〕〔法〕托克維爾：《論美國的民主》（上卷），董果良譯，商務印書館1991年版，第214頁。

〔註61〕Official document of the United Nations: E/CN.4/SR.61, pp.7~8.

做如此具體的規定，也不主張增加任何限制性條件，反而主張簡化該條款。按照中國代表團的提交的《宣言》草案，該條款可以概括表述為：「人人有權享有集會和結社的自由。」〔註62〕張彭春認為中國草案兼顧了完整性和簡潔性。印度和英國聯合提議的文本與中國草案相比增加了「為了促進，捍衛和保護與本宣言不牴觸的利益與目的……」的表述。張彭春認為英、印提案中這一冗長的保留部分實際上並無必要，因為民主社會的總體利益本來就是《宣言》的永恆目標。同時，他還指出，日內瓦草案列舉了人們有權結社的團體類型，但是任何這樣的列舉都是危險的。而且工會和其他組織一樣，在19條中擁有同等權利，沒有任何理由將工會單獨提出來。第19條意在賦予每個人在民主利益的框架內組織和參加任何協會的自由，簡明的中國修正案是最能順應這一目標的。張彭春獨到、中肯的建議和解釋獲得了烏拉圭、菲律賓代表讚賞，甚至英國和印度也放棄原來的立場轉而支持中國代表團的意見。烏拉圭代表認為人權委員會的任務是確立結社和集會權，任何附加在該權利上的條件都等同於限制。因此他支持中國的修正案。菲律賓代表讚揚中國的修正案不僅是最簡單的也是最令人滿意的。沒有理由給集會和結社自由設置比宗教和表達自由更多的限制；第17、18條（表達自由）就沒有做出此類限制性規定。他認為，第2條「總保留條款」是宣言中唯一有必要存在的限制。〔註63〕印度代表也反對美國要求提及工會的主張，因為工會已經被包含在民主結社之中了。她同時認識到，作為「總保留條款」的第2條，已經使得她所提議的文本中的限制措辭變得不必要了。因而她支持中國代表團提出的簡潔表述。英國和澳大利亞代表也同樣表達了自己的支持意見。最終，人權委員會決定採用這一表述。在第三委員會的最後討論中，根據烏拉圭的建議，在原中方文本基礎上僅增加了「和平的」（peaceful）一詞後，「人人有權享有和平集會和結社的自由」成為了《宣言》對「集會和結社自由」的最終表述。〔註64〕

〔註62〕 Official document of the United Nations: E/CN.4/102, p.5.
〔註63〕 日內瓦草案第2條在總體上對宣言涉及的權利做了限制性規定：「在實施權利時，人人得受他人權利及民主國家正當要求的限制。個人對社會負有義務，這樣他才能在較大自由中發展精神、智力和體魄。」後來根據張彭春的建議，日內瓦草案第2條按照邏輯被置於《宣言》最後文本的倒數第2條。
〔註64〕 烏拉圭還提出增加「任何人不得迫使隸屬於某一團體」一句作為該條的第2款，最終獲得通過。See official document of the United Nations: GAOR, Third Session, Proceedings of the Third Committee (A/C. 3), p.445.

五、強調「平等參與公共事務權」（第 21 條第 2 款）

第 21 條

（一）人人有直接或通過自由選擇的代表參與治理本國的權利。

（二）人人有平等機會參加本國公務的權利。

（三）人民的意志是政府權力的基礎；這一意志應以定期的和真正的選舉予以表現，而選舉應依據普遍和平等的投票權，並以不記名投票或相當的自由投票程序進行。

《宣言》第 21 條第 2 款規定：「人人有平等機會參加本國公務的權利。」這一條款最初是由張彭春倡導寫入《宣言》的。

公務員制度（或稱文官制度）在西方產生較晚，大約在 19 世紀末 20 世紀初才逐步發展起來。此前公職人員的任用仍以任命為主：或者由君主、總統等行政長官委任，或者由貴族世襲。通常來講，家族出身至關重要。直至二戰之後，公務員制度在很多西方國家也並未完全建立起來。而在中國，科舉選拔作為體系化的文官制度很早就建立起來，其目的是選拔最好的行政官員服務於國家，而不論家族出身。因而，《宣言》起草時，平等參加公共事務的權利，尤其是通過競爭性考試的方式參與公共事務的權利尚未被世界各國所共同接受。

在人權委員會第一屆會議上，張彭春最先提出應當將「平等參加公共事務的權利」寫進《宣言》。與此同時，他還提出了實現平等參與的方式——他提請委員會對《中華民國憲法》第 18 條的規定給予重視，即政府部門錄用的公共考試制度。張彭春認為，這種權利應當存在於所有國家，並且建議《宣言》應當提及這一權利。〔註 65〕

平等參加公共事務的權利在其他國家提交的建議草案中大都未涉及，只有智利草案中提到：「任何人不得被阻止擔任公職……國家公共機關的錄用……不得有偏好或歧視。」〔註 66〕秘書處根據張彭春的建議，並結合智利提交的草案以及各國憲法中的相關條款，起草了大綱的第 31 條：「作為國家公民，人人應當享有進入該國所有公共機關（public functions）的平等的機

〔註 65〕中華民國憲法（1946）第 18 條規定：「人民有應考試、服公職之權」。See official document of the United Nations: E/CN.4/SR.13, p.7。

〔註 66〕Official document of the United Nations:E/CN.4/AC.l/3/Add.l , p.266.

會。行政工作人員應當通過競爭考試來任命。」〔註67〕可以看出，大綱是按照張彭春的建議進行撰寫的，包含了張彭春提出的參與公共事務的平等權利以及「競爭性考試」（competitive examination）的規定。在之後的卡森草案初稿中，其第29條保留了「競爭性考試」，同時增加了「依據資質」授予職位的表述，它規定：「作為國家公民，人人應當享有進入該國所有公共機關（public functions）的平等的機會。公職不能被看作特權或恩惠但是其選拔應當通過競爭性考試或依據資質。」〔註68〕對於這一修改，張彭春指出他更傾向於用秘書處大綱31條「行政工作人員應當通過競爭考試來任命」的句子來代替卡森草案的表述。他強調說，隨著行政機構越來越多的數量和重要性，所有人都應當有權通過擔任公職來參與公共生活。他回顧中國在這方面的經驗，並指出，通過競爭性考試擔任公職在中國已經存在了幾個世紀，「自由的競爭性考試」制度應當被看作一種真正自由的民主（a truly free democracy）。〔註69〕在張彭春看來，競爭性考試是公職選拔最為公平、平等地辦法。智利、澳大利亞、黎巴嫩和法國代表則提出了不同看法。智利和澳大利亞代表認為「競爭性考試」的規定過於細緻，《宣言》不能具體到需要考慮任命公職的方式。馬立克和卡森認為規定參與公務的不歧視原則即可，而職務任命則要以才智和能力為標準。但是張彭春卻認為，既然「選舉」是實現人權的一種方法（而能夠規定在《宣言》中），那麼「競爭性考試」也應當被看作實現人權的方法，因而應當在《宣言》中提及。由於其他代表的反對（例如蘇聯代表就認為如何選拔公務人員是一國國內事務，不應在《宣言》中加以規定），經過起草委員會討論，「競爭性考試」的措辭最終被放在了腳注中。正文中僅僅規定：「作為國家公民，人人應當享有取得該國所有公共職位（public employment）的平等的機會。」〔註70〕在起草委員第一屆會議結束前夕，張彭春在委員會建議稿最後的討論中，建議將腳注中「參加公務人員考試不應當成為特權或恩惠的事項（a matter of privilege or favour）」放入正文，最終得到通過。儘管在日內瓦草案中這一措辭仍然被保留，在之後的成功湖草案中卻被刪除了。同時，該條款表述被修改為「人人享有取得

〔註67〕Official document of the United Nations: E/CN.4/AC.l/3/Add.l, p.266.

〔註68〕Official document of the United Nations: E/CN.4/AC.1/W.2/REV.1.

〔註69〕Official document of the United Nations: E/CN.4/AC.1/SR.9, p.4.

〔註70〕Official document of the United Nations: E/CN.4/AC.1/SR.14, p.6.

該國公共職位權利」,「平等」一詞也被刪除了。

　　在聯合國大會第三委員會辯論期間,鑒於過於複雜和細緻的條款很難讓各國都達成共識,張彭春也轉而支持簡化的條款,放棄了「競爭性考試」的表述。但是他對現有表述沒有突出參與公共事務的「平等性」提出了異議。他重申自己的立場,他認為公務員制度在中國有著悠久的歷史,公務員的聘任應當通過競爭方式來確保有資格的人能夠參加到國家公共事務中去,儘管西方世界至今仍沒有意識到這一制度的重要性。他提出至少應增加「自由和平等」的措辭:「人人都有自由和平等機會參加本國公務的權利」〔註71〕

　　最後,經過討論投票,這一條款按照張彭春的建議重新加入了「平等」的表述,同時採取了最為簡化的規定:「人人有平等機會參加本國公務的權利。」(《宣言》第21條第2款)

　　儘管「競爭性考試」這一實現平等參與的方式未能得到其他代表的認可,張彭春倡導的政治參與的「平等機會」最終成功被寫進了《宣言》。該條第1款規定「人人有直接或通過自由選擇的代表參與治理本國的權利」並不能取代張彭春提出的第2款中的「參加公務的平等機會」。作為國內體制上對第1款所載權利的一種承認〔註72〕,最為普遍的實現方式是直接民主或者代議制民主,它們作為一種平等的公民意志表達權利體系,〔註73〕保障的是公民對國家事務進行票決的權利,第2款中的「參加公務的平等機會」則指的是一國公務員體系應當是向所有公民開放的,保障的是公民直接參與國家事務的權利。因此二者雖然同屬於公民自治權利的範疇,但也存在不小的差異。

　　而從《宣言》通過之後世界各國逐步建立的公務員制度來看,張彭春主張通過競爭方式給予公民政治參與的「平等機會」是極其賦有遠見的。

〔註71〕 Official document of the United Nations: GAOR, Third Session, Proceedings of the Third Committee (A/C. 3), p.462.

〔註72〕 朱力宇:《地方立法的民主化與科學化問題研究——以北京市為主要例證》,中國人民大學出版社2011年版,第2頁。

〔註73〕 這僅僅是一種理論上的應然狀態,在實然層面實現意志的充分平等表達仍然是不可能的,直接民主受到國家領土、人口等多方面的限制,而以美國為代表的西方代議制民主的實踐中不斷凸顯的精英化傾向,加劇了平民對國家事務的疏離。

第四節　對涉經濟、社會和文化權利的條款的影響

一、完善休息與閑暇權條款（第 24 條）

第 24 條

人人有享有休息和閑暇的權利，包括工作時間有合理限制和定期給薪休假的權利。

1921 年第三屆國際勞工大會上通過的《工業企業中實行每週休息公約》就規定了休息的權利，即每週至少應當有連續 24 小時的休息時間。對於休息的權利各國均有所共識。張彭春和卡森都是經濟社會權利的擁靈。張彭春對於休息與閑暇的權利條款的形成做了富有成效的工作。秘書處大綱將該權利列在第 43 條：「人人享有適當休息和閑暇的權利。」可以看到，大綱中除了休息的權利以外，還增加了「閑暇」（leisure）的權利。回顧以往的國際文件，無論是國際勞工組織或聯合國教科文組織的文件中都沒有提及過。有學者推斷原因在於將「閑暇」列為正式權利常常會遇到一些困難，〔註 74〕然而秘書處大綱中卻寫入了這一措辭。通過研究聯合國檔案中關於秘書處大綱的記錄，可以明確「閑暇」這一措辭最初主要來源於蘇聯憲法的規定。蘇聯憲法（1936）第 119 條規定：「蘇聯公民享有休息和閑暇的權利。」〔註 75〕同時在秘書處大綱所參考的文獻中，法國憲法（1946）序言第 11 段中也有「國家保障所有人，特別是兒童、婦女、年老工人的健康、生活保障、休息和閑暇」的表述。海地憲法第 19 條第 1 款也規定「每個工作者有休息和閑暇的權利」。休息與閑暇儘管都屬於休息權的範疇，但卻有著不同的人權意涵。菲律賓代表曾在第三委員會辯論期間對此作了區分。休息意味著實際上停止活動，而閑暇則僅僅指的是不從事工作的時間段；休息給予個人恢復所損耗體力的機會，而在閑暇期間，個人能夠顧及其文化發展。〔註 76〕正是考慮到閑暇權的意義在於使人有所增進，卡森在秘書處大綱的敘述基礎上增加了「獲取知識」的權利，將其表述為「人人享有適當休息和閑暇以及獲取外部世界知識的權

〔註 74〕〔瑞典〕格德門德爾・阿爾弗雷德松、〔挪威〕阿斯布佐恩・艾德編：《〈世界人權宣言〉：努力實現的共同標準》，中國人權研究會組織翻譯，四川人民出版社 1999 年版，第 524 頁。

〔註 75〕Official document of the United Nations: E/CN.4/AC.1/3/Add.1, p.354.

〔註 76〕Official document of the United Nations: GAOR, Third Session, Proceedings of the Third Committee (A/C. 3), p.608.

利」。張彭春指出這一修改有所不足，他認為適當休息和閑暇的權利仍然應當
與獲取外部知識的權利分開表述，後者應當作為教育權利的一部分。〔註77〕
這一意見最終得到支持。因此在後續的起草委員會建議稿以及成功湖草案
中，按照張彭春的意見恢復了「人人有享有適當休息和閑暇的權利」的表述，
在第三委員會辯論期間，阿根廷、古巴、埃及、菲律賓、巴拿馬等國代表均
提出修正案，試圖修改這一表述。他們主張該條款採用更為詳細的敘述。例
如阿根廷代表就提出：「人人有獲得閑暇時間的權利，以用於有益健康的娛
樂，以及有機會利用空閒時間增益精神、文化和身心。」〔註78〕其他幾個國
家的修正案與此類似，都支持對閑暇的目的和性質進行定義。古巴代表對此
給出的解釋是「給閑暇權增加某些社會觀念，以避免這一權利被解釋為怠惰
之權的任何可能。」〔註79〕然而，大多數代表認為應當將閑暇保留給個人。
希臘代表提出將權利主體限定為工作的人，這一主張被認為構成了對閑暇權
的一種鉗制，沒有得到支持。蘇聯代表則試圖增加國家保障義務的規定，並
提出增加限制工作時間與給薪休假的規定。〔註80〕這一提議獲得了捷克斯洛
伐克代表的贊同。為了協調各方意見，張彭春和新西蘭代表分別提出了新的
表述方案。兩個表述方案都增加了限制工作時間與給薪休假的規定，但略有
不同。新西蘭的方案為：「人人有享有休息和閑暇的權利，工作時間有合理限
制的權利以及定期給薪休假的權利。」（Everyone has the right to rest and
leisure, to reasonable limitation of working hours and to periodic holidays with
pay.）張彭春的方案則是：「人人有享有休息和閑暇的權利，包括規定工作時
間的合理限制以及定期給薪休假的權利。」（Everyone has the right to rest and
leisure, including such provisions as reasonable limitation of working hours and
periodical holidays with pay.）張彭春的修正案增加了「包括規定」（including
such provisions）的措辭，他解釋說，「閑暇的權利」是抽象的理念，「工作時
間的合理限制」與「定期給薪休假」則為具體的事項，新西蘭的修正案給予
前後兩組不同性質的概念相同的重要性，忽略了它們之間的內在邏輯關係，

〔註77〕 Official document of the United Nations: E/CN.4/AC.l/SR.15, p.2.
〔註78〕 Official document of the United Nations: A/C.3/251.
〔註79〕 Official document of the United Nations: GAOR, Third Session, Proceedings of
　　　the Third Committee (A/C. 3), p.608.
〔註80〕 限制工作時間與給薪休假的規定由菲律賓代表提出，並加入了日內瓦草案，
　　　然而在人權委員會第三屆會議考慮到休息與閑暇已經包含了這一思想，因而
　　　成功湖草案中將其刪除。蘇聯代表在此希望能再度恢復這一表述。

因而是不恰當的。〔註 81〕最後,由於新西蘭代表的修正案優先表決,因此新西蘭的修正案得以通過。但是在第三委員會的最終表決階段,考慮到張彭春提出的邏輯問題,第三委員會決定採納「包括」這一措辭〔註 82〕,一致通過了「人人有享有休息和閑暇的權利,包括工作時間有合理限制和定期給薪休假的權利」的表述。

二、增加生活水準權利中的解釋性表述並改進受特殊照顧的主體的措辭(第 25 條)

第 25 條

(一)人人有權享受為維持他本人和家屬的健康和福利所需的生活水準,包括食物、衣著、住房、醫療和必要的社會服務;在遭到失業、疾病、殘廢、守寡、衰老或在其他不能控制的情況下喪失謀生能力時,有權享受保障。

(二)母親和兒童有權享受特別照顧和協助。一切兒童,無論婚生或非婚生,都應享受同樣的社會保護。

第 25 條包括的獲得維持一定生活水準的權利、健康和社會幫助權以及母親及兒童受特別照顧及協助的權利,是通過合併秘書處大綱中的諸多條款,並經各國代表討論、修改才最終形成的。大綱中涉及這些權利的相關條款包括第 35 條(醫療照顧權、國家對健康和安全的促進)、第 39 條(公平享有國家收入的權利、根據個人工作需要並使共同福利提高)、第 40 條(獲得必要的幫助以供養家庭的權利)、第 41 條(社會保障權,包括預防失業以及失業、意外、殘疾、疾病、年老和其他非自願和意外喪失生計的保險)、第 42 條(享有獲得良好食物、住房和幸福健康環境的權利)。〔註 83〕卡森草案在此基礎上作了修訂,但仍然採用了三個單獨且較為冗長的條款來分別規定這幾項權利,其中包括第 37 條(工人及其家庭獲得體面的生活水準的權利)、第 39 條(從社會獲得幫助以維持健康的權利、國家改善公共衛生、住房條件和營養

〔註 81〕Official document of the United Nations: GAOR, Third Session, Proceedings of the Third Committee (A/C. 3), p.615.

〔註 82〕Official document of the United Nations: GAOR, Third Session, Proceedings of the Third Committee (A/C. 3), p.871.

〔註 83〕〔瑞典〕格德門德爾・阿爾弗雷德松、〔挪威〕阿斯布佐恩・艾德編:《《世界人權宣言》:努力實現的共同標準》,中國人權研究會組織翻譯,四川人民出版社 1999 年版,第 542～543 頁。

狀況）以及第 40 條（社會保障的權利、國家採取措施防治失業，建立殘疾、疾病、年老和其他非自願和意外喪失生計的保險）。根據印度代表梅塔（Mehta）女士及卡森本人的建議〔註 84〕，卡森草案較秘書處大綱還增加了「母親和兒童有權獲得特殊的關懷、照顧以及幫助」（mothers and children have the right to special attention, care and resources）的表述。起草委員會建議草案和之後的日內瓦草案雖然進行了修改，但基本上仍然採取了類似的表述方式，採用多個條款中進行規定並且包含了國家義務（國家應當如何做）的內容。一方面，鑒於人權宣言的體例，通常採用以「人人」、「每個人」、「任何人」等作為主語的表達句式，比如「人人享有……權利」。以國家作為主語並規定國家義務，例如採用「國家應當採取……措施」的句式將破壞宣言的表達體例；另一方面，多國代表也傾向於在這類權利上保持簡短的敘述。因此在人權委員會第三屆會議上，由法國、印度和英國組成的臨時工作小組重新起草了一項總括性的合併條款：

（一）人人有生活保障的權利。其包括維持他本人和家屬的健康和福利所需的一定生活水準和社會服務的權利以及遭到失業、疾病、殘廢、衰老和或在其他不能控制的情況下喪失生計時獲得保障的權利。

（二）母親（mother）和兒童（child）有權享受特別照顧和協助。

蘇聯代表對此指出，這一修改刪除了涉及「居住和醫療照顧」（housing and medical care）的內容，很難稱得上是一種改進。作為臨時工作小組的成員之一的英國代表則反駁道：工作小組並沒有刪除有關「居住和醫療」的內容，新條款的寬泛術語已經涵蓋了上述內容。〔註 85〕儘管國際勞工組織（ILO）綜合各國代表的建議對條款做了部分調整，但仍然沒有對「生活水準」的措辭加以解讀。蘇聯代表此時提出了一個新的修正案，在國際勞工組織的文本基礎上增加了兩個單獨段落以對「生活水準」做出具體闡述：其一是「人人有在生病時獲得醫療照顧和醫生幫助的權利」，其二是「人人有獲得符合人類尊嚴的居住的權利」。蘇聯代表指出醫療照顧權和居住權既然為各國所接受，就

〔註 84〕〔瑞典〕格德門德爾・阿爾弗雷德松、〔挪威〕阿斯布佐恩・艾德編：《〈世界人權宣言〉：努力實現的共同標準》，中國人權研究會組織翻譯，四川人民出版社 1999 年版，第 543 頁。

〔註 85〕Official document of the United Nations: E/CN.4/SR.70, pp.8~9.

應當寫入《宣言》，他希望不僅僅是原則性的規定。蘇聯的堅持是基於二戰的慘痛經歷。德軍入侵後蘇聯人民飽嘗了流離失所的痛苦，1700 多個城鎮，數千個鄉村以及超過六百萬的房屋被毀，2500 萬人無家可歸，他指出這是重要的人權問題，人不應當像動物一樣居住，窩棚、茅舍和洞穴不是人的居所。他們有權要求不危及本人及其家庭健康的適當的居住條件。〔註86〕即便如此，蘇聯代表的增補仍然遭到了大多數國家代表的反對。卡森認為增加這兩段表述並無必要，因為「維持一定生活水準和維持他本人和家屬的健康和福利所需的社會服務的權利」已經包含了這兩段的內容，英國代表對此也表示同意。羅斯福夫人起初也曾考慮在條文中保留「食物、衣著、住房和醫療」等事項，但在聽取了英國代表的意見之後，也認為提及這些事項並無必要，因此她也轉而支持英、法兩國代表的觀點，表示國際勞工組織提出的條文已經非常充分了。〔註87〕澳大利亞代表和印度代表同樣表達了國際勞工組織提出的條文中使用寬泛的術語已經將蘇聯提出的幾項原則包含進去的觀點。

委員會通過投票拒絕了蘇聯代表提出的將住房和醫療作為單獨段落規定在該條中的提案，並準備對國際勞工組織的文本進行表決。

此時，張彭春提出了一項修正案，在「社會服務」之後插入「包含食物、衣著、住房和醫療」的表述。〔註88〕這一建議案以最簡短的方式保留了蘇聯代表用兩個段落提出的「住房和醫療」事項，同時提出「食物和衣著」（food and clothing）也應當明確規定在這一條款之內。國際勞動組織同意了這一簡潔的修改，卡森也表明了支持態度。然而，並不太重視經濟於社會權利的英國代表仍然反對說，「他認為中國修正案中提出『食物和衣著』措辭是沒有任何必要的。」〔註89〕因此他建議就是否應增加「食物和衣著」單獨進行表決。張彭春對此不以為然，他想像不出這關係到全世界千萬人民的衣食的一句話，會有任何招致反對的可能。〔註90〕在開始投票前，烏拉圭代表評價說他認為「食物和衣著」的措辭並非必要的，「健康和福利所需的生活水準」已經足夠清楚了。張彭春反駁說，「生活水準」並沒有足夠細緻，「這個問題不僅關係到食物的數量，還關係到食物的質量」，他不理解委員會為什麼要避免提及生

〔註86〕Official document of the United Nations: E/CN.4/SR.71, p.8.
〔註87〕Official document of the United Nations: E/CN.4/SR.71, p.6.
〔註88〕Official document of the United Nations: E/CN.4/SR.71, p.9.
〔註89〕Official document of the United Nations: E/CN.4/SR.71, p.11.
〔註90〕Official document of the United Nations: E/CN.4/SR.71, p.13.

活標準中這兩個最基本的要素。〔註 91〕經過投票，「食物和衣著」以 11 票支
持 3 票反對的結果獲得通過。繼而，委員會對張彭春提出的「包括食物、衣
著、住房和醫療」這整句話是否應放入文本進行表決，最終結果為 12 票支持，
2 票棄權。因此委員會決定將該條款表述為：

> 人人有權享受為維持他本人和家屬的健康和福利所需的生活
> 水準及必要社會服務，前者包括食物、衣著、住房和醫療；在遭到
> 失業、疾病、殘疾、衰老或在其他不能控制的情況下喪失謀生能力
> 時，有權享受保障。〔註 92〕

如果沒有張彭春，「生活水準」的解釋性措辭，尤其是「食物和衣著」這
兩項最基本的權利要素就不會出現在《宣言》之中。在西方學者眼中，張彭
春對衣食要素的堅持直接源於儒家的「養民善政」（Confucian diet of
benevolence）思想。〔註 93〕的確，張彭春的努力正迎合了中國文化中「民以
食為天」的古訓，正如《尚書·大禹謨》曰：「德惟善政，政在養民。」在此
基礎上，1966 年的《經濟、社會和文化權利國際公約》第 11 條規定了獲取充
足食物和衣著權的內容，而且採取了和《宣言》極為類似的表述：「本公約締
約各國承認為了自己和家人的健康和福利，人人有權獲得適宜的生活水平，
這包括食物、衣著、住房，並能不斷改善自己的生活條件。」現如今，這一
條款成為獲取食物權最為權威的國際法依據。〔註 94〕可以肯定，張彭春是最
初將這一重大權利融入國際人權體系的直接貢獻者。

在大會第三委員會審議期間，法國代表格倫巴赫（Grumbach）先生提議
應當考慮因守寡而造成的喪失生計的情況，因此在「殘疾」之後補充了「寡
（鰥）居」（widowhood）這一情形。

在條款內容最終確定之後，由於這一條款較其他條款句式更長更為複雜，
為了使其表述更為流暢和嚴謹，各國針對表述的順序和句式提出了不同的修正
案。經投票表決，其他國家的修正案均被一一否定，只有張彭春的修正案（A/C.
3/347/Rev.l）在邏輯性和概括性方面更勝一籌，受到了廣泛讚譽，並以 41 票支

〔註 91〕Official document of the United Nations: E/CN.4/SR.71, p.14.

〔註 92〕見成功湖草案。

〔註 93〕Johannes Morsink, *The Universal Delaration of Human Rights: Origins, Drafting,
and Intent*, Philadelphia: University of Pennsylvania Press, 1999, p.197.

〔註 94〕〔荷蘭〕Bernd van der Meulen：《爭取食品權的國際人權》，《太平洋學報》2008
年第 11 期。

持，0 票反對，3 票棄權得以通過。張彭春將「社會服務」也作為「生活水準」的一部分，而不再列為與生活水準平行的權利。其文本表述為：

> 人人有權享受為維持家屬和他本人的健康和福利所需的生活水準，包括食物、衣著、住房、醫療和必要的社會服務；在遭到失業、疾病、殘廢、守寡、衰老或在其他不能控制的情況下喪失謀生能力時，有權享受保障。〔註95〕

直至《宣言》通過，這一表述幾乎無作更改，成為最終的文本中的第 25 條第 1 款。〔註96〕

張彭春對該條第 2 款第 1 句中「母親和兒童」具體措辭的修改建議也同樣獲得了採納。

如上所述，該規定最初是由卡森和印度代表梅塔建議加入的，其目的在於保護婦女和兒童的權益，更為準確的說，是保護處於母親狀態的婦女和整個幼年時代的兒童這一特殊群體的權益。在卡森草案第 40 條第 2 款中，最初被表述為「母親們（複數 mothers）和兒童們（複數 children）有權獲得特別的關注（attention）、照顧（care）以及資助（resources）。」起草委員會建議草案在此基礎上做了微調，將「attention」一詞改為了「regard」（注意）。人權委員會第二屆會議期間，臨時工作組對起草委員會建議草案進行了修改，形成了日內瓦草案，其 26 條第 2 款規定：「做母親時（motherhood）應當享受特殊照顧和協助。兒童們（children）也同樣有享受特殊照顧和協助的資格。」這一修改意在表明女性這個群體本身並不享有任何特殊權利，這種特殊照顧權僅存在於「做母親時」（motherhood）這一特殊脆弱時期。然而這一表述並不是很簡潔，同樣的表達重複了兩遍。在人權委員會第三屆會議上，張彭春和英、印代表在分別提交中國草案和英、印聯合修正案時，都表明了各自的簡化立場，因而根據印度代表的具體建議，該句又被改回為「母親（單數 mother）和兒童（單數 child）有權享受特別照顧和協助」。〔註97〕然而，在第三委員會最後審議階段，多米尼加共和國代表貝納迪諾（Bernardino）女士專門對該句提出了一項修正案，建議更改其表述為：「妊娠和哺乳的母親（expectant and nursing mothers）以及所有的兒童（all children）有權享受特別照顧和協

〔註95〕Official document of the United Nations: A/C.3/347/Rev.l.
〔註96〕唯一不同的地方在於最後通過的宣言文本將「家屬和他本人」的表述顛倒了過來，變為「他本人和家屬」。
〔註97〕Official document of the United Nations: E/CN.4/SR.66, p.12.

助。」〔註98〕並表示她意在使這一條款能夠更為明確，她希望以「公平公正的方式」「清楚地界定這一權利並指定它適用的確切時間。」〔註99〕實際上貝納迪諾並沒有開誠布公，除了原文本不夠清楚之外，還有一個重要原因是希望避免「母親」這一措辭被作為一種身份對待，規定明確的時間限制以表明這一權利的授予並非基於女性的性別地位，而是考慮到女性在特殊時期的脆弱性。正像漢弗萊日記中寫道的，「母親」這一措辭讓人權委員會中的女性代表感到不舒服。她們不希望《宣言》中出現「婦女」（women）以及「母親」（mother）的字眼，她們認為這會被看作是婦女的一種特殊地位。〔註100〕古巴代表對貝納迪諾的修改表示贊同。挪威代表則存有疑慮，如此細節的表述將使得大部分家庭中的母親無法享受這一權利。〔註101〕與此同時，由於「child」的措辭除了「兒童」的意思之外，還有「子女」的意思，如果理解成「子女」，那麼就必須明確「子女」的含義，畢竟非婚生子女是否能得到平等保護從世界各國的規定來看仍然是不統一的。因此南斯拉夫代表提出修正案，認為應當明確規定，所有子女「無論婚生還是非婚生」都應當得到同樣的社會保護。他解釋說，修正案完全是基於社會正義的原則，確保非婚生子女不會遭受歧視，而並非鼓勵非婚生子女數量的增加。〔註102〕古巴代表也認為這是必要的。挪威代表則認為「非婚生」的措辭具有法律上的不當性，應當加以斟酌。希

〔註98〕 參見多米尼加共和國關於這一條款的修正案，see official document of the United Nations: A/C.3/217。

〔註99〕 Official document of the United Nations: GAOR, Third Session, Proceedings of the Third Committee (A/C. 3), p.555.

〔註100〕 漢弗萊在 1948 年 11 月 18 日的日記中這樣寫道：「第三委員會審議第 22 項條款，但是結果並不令人滿意。其中有句話是『母親時期和幼年時期（motherhood and childhood）有權獲得特殊幫助』。這是一個謬誤，一個抽象概念（而不是主體）無法享有權利。然而委員會中的女性不希望使用『婦女』（women）和『兒童』（children）的字眼，因為這意味著確認婦女的特殊地位，然而她們並不希望這樣。然而，很遺憾這樣的表述已經被委員會通過了。在辯論期間，我確實向張彭春建議過這樣表述：『在成為母親和年幼的情形下（in the case of motherhood and childhood）應被賦予特殊幫助權』。這種表述並不明智，但這就是英語，而且能滿足女性代表的要求。」See A. J. Hobbins, *On the Edge of Greatness Vol 1 1948~1949: Diaries of John Humphrey, First Director of the UN Division of Human rights*, Montreal: McGill-Queen's University Press, 1999, p.81。

〔註101〕 Official document of the United Nations: GAOR, Third Session, Proceedings of the Third Committee (A/C.3), p.557.

〔註102〕 Official document of the United Nations: GAOR, Third Session, Proceedings of the Third Committee (A/C.3), p.556.

臘代表也指出，作為一個人，非婚生兒童仍然具有《宣言》中所規定的權利，《宣言》並不考慮任何法律地位的因素，因此這一修改實屬多餘。羅斯福夫人也持類似的意見，她表示南斯拉夫的修改涉及到了社會政策和立法，已經超出了《宣言》的範圍。這句話給予所有的兒童以無差別的保護。因此沒有必要具體闡明非婚生兒童享有與其他兒童同樣的保護。〔註103〕

　　就在雙方就關於「婦女」和「兒童」的表述相持不下時，張彭春提出一項修正案，恢復了日內瓦草案中「motherhood」（母親時期）的表述，並將「child」這一措辭更改為「childhood」（意為童年或兒童時期，這一時間概念非常清楚，就不存在「兒童」和「子女」的理解差異，只要處於幼年而無論法律身份均可獲得平等保護）。將這一句話表述為「母親時期和兒童時期有獲得特殊照顧和協助的權利。」〔註104〕這一表述立刻獲得了澳大利亞代表的讚賞：「中國的修正案實現了多米尼加共和國代表的意圖，此前的文本對於正在孕育胎兒的母親未作任何規定。」智利代表也指出中國的修正案實際上也將所有的兒童都包括了進去，無論是婚生還是非婚生，實際上也符合了南斯拉夫代表的觀點。英國代表則稱張彭春的提議是目前最好的修正案，不僅更為清楚簡潔，而且融合了其他修正案的考量。同時，儘管之前的英文文本使用了「mother」和「child」的表述，但法文本並沒有使用相應的「la mère」（母親）和「l'enfant」（兒童）的措詞，而是使用了「la maternité」（母親時期）和「l'enfance」（兒童時期）的表述。因此，使用「motherhood」和「childhood」也與《宣言》的法文文本更加契合。法國代表卡森也對張彭春的這一修改表示滿意。新西蘭代表也認為，「motherhood」這一措辭包含了任何情形下的母親。最終，在第三委員會，支持張彭春的意見佔了絕大多數，因此張彭春提交的文本獲得採納，成為該條款的確定表述。〔註105〕漢弗萊日記中對這張彭春關於「母親和兒童」措辭的辯論做了簡要的記敘。漢弗萊同樣也認為要找到合適的措辭十

〔註103〕Official document of the United Nations: GAOR, Third Session, Proceedings of the Third Committee (A/C.3), pp.559~560.
〔註104〕參見中國關於草案第 22 條的修正案，see official document of the United Nations：A/C.3/347。
〔註105〕最終的《宣言》條款與張彭春的修正案中的表述略有不同。第三委員會根據澳大利亞代表的建議，微調了張彭春的文本，將「have the right」（有……的權利）的表述變更為「are entitled」（被授予……的權利）。其餘表述則完全與中國修正案中的表述保持一致。See official document of the United Nations: GAOR, Third Session, Proceedings of the Third Committee (A/C.3), p.572。

分困難。一方面「motherhood」和「childhood」作為兩個抽象的名詞，不能成為權利的享有者，「母親時期享有權利」（motherhood have the right）這不符合英語的語法；另一方面，使用「mother」這一詞匯又會引起委員會中女性代表的反感。因此為了符合英語的表達習慣並兼顧各國代表的意見，他曾向張彭春提議做如下被動句式的表述：「在處於母親和兒童時期的情況下（in the case of motherhood and childhood），特殊照顧的權利應當被承認。」這一表述現在看來也很蹩腳，似乎與宣言其他條款的表述體例格格不入。當然漢弗萊自己也承認他的這一表述方式不是很聰明，但是他又認為「這就是英語」並且「能夠使女性（代表）滿意」。〔註106〕張彭春最終沒有採用這一建議，仍堅持了自己在修正案中的表述。

後來為了能夠調和代表之間的分歧，羅斯福夫人在投票階段，提議將南斯拉夫代表提出的區分婚生子女與非婚生子女的修正案作為第三款加入到該條款中，最終獲得了通過。這才又將「一切兒童，無論婚生或非婚生，都應享受同樣的社會保護」的表述加入了《宣言》。〔註107〕

需要指出的是，在《宣言》的中文本中，由於語言的差異，「母親時期」和「母親」兩個詞在該條款中的內涵差異被忽略了，流行本的《宣言》僅僅將該句翻譯為「母親和兒童有權享受特別照顧和協助」。上面關於這一條款產生歷史的論述，有助於今天更好地把握這一簡明條款的真正內涵。

三、主導受教育權條款的話語權，多次提出完善建議（第26條）

第26條

（一）人人都有受教育的權利，教育應當免費，至少在初級和基本階段應如此。初級教育應屬義務性質。技術和職業教育應普遍設立。高等教育應根據成績而對一切人平等開放。

（二）教育的目的在於充分發展人的個性並加強對人權和基本自由的尊重。教育應促進各國、各種族或各宗教集團間的瞭解、容忍和友誼，並應促進聯合國維護和平的各項活動。

〔註106〕A. J. Hobbins, *On the Edge of Greatness Vol 1 1948~1949: Diaries of John Humphrey, First Director of the UN Division of Human Rights*, Montreal: McGill-Queen's University Press, 1999, p.81.

〔註107〕Official document of the United Nations: GAOR, Third Session, Proceedings of the Third Committee (A/C.3), pp.576~577.

（三）父母對其子女所應受的教育的種類，有優先選擇的權利。

受教育的權利，是人基於自身發展的需要而享有的重要權利。最早把受教育權作為權利寫進法律的是 1791 年的法國憲法。〔註 108〕該憲法第一篇中規定：「應行設立和組織為全體公民所共有的公共教育，一切人所必需的那部分教育應當是免費的，此類教育機構應按王國區劃的配合漸次分布之。」〔註 109〕至《世界人權宣言》起草之時，許多國家已將保護受教育權的條款寫入了憲法。例如丹麥憲法第 83 條規定：「父母無法負擔學習費用的兒童，有權享受免費的小學教育。」埃及 1923 年頒布的《第 42 號皇室詔書》第 18 條規定：「公共教育應當由法律規定。」其第 19 條規定：「初級教育對於年輕的男女埃及公民是義務性質的。」盧森堡憲法（1868）第 23 條第 1 款規定：「國家應當確保每個盧森堡公民接受初級教育。國家應當建立中級教育和課程機構以便實現可能必要的更高層次的教育。」墨西哥憲法（1917）規定：「初級教育應當是義務性質的，並且國家應當免費給予。」〔註 110〕1931 年 11 月 7 日由中華蘇維埃第一次全國代表大會通過《中華蘇維埃共和國憲法大綱》中，也明確規定了對人民的受教育權的保護，其第 12 條規定：「中國蘇維埃政權以保證工農勞苦民眾有受教育的權利為目的，在進行階級戰爭許可的範圍內，應開始施行完全免費的普及教育，首先應在青年勞動群眾中施行，並保障青年勞動群眾的一切權利，積極的引導他們參加政治的和文化的革命生活，以發展新的社會力量。」1947 年頒布的《中華民國憲法》中，第二章「人民之權利與義務」中第 21 條及第十三章「基本國策」中整個第五節「教育文化」均涉及促進與保護教育權的規定。〔註 111〕

〔註 108〕王啟富、劉金國主編：《人權問題的法理學研究》，中國政法大學出版社 2003 年版，第 208 頁。

〔註 109〕《1791 年法國憲法》，中國公法評論網 http://www.publaw.org/gfpl/gfpl_gfwx/200703/t20070312_12371.htm，訪問時間 2018 年 1 月 6 日。

〔註 110〕以上憲法文本可參見秘書處大綱。See official document of the United Nations: E/CN.4/AC.l/3/Add.l (秘書處大綱), pp.209~300。

〔註 111〕具體條款及內容如下：第 21 條，人民有受國民教育之權利與義務；第 158 條，教育文化，應發展國民之民族精神、自治精神、國民道德、健全體格、科學及生活智慧；第 159 條，國民受教育之機會一律平等；第 160 條，六歲至十二歲之學齡兒童，一律受基本教育，免納學費，其貧苦者，由政府供給書籍。已逾學齡未受基本教育之國民，一律受補習教育，免納學費，其書籍亦由政府供給；第 161 條，各級政府應廣設獎學金名額，以扶助學行俱優無力升學之學生；第 162 條，全國公私立之教育文化機關，依法律受國家之監

　　在人權委員會，張彭春作為教育哲學博士，曾經擔任大學教授和校長的經歷，使他成為對受教育權關注最多的代表。他在受教育權條款形成的整個過程中屢次提出賦有建設性的意見，多數都獲得採納，從而主導著該條款討論的話語權，為該條款的最終形成做出了重要貢獻。

　　如上所述，在起草《世界人權宣言》時，教育的普及性、初等教育的免費性和義務性質在各國憲法之中已經得到體現。因此，受教育權作為一項基本的人權為秘書處大綱所採納，受教育權涵蓋的這三類屬性也被規定在其中。大綱第 36 條第 1 款簡潔明瞭：

　　　　「人人享有受教育的權利。」

第 2 款規定：

　　　　「各國有責任要求本國境內的每個兒童接受初等教育。國家應
　　　　為這種教育維持足夠的和免費的設施。國家也應改進高等教育設
　　　　施，對於有權從中受益的個人，應不分種族、性別、語言、宗教、
　　　　階級或財產狀況。」

　　該款第一句應當視為對教育的義務性規定，它採用了「國家責任」這一措辭。第二句中「足夠」和「免費」則分別對應著受教育權的普及性和免費性。而且該條款的第三句還涉及了高等教育無歧視的原則。

　　之後，卡森草案的初稿在此基礎上做了改動，並經過第二稿的完善，在其第 35 條將這一權利表述為：

　　　　「人人有資格學習並且有受教育的權利。初級教育對所有兒童
　　　　是義務性質的並且必須為他們免費提供。

　　　　應當推動技術、職業和高等教育的獲取，通過給予所有青少年

督；第 163 條，國家應注重各地區教育之均衡發展，並推行社會教育，以提高一般國民之文化水準，邊遠及貧瘠地區之教育文化經費，由國庫補助之。其重要之教育文化事業，得由中央辦理或補助之；第 164 條，教育、科學、文化之經費，在中央不得少於其預算總額百分之十五，在省不得少於其預算總額百分之二十五，在市、縣不得少於其預算總額百分之三十五，其依法設置之教育文化基金及產業，應予保障；第 165 條，國家應保障教育、科學、藝術工作者之生活，並依國民經濟之進展，隨時提高其待遇；第 166 條，國家應獎勵科學之發明與創造，並保護有關歷史文化藝術之古蹟、古物；第 167條，國家對於左列事業或個人，予以獎勵或補助：一、國內私人經營之教育事業成績優良者。二、僑居國外國民之教育事業成績優良者。三、於學術或技術有發明者。四、從事教育久於其職而成績優良者。

和成人平等機會而不區分受益個人的種族、性別、語言、宗教、社
會地位、經濟狀況。」〔註112〕

卡森草案在表述上按照人權宣言的體例進行了調整，以「人」而非「國家」作為主語。對接受初級教育權利的「義務性」和「免費性」予以更為明確的表述，並在最後一句保留了秘書處大綱中的不歧視條款。同時也將初級教育的主體限定為「所有兒童」。

儘管受教育權作為一項基本人權寫進《宣言》得到了代表們的認可，然而對於該條款如何表述爭議比較大。在起草委員會第一屆15次會議上，許多代表都針對卡森草案中的教育權條款提出了修改意見。其中，羅斯福夫人鑒於私立教育機構在美國的重要作用，提議增加「不排除私人教育機構」的措辭，並進一步主張刪除涉及「不歧視」的規定，因為《宣言》已經規定了不歧視條款（《宣言》第2條）。然而卡森卻認為不應當專門提及私立教育機構，而且堅持保留涉及社會地位和經濟狀況的不歧視條款，他認為這一規定是非常重要的。蘇聯代表也表達了對不歧視條款的支持態度。對此，羅斯福夫人軟化了原本的立場，表示可以保留不歧視條款。馬立克認為第一句「人人有資格學習並且有受教育的權利」有重複之嫌，「有資格學習」和「有受教育的權利」是意思相同的兩項措辭，應當刪除其中之一。同時他認為對受教育權的規定應停留在原則層面，不應對教育內容和層次進行過於細緻的區分。英國代表卻指出該條款整個第二段語義不明，需要重新組織表述，其中「青少年和成人」以及「受益個人」的措辭應當刪除。羅斯福夫人部分同意了英國代表的意見，但她同時指出了使用「成人」這一措辭的原因：一般來講教育機構是為青少年提供的，然而必須承認成年人也同樣應當享有受教育的機會。〔註113〕卡森還指出，一些國家還未採納義務初級教育體制，在這一條款中寫入「初級教育是義務性質」這一理念並不合適。因此他不主張在《宣言》中寫入義務教育。與卡森同樣持反對意見的還有英國代表威爾森（Wilson）。他認為既然《宣言》沒有將「工作」（work）視為強制性或義務性的，那麼義務教育的觀點也不應當採納。羅斯福夫人則認為義務教育（obligatory education）與義務工作（obligatory work）並不一樣，由於兒童年齡太小而無法捍衛他們的權利，這樣的規定可以使他們接受教育的權利受到應有的保護。〔註114〕在各國代表爭

〔註112〕Official document of the United Nations: E/CN.4/AC.1/W.2/REV.2, p.6.
〔註113〕Official document of the United Nations: E/CN.4/AC.1/SR.14, pp.9~11.
〔註114〕Official document of the United Nations: E/CN.4/AC.1/SR.15, pp.4~5.

執不下之時，張彭春綜合各國代表的意見，在卡森草案第二稿的表述基礎上提出一項新的修正案，表述為：

> 「每個人都享有受教育的權利。初級教育應當是義務性的，並且由他所生活的國家和社會提供。人人有平等享受國家或社會提供的科技、文化和高等教育的權利，以成績為準，不分種族、性別、語言和宗教。」〔註115〕

與卡森草案相比，張彭春主要的改動有三處：一是，刪除了「有資格學習」（根據馬立克的建議）以及「對所有兒童」的措辭；二是，用「人人」（every one）代替了「兒童與成人」的表述；三是，強調了初等教育的提供方主要為「國家和社會」；最後，增加了實現高等教育平等機會的標準是「以成績為準」，這一標準的提出是張彭春對高等教育錄取標準的重大貢獻。同時，張彭春仍然堅持了「義務初級教育」的表述，卻鑒於美國教育的特殊性，而否決了羅斯福夫人提出的關於「私立教育機構」的規定。

儘管智利代表和澳大利亞代表也都當場提出了自己的修正案，起草委員會最終還是採用了張彭春的表述。在該表述基礎上，各國代表對部分詞句做了增減：澳大利亞代表的提議將「初級教育應當是義務性的」改為「初級教育應當免費且是義務性的」；卡森要求在「不分種族、性別、語言和宗教」之後增加「社會地位」的措辭；羅斯福夫人建議刪除「他所生活的」表述。〔註116〕張彭春對這幾點改動建議均表示接受，由此就形成了起草委員會建議草案。儘管其後又數易其稿，然而除了第三項修改（初等教育由國家和社會提供）外，張彭春的其他幾項改動內容均被《宣言》文本所採納。

接下來的人權委員會第二屆會議特別針對該條款設立了工作組，以起草委員會建議草案文本作為基礎，做進一步的修改。工作組在日內瓦草案第27條中將之前的表述幾乎完全保留了下來，除了幾處細微的改動：將「初級（elementary）教育」替換為「基礎（fundamental）教育」，「科技」和「文化」的措辭則作為文化權利的一部分條款被放入日內瓦草案第30條（對應《宣言》的第27條）。此外，工作組還新增加了一段關於教育權的表述，作為日內瓦草案第28條。該條規定：

> 教育的目的在於充分實現人的個性在身體、智力、思想和精神

〔註115〕Official document of the United Nations: E/CN.4/AC.1/SR.15, p.4.
〔註116〕Official document of the United Nations: E/CN.4/AC.1/SR.15, pp.4~5.

等方面的發展，並加強對人權和基本自由的尊重，以及與不容忍精神、對其他國家或任何地方的種族或宗教團體的憎恨作鬥爭。〔註117〕

增加這一表述是為了表明教育的人道主義目的。鑑於二戰期間法西斯利用教育對國民灌輸種族主義等的非人道和仇恨思想的情形，很多代表都認為這一條十分必要。由於會期所限，委員會對這一新增表述暫不做充分討論，臨時寫入了日內瓦草案。

人權委員會第三屆會議對教育權的規定做了進一步修改討論。世界猶太人大會代表比奈費爾德再一次強調了日內瓦草案第28條的重要性，呼籲各國代表在今後的草案中繼續保留該條款。他引述聯合國教科文組織代表的發言，指出德國和其他納粹國家履行了人人享有教育權的原則，然而教育的結果卻導致了兩次世界大戰。〔註118〕馬立克、卡森以及國際天主教婦女組織聯盟謝弗（Schaefer）女士對此表示了贊同。張彭春對保留持積極態度，在他看來，這一條款「恰當的表達了正面教育應當追求的目標」〔註119〕但是他也並沒有簡單附會比奈費爾德的意見，為了避免條款過多妨害文本的簡潔性，同時兼顧教育的人道目的，他提出了將兩個獨立條款改為單一條款中的兩個段落的表達方案〔註120〕，這一建議獲得採納（此後的草案及最終的《宣言》始終保持了這一體例）。在此基礎上，張彭春提出了更為簡潔的表述：

教育的目的在於充分發展人的個性，加強對人權和基本自由的尊重並增進國際友好。〔註121〕

南斯拉夫代表提議在張彭春的表述之後補充「與不容忍精神和對其他國家的憎恨、對任何地方的種族和宗教團體的憎恨作鬥爭」的內容，從而替代了「增進國際友好」的措辭。人權委員會對這兩項表述進行投票，均獲得通過，該表述成為成功湖草案中受教育權的第二款內容。

同時，在第三屆會議期間，各國代表對應採用「基礎（fundamental）教育」還是「初級（elementary）教育」的表述展開了辯論。蘇聯代表認為「初級教育」十分重要，採用「基礎教育」的措辭會弱化和混淆「初級教育」的

〔註117〕參見日內瓦草案第28條，以及〔瑞典〕格德門德爾·阿爾弗雷德松、〔挪威〕阿斯布佐恩·艾德編：《〈世界人權宣言〉：努力實現的共同標準》，中國人權研究會組織翻譯，四川人民出版社1999年版，第567頁。

〔註118〕Official document of the United Nations: E/CN.4/SR.67, p.13.

〔註119〕Official document of the United Nations: E/CN.4/SR.69, p.5.

〔註120〕Official document of the United Nations: E/CN.4/SR.67, p.16.

〔註121〕Official document of the United Nations: E/CN.4/SR.69, p.9.

定義。英國代表也認為這兩個詞在意思上相近，「初級」的措辭更符合習慣。教科文組織代表則對日內瓦草案中使用「基礎教育」的措辭表示熱烈歡迎，理由是「『基礎』的措辭包含更新和更廣泛的成人教育理念，代表了教育者思維的長足進步。」〔註122〕然而，根據多數代表的投票結果，第三屆會議又回復了「初級教育」的表述，從而放棄了「基礎」這一措辭。張彭春則認為在很多國家中存在大批未能享受到正規小學教育（初級教育）機會的成年人，這些國家迫切需要成人教育。然而初級教育指的是針對兒童的小學教育，無法囊括成人基礎教育的內容。而「基礎教育」這一新興概念則比「初級教育」更能適用於指代此類教育。〔註123〕因此張彭春感到刪除「基礎」的表述十分可惜，於是在會上動議將「初級教育」和「基礎教育」都寫入文本，後者用來指代針對成人的初步教育。這一動議以10票贊成，5票棄權，無人反對的投票結果獲得通過。〔註124〕最終《宣言》文本中「在初級和基本階段」（in the elementary and fundamental stages）的表述即源於此。

經過人權委員會第三屆會議的討論補充形成了成功湖草案中第23條的體例和表述：

1. 人人都享有受教育的權利。初級和基礎教育應當是免費並屬義務性質，應以成績為準平等開放高等教育。

2. 教育的目的在於充分發展人的個性，加強對人權和基本自由的尊重，與不容忍精神和對其他國家的憎恨、對任何地方的種族和宗教團體的憎恨作鬥爭。〔註125〕

在第三委員會辯論期間，教育權條款仍然是各國代表討論最多的條款之一。例如古巴就提出一項頗為複雜的修正案，將教育權條款分為四段內容，與之前確定的內容出入較大。〔註126〕阿根廷代表提出的修正案則希望刪除「義務教育」的內容（儘管並未得到支持），並提出除初級教育和高等教育之外，還應當重視職業教育〔註127〕，建議將「職業培訓」的內容寫入《宣言》，卡森為此提出了具體的表述，即「技術和職業教育應普遍設立」。由此

〔註122〕Official document of the United Nations: E/CN.4/SR.68, p.4.
〔註123〕Official document of the United Nations: E/CN.4/SR.68, pp.4~5.
〔註124〕Official document of the United Nations: E/CN.4/SR.68, p.7.
〔註125〕成功湖草案第23條。
〔註126〕Official document of the United Nations: A/C.3/261.
〔註127〕Official document of the United Nations: A/C.3/251.

這一表述也被加入受教育權條款。〔註 128〕墨西哥代表和美國代表則聯合提案，將第二段中自「與不容忍精神」開始的整個後半句替換為一句正面表述：「教育應促進各國、各種族或各宗教集團間的瞭解、容忍和友誼，並應促進聯合國維護和平的各項活動。」〔註 129〕這一表述是對張彭春之前提出的「增進國際友好」恢復和擴充。黎巴嫩代表和新西蘭的修正案則支持此前巴西在經社理事會強調「父母對其年幼子女的教育應當有決定權」的立場。〔註 130〕這一條款以 17 票贊成，13 票反對，7 票棄權被接受為受教育權條款的第三款內容。

張彭春在收集了各國代表的辯論意見，按照表達簡潔、邏輯嚴密的行文標準重新起草了受教育權的第一段：

> 「人人都有受教育的權利，至少初級和基礎教育應當免費。初級教育應屬義務性質。技術和職業教育應普遍設立。應根據成績平等開放高等教育。」〔註 131〕

第二天，張彭春又提出一項更為準確的表述：

> 人人都有受教育的權利，教育應當免費；至少在初級和基本階段應如此。初級教育應屬義務性質。技術和職業教育應普遍設立。高等教育應根據成績而對一切人平等開放。〔註 132〕

這一新的修正將「至少初級和基礎教育應當免費」改為「教育應當免費，至少在初級和基本階段應如此」，使得行文銜接更加流暢；同時，調整了「應根據成績平等開放高等教育」的語序，將「高等教育」作為主語前置，以便與之前「初級教育應屬義務性質」、「技術和職業教育應普遍設立」的表達句式保持一致，同時還增加了「對一切人」（to all）的措辭，以強調高等教育應保持對普羅大眾的高度開放，由此該句表述為「高等教育應根據成績而對一切人平等開放」。這一完整、精確的版本被聯合國大會認可，被確定為在《宣

〔註 128〕Official document of the United Nations: GAOR, Third Session, Proceedings of the Third Committee (A/C.3), pp.585~586.

〔註 129〕Official document of the United Nations: A/C.3/356.

〔註 130〕〔瑞典〕格德門德爾·阿爾弗雷德松、〔挪威〕阿斯布佐恩·艾德編：《〈世界人權宣言〉：努力實現的共同標準》，中國人權研究會組織翻譯，四川人民出版社 1999 年版，第 18 頁。

〔註 131〕Official document of the United Nations: A/C.3/SC.4/12 (China: Suggested re-draft of paragraph 1 of article 23).

〔註 132〕Official document of the United Nations: A/C.3/397.

言》中的最終表述。

第三委員會確定的教育權第二款保留了此前張彭春在第三屆會議上提出的表述，即「教育的目的在於充分發展人的個性並加強對人權和基本自由的尊重」，而將南斯拉夫代表提議增加的部分替換為墨西哥和美國聯合修正案中的「教育應促進各國、各種族或各宗教集團間的瞭解、容忍和友誼，並應促進聯合國維護和平的各項活動。」第三款中「父母對其子女所應受的教育的種類，有優先選擇的權利」則是根據黎巴嫩代表和新西蘭的修正意見寫入的。由此，教育權條款得以最終確立了。

受教育權是在世界範圍內獲得廣泛承認的重要權利，它的重要性體現在教育的根本目的在於提高社會中人的地位，實現人的全面發展，這是最為根本的人權之一，因此在起草《宣言》時受到各國代表的廣泛關注。在受教育權條款的形成過程中，張彭春對其主要內容的形成發揮了重要作用，在內容、邏輯、體例、句式以及措辭方面都給予了自己的建議。包括張彭春在內的各國代表對《宣言》文本字斟句酌，才使得最終的行文簡練、完整、通順。

第五節　總結

在條款具體內容的形成過程中，各國代表一道，展開了日復一日的辯論。無論正面或反面的意見，也無論意見最終是否被《宣言》採納，所有的辯論都是有價值的，這才使得《宣言》的每一句行文都能夠精益求精，鞭闢入裏，避免了任何被誤解和扭曲的可能。張彭春也總是能夠在商討和辯論中提出賦有見地的建議，為《宣言》的最終形成做出巨大貢獻。這應當歸功於他豐富的社會閱歷，廣博的知識儲備，突出的外交才能，以及對東西方文化尤其是儒家文化的熟稔。此外，他在邏輯和語言方面的才華也是令人驚歎的。每當談論到《宣言》的措辭或邏輯時，代表們都很信服張彭春。〔註133〕他對英語表達的精準把控，甚至經常使得英文母語國家的代表大吃一驚，他們往往在會議上聽取張彭春對其英文文本提出正確獨到的修改建議之後，便心悅誠服地採納了。羅斯福夫人生平的研究者格林頓教授甚至都感慨這位來自中國的副主席在語言方面的天賦：「張彭春，有著對語言的熱愛，擅長（對文本的）精細分析。張彭春似乎樂於指出文案是否『足夠清楚、有邏輯』（perfectly clear and logical）並且對各

〔註133〕張遠峰：《懷念我親愛的父親》，《張彭春論教育與戲劇藝術》，第 607 頁。

個部分之間的（邏輯）關係給予關注。」〔註134〕例如《宣言》第 29 條的權利限制條款就是在張彭春要求下，從原本的第 2 條移到現在的位置（倒數第 2 條）的，因為在他看來，在「提到權利之前先說限制是不合邏輯的。」〔註135〕他在邏輯和語言方面過人之處，固然與他的個人的才華分不開，另一方面，也恰恰還因為他是國際政治舞臺中為數不多的文藝大師。他在留學時，就多次擔綱中國赴美考察團的翻譯；在美國發表英文劇作並開哲學與戲劇課程，在英國出版英文學術論著；女兒張新月仍能憶及他在克拉克大學擔任學生辯論隊隊長，「得勝多次，並由此使他對文字表達，多獲特別的訓練。」〔註136〕在南開任教時，他就對「邏輯學」頗有心得，除了講授哲學、戲劇和英文之外，還專門開設了邏輯課。〔註137〕以上經歷足以解答張彭春為何總能夠在具體條款的討論中清楚地表達自己的觀點，並對條文的邏輯、句式與措辭做出令人滿意的安排。

《世界人權宣言》通過後，羅斯福夫人手持英文版宣言海報（圖片來源：聯合國照片／UN Photo）

〔註134〕Mary Ann Glendon, *A World Made New: Eleanor Roosevelt and the Universal Declaration of Human Rights*, New York: Random House Trade Paperbacks, 2002, p.156.

〔註135〕〔瑞典〕格德門德爾·阿爾弗雷德松、〔挪威〕阿斯布佐恩·艾德編：《〈世界人權宣言〉：努力實現的共同標準》，中國人權研究會組織翻譯，四川人民出版社 1999 年版，第 655 頁。

〔註136〕Ruth H.C. & Sze-Chuh Cheng, Peng Chun Chang, 1892~1957: Biography & collected works, privately printed, 1995, p.10.

〔註137〕崔國良、崔紅編，董秀樺英文編譯：《張彭春論教育與戲劇藝術》，南開大學出版社 2004 年版，第 1 頁。

1949 年 6 月 7 日，人權委員會成員代表在聯合國總部排演「你與人權」電視節目，
自左至右為卡森、張彭春、Quincy How（哥倫比亞廣播公司主持人）、羅斯福夫
人、馬立克和聯合國電臺部 E.凱倫先生（圖片來源：聯合國照片／UN Photo）

在聯合國總部大廳舉辦人權展覽，社會事務部助理秘書長 Henry Laugier 致辭，自
左至右分別是：羅斯福夫人、Benjamin Cohen（聯合國新聞部助理秘書長）、Henry
Laugier、張彭春和馬立克（圖片來源：聯合國照片／UN Photo）

第六章　儒家傳統與人權——
來自張彭春的啟示

第一節　中國為何能夠貢獻於《世界人權宣言》

　　以張彭春為核心的中國代表團為何能夠對《世界人權宣言》做出卓越的歷史性貢獻？

　　其中固然有國際時局的因素：中國在二戰之後成為與美、蘇、英並列的四大國，提升了中國的國際地位和在國際社會中的話語權。中國在二戰中為爭取世界和平和國際人權做出的犧牲，使得中國入選聯合國人權委員會成了眾望所歸的事情。

　　但是中國在人權理事會中所起到的作用，尤其是對《宣言》的貢獻絕非緣於國際政治的安排。同樣作為戰後四大國的蘇聯，聯同其加盟共和國白俄羅斯和烏克蘭在人權委員會中佔有 3 席（人權委員會共 18 個席位），它對《宣言》的提案卻屢屢受挫，這也是蘇聯不滿《宣言》並最終聯合白、烏兩國投下 3 票棄權票的原因之一。在聯合國，中國也未獲得美、英等國的幫襯，當時的中國代表團時常發出與美、英等國相左的聲音。且早在聯合國成立大會前夕，蔣介石就在給羅斯福的電報中公開聲稱中國是東方國家的代表，稱中國必須參加舊金山會議，「蓋東方人民如無代表，則此會議將對於世界之一半人類失去意義也。」〔註 1〕此外，起草代表並沒有按照冷戰派別劃分攻守同盟。

〔註 1〕〔中國臺灣〕秦孝儀：《中華民國重要史料初編——對日擾戰時期》第三編・戰時外交（三），裕臺公司中華印刷廠 1981 年版，第 826 頁。

一方面原因是由於當時人權問題還未完全政治化及意識形態化，各國政府並未對《宣言》制定本身施加很強的政治影響；另一方面，作為各國精英分子而非政治傀儡的代表們，具備高深的專業素養和良好的個人修養，懷著莊嚴的使命感參與《宣言》起草，更傾向於站在公正立場上表達意見。張彭春作為人權委員會和起草委員會副主席，在起草中更不可能時刻秉持國民黨政府的立場。美國國務院在 1947 的一份備忘錄中提到了任職於聯合國的張彭春，並將他描述為「一個傑出的中國自由主義者⋯⋯似乎不像一個國民黨黨員，並且無論如何不是一個積極的政黨人士」〔註 2〕。

綜合本書考察的《宣言》起草歷史，分析得出的結論是——在人權委員會和第三委員會，關於條款的技術性討論居多，國際政治和政府意志並非主導因素。因此，中國代表張彭春的個人貢獻是值得關注的。

而張彭春對《宣言》的貢獻也並非偶然，除了歸功於個人的才華和努力，中國傳統的儒家思想在其中也起到非常重要的作用。不論是在人權委員會還是第三委員會，各國代表們印象最為深刻的便是他對儒家哲學的嫻熟運用。主席羅斯福夫人曾愉快地表示，張彭春在任何場合都能夠引用中國的諺語來應對。〔註 3〕漢弗萊在 1948 年的日記中寫道：「在智力層面上，他（張彭春）遠遠高於第三委員會的其他成員。我也喜歡他的（儒家）哲學」〔註 4〕他還在 1983 年的一篇文章中回憶：「他（張彭春）是一個協調的藝術大師，擁有一整套儒家的經典名言，他在人權委員會陷入僵局時總能有現成的解決之道。」〔註 5〕當《宣言》即將通過時，時任第三委員會主席的馬立克在致辭中說，「（我）恐怕不太可能一一點名並致謝迄今為止參與到這個（起草）過程中來的所有個人，然而我不得不提及我的老對手張彭春，他通過頻繁引用東方的智慧和哲學成功地拓寬了我們的視野，並且通過其特殊的起草天分，他能夠愉快地

〔註 2〕 Mary Ann Glendon, *A World Made New: Eleanor Roosevelt and the Universal Declaration of Human Rights*, New York: Random House Trade Paperbacks, 2002, p.133.

〔註 3〕〔瑞典〕格德門德爾·阿爾弗雷德松、〔挪威〕阿斯布佐恩·艾德編：《〈世界人權宣言〉：努力實現的共同標準》，中國人權研究會組織翻譯，四川人民出版社 1999 年版，第 6 頁。

〔註 4〕 John Humphrey, *On the Edge of Greatness Vol 1 1948~1949: Diaries of John Humphrey, First Director of the UN Division of Human Rights*, A. J. Hobbins, ed., Montreal: McGill-Queen's University Press, 1999, p.88.

〔註 5〕 John Humphrey, "The Memoirs of John P. Humphrey, the First Director of the United Nations Division of Human Rights", *Human Rights Quarterly* , 1983, 5(4).

糾正我們的很多條款。」〔註6〕

　　今天，張彭春將儒家思想引入《世界人權宣言》的歷史情況也被很多國外人權研究者注意到了。著名人權學者，耶魯大學教授薩尼・突維斯（Sumner B. Twiss）參考了聯合國官方記錄和漢弗萊的日記之後，在研究中指出「我可以確定中國代表張彭春在當年把儒家的一些思想、謀略和觀點引入了《世界人權宣言》的審議過程，這一審議過程導致了《世界人權宣言》的最後形成……儒學的這一貢獻的範圍和影響力比以往所報導的範圍和影響力要廣泛得多、大得多。張先生被漢弗萊認為是第三委員會中出類拔萃的人才，他對此事比任何其他人所盡的責任都要大……」〔註7〕而喬治城大學公共政策研究院的洛夫特斯（Meghan Loftus）博士對此給予了更高的評價，他認為張彭春通過運用淵博的儒家哲學，在關鍵時刻推動了起草工作，從而使《宣言》得以存活下來。〔註8〕也有學者將這一成功歸結於張彭春本人及其儒家哲學的開放與包容。法蘭西學院戴爾馬斯・馬蒂（Mireille Delmas-Marty）院士對張彭春評價道，「作為受一個偉大文化滋養的人（中國的文化復興者），他的經歷大約可以證明他精神上的開放：獲得美國以清政府『庚子賠款』設立的獎學金赴美留學、在土耳其做過中國大使、在巴格達作關於中國和阿拉伯文化的講座以致力於比較儒家思想和伊斯蘭主義。他甚至還建議起草委員會成員花上幾個月時間來研究儒家思想……」〔註9〕格林頓教授則總結，張彭春「善於跨越文化鴻溝」〔註10〕，不僅貢獻了他自己文化中的重要觀點，而且擁有理解其他文化，並跨越源於不同知識體系中的概念的傑出能力。〔註11〕

〔註6〕Charles Malik, "December 9, 1948, speech to the General Assembly", *in The Challenge of Human Rights: Charles Malik and the Universal Declaration*, Habib C. Malik, ed., Oxford: Center for Lebanese Studies, 2000, p.177.

〔註7〕〔美〕薩尼・突維斯（Sumner B. Twiss）：《儒學對世界人權宣言的貢獻——一種歷史與哲學的觀點》，載國際儒學聯合會編《國際儒學研究》，中國社會科學出版社1999年版，第36～49頁。

〔註8〕Meghan Loftus, Zhang Pengjun: A Profile, eJournal U.S.A (13/11), http://www.america.gov/publications/ejournals.html, 2008, pp.31~32.

〔註9〕〔法〕米海爾依・戴爾瑪斯－馬蒂：《當代中國的依法治國進程：進展與阻力》，石佳友譯，載《中外法學》2003年第2期。

〔註10〕Mary Ann Glendon, *A World Made New: Eleanor Roosevelt and the Universal Declaration of Human Rights*, New York: Random House Trade Paperbacks, 2002, preface xx.

〔註11〕Mary Ann Glendon, *A World Made New: Eleanor Roosevelt and the Universal Declaration of Human Rights*, New York: Random House Trade Paperbacks, 2002, p.226.

　　總之，從這些評價可以得出結論，張彭春個人學識上的開放與儒家哲學的包容之間的互濟，是張彭春及其倡導的儒家思想成為《世界人權宣言》的重要推動力量的主要原因。這一結論將直接導致以下兩個問題的討論：一、張彭春是如何將儒家思想融入到《世界人權宣言》起草過程中的；二、當下該如何看待包括儒家思想在內的中國傳統與現代人權建設的關係。

第二節　　張彭春如何將儒家思想融入《世界人權宣言》

〔註12〕

　　《世界人權宣言》第一條中關於「良心」表述被公認為是張彭春將儒家思想引入《宣言》最為顯著的標誌，也是張彭春受到中外學者廣泛讚譽的重要原因。〔註13〕然而英語「conscience」這一西方化的翻譯並未能完整表達張彭春所希望傳達的儒家思想中「仁」的內涵。在起草委員會上，張彭春提議除「理性」之外，還應增加「仁」的概念，作為人的基本屬性。由於英語中並沒有與其直接相對應的詞彙，張彭春創造性地用「two-man-mindedness」來指代「仁」，字面意思即為「人與人的互相感知」，並解釋說「仁」大體上相當於英語中的「憐憫」（sympathy）或者「對同伴的感知」（consciousness of one's fellow men）。〔註14〕這使卡森聯想到盧梭的「同情」（compassion）概念，但

〔註12〕　上文亦有述及張彭春在起草過程中對儒家思想的運用，但限於各章主題，未進行系統討論。

〔註13〕　大部分設計張彭春的文章或著作都提及了這一點。參見盧建平，王堅，趙駿：《中國代表張彭春與〈世界人權宣言〉》，《人權》2003年第6期；崔國良，李嶸：《張彭春將東方儒家思想融入〈世界人權宣言〉》，中國人權網 http://www.humanrights.cn/cn/zt/qita/zgrqyjh/lslt/t20080526_364135.htm，訪問時間2018年4月1日；祁懷高：《張彭春：國民外交家和人權活動家》，《世界知識》2009年第13期；黃建武：《儒家傳統與現代人權建設——以張彭春對〈世界人權宣言〉形成的貢獻為視角》，《中山大學學報（社會科學版）》2012年第6期；侯欣一：《世界人權宣言的中國人影響》，載《深圳特區報》2013年4月9日，第D03版；孫平華：《〈世界人權宣言〉研究》，北京大學出版社2012年版，第97～98頁；〔瑞典〕格德門德爾·阿爾弗雷德松、〔挪威〕阿斯布佐恩·艾德編：《〈世界人權宣言〉：努力實現的共同標準》，中國人權研究會組織翻譯，四川人民出版社1999年版，第44頁；McFarland, "A Tribute to the Architects, Eleanor Roosevelt, Charles Malik, Peng-chun Chang, John Humphrey, and René Cassin", paper presented at the International Society of Psychology, Paris, July 2008。

〔註14〕　Official Document of the United Nations: E/CN.4/AC.1/SR.8, p.2.

仍顯詞不達意。最終委員會決定用「conscience」作為對「仁」的翻譯。

　　這確實是一個非常西方化的翻譯，甚至是一個並不太成功的翻譯。因為在英語中，「conscience」（良心）一詞容易讓人聯想到歐洲的「良心哲學」。根據《牛津法律大辭典》的解釋，「良心」是指「判斷自己和他人的動機或行為的道德水準，贊成或譴責其善惡的精神能力或才能。」〔註15〕其大體上可追溯到14世紀在英國發展起來的以「正義、良心和公正」為基本原則的衡平法，衡平大法官就被視為國王良心的維護者；同時，良心自由又與宗教容忍相伴隨，〔註16〕繼而發展為與宗教自由和言論自由關係緊密的一個個體人權範疇，因而這一概念在法哲學上帶有強烈的個人主義色彩。無論從正義觀念或個人自由的角度來理解「良心」，它都與張彭春希望傳達的「仁」的內涵即「人與人的互相感知」不無扞格。

　　關於「仁」，提出者孔子本人也未曾給出清晰定義，孔子的思想傾向於親踐的、倫理的，而非理論的、形而上的，因此他只是盡可能通過設定具體的情景和事件來表達他的哲學視角下「仁」的含義。〔註17〕而且此後經歷代儒家及當代新儒家的發展，「仁」已經成為一個含義極為豐富的概念，甚至成為儒學理論大廈的根基。籠統地談論「仁」的概念並不能更清楚、確鑿地解釋張彭春在《宣言》中注入的「仁」的觀念，因此仍應從起草的歷史去考察。

　　儘管起草委員會的會議記錄對於張彭春關於「仁」的解釋記敘並不詳細，提到張彭春向他國代表解釋說，「仁」在字面上解釋為「人對人的感知」，大體上相當於英語中的「憐憫」（sympathy）或者「對同伴的感知」（consciousness of one's fellow men），他還認為這一新的理念應當被看作是人的基本屬性。〔註18〕卡森在聽完張彭春的解釋之後，最終得出的結論是：「『仁』實際上將人和動物區別開來，並同時賦予人較於地球上的其他存在更多的莊嚴和義務。」〔註19〕因而張彭春所說的「仁」是帶有義務屬性的，尤其是對他人的義務。這一結論

〔註15〕戴維・M・沃克（David M. Walker）：《牛津法律大辭典》，李雙元等譯，法律出版社2003年版，第247頁。

〔註16〕參見（美）約翰・范泰爾（L.John Van Til）：《良心的自由——從清教徒到美國憲法第一修正案》，張大軍譯，貴州大學出版社2011年版。

〔註17〕〔美〕牟復禮（Frederick W. Mote）：《中國思想之淵源》，王立剛譯，北京大學出版社2009年版，第38～39頁。

〔註18〕Official Document of the United Nations：E/CN.4/AC.1/SR.8, p.2.

〔註19〕Official Document of the United Nations：E/CN.4/AC.1/SR.13, p.4.

被張彭春在第三委員會的發言所驗證。張彭春在討論第一條時強調「以兄弟關係的精神相對待」暗含有「責任」的內容，它使得第一條實現了權利和義務的平衡，並且不致《宣言》顯得像一份自私自利的文本。而這也同樣適用於第29條的義務性規定，對義務和權利的陳述都是《宣言》不可分割的組成部分。他還認為這種精神符合中國人對「禮」（manners）和親切、周到地對待他人的重要性的認知，只有當人的社會行為到達這一水平，他才是真正的人。〔註20〕因此，「仁」強調善待他人的「愛人」〔註21〕義務。

　　同樣在第三委員會，張彭春關於「仁」的演講〔註22〕擊敗了巴西等國家代表要求在《宣言》寫進「上帝」和「自然法」的主張。他提醒這些國家代表注意《宣言》是為全世界的人們而寫的，「上帝」和「自然法」的概念對於成千上萬的男女而言是陌生的，例如中國，他們也將有同樣的權利將自己所熟悉的概念加入《宣言》中去，然而卻沒有這樣做。因此「他希望代表們應當表現出同樣的理解」，並要求巴西代表撤回相關提案。「同樣的理解」就是「仁」的要求。同時，他也藉此指出西方「宗教不容忍的時代」已經結束了。張彭春就評論說「中國可能是最不受『宗教歧視』困擾的國家。而且這個事實已經被18世紀的英國哲學家注意到了。」他的言外之意就是「宗教容忍」在中國的確不構成一個問題。然而在這個世界級人權專家齊聚的人權委員會，在制定具有世界普遍意義的《宣言》的過程中，他卻感受到了來自宗教不寬容的阻力。他希望各國秉持一種更為寬容的理念。故而綜合上述兩方面，張彭春主張的「仁」又含有互相理解、體諒的內涵。這要求互相承擔一種克己義務，顧及他人，不過分行使權利，逾越人我之間的界限，即孔子所說的「克己復禮為仁」〔註23〕。同樣還要承擔「恕」的義務，我所不欲的，也是他人所不欲的，要推己及人，也即「己所不欲，勿施於人。」〔註24〕

　　張彭春希望傳達的「仁」的理念是具有道德性或者倫理性的，因此張彭春主張「倫理思考」在《世界人權宣言》的討論中「應當引起更大的重視」

〔註20〕 Official document of the United Nations: GAOR, Third Session, Proceedings of the Third Committee (A/C. 3), pp.98~99.
〔註21〕 「愛人」語出《論語‧雍也》，「樊遲問仁，子曰：『愛人』。」
〔註22〕 John Humphrey, *On the Edge of Greatness Vol 1 1948~1949: Diaries of John Humphrey, First Director of the UN Division of Human Rights*, A. J. Hobbins, ed., Montreal: McGill-Queen's University Press, 1999, p.55.
〔註23〕 《論語‧顏淵》
〔註24〕 《論語‧衛靈公》

〔註 25〕。他試圖通過在《世界人權宣言》中增加道德和倫理的因素，將人權與人的道德性相聯繫，以彌補「理性」作為人權來源的不足。在西方，自然法學說將理性假設為「人的本性」，因而理性是自然法思考的起點，也被認為是將人區別於世界上其他事物的品質。然而理性在思考起點上是從「本我」出發的，具有明顯的利己性，在思考過程中的價值導向是中性的，並不考慮道德和倫理，它只是「通過論點與具有說服力的論據發現真理……通過邏輯的適用而非僅依靠表象獲取知識」〔註 26〕。因而，理性智慧並不能給予人權足夠的關照，因為它並沒有對他人的權利予以足夠的考量。而缺少他者權利的考量將會導致人權成為一個外強中乾的海市蜃樓，看似宏偉但缺少支撐。張彭春在《宣言》起草過程中不止一次強調「人對人的殘酷無情」〔註 27〕，他認為缺少道德約束是人與人爭鬥的根源。他在南開修身班演說時就強調「社會中之爭鬥，本意欲求利己，以多獲利益為志。然爭鬥一開，則不惟不利己，且不利群。群亡則己敗矣。」然而「強群即所以利己也」，「愛人者人恒愛之。處處為人設想，自無往而不利，且愛為永存的……故孔子曰：『仁者不憂』。」〔註 28〕「十九世紀的歐洲人民走向狹隘之路並以自我為中心，但經過第二次世界大戰之後，人類應該以博大的眼光來看待世界性的問題。」〔註 29〕每個人都固守自我權利的合力將中和所有利益，導致人權不可實現。因此，對他人設身處地的體恤以及對他者權利的考量，理所應當是當今新國際人權理論研究的重要課題。

　　張彭春主張「仁」和「理性」一樣，同屬人的本性。而「仁」的要求又高於「理性」。一個人在其所生存的社會中，他必須具有意識到其他人存在的整體觀念。在對待他人權利的態度上，「理性」是在「後果主義」的指導下進行的，根據得失利弊而決定是否遵守群己之間的權利界限，因而自己的利益與他人的利益始終處於一種此消彼長的緊張關係；而「仁」則是從道德出發，

〔註 25〕 Official document of the United Nations: GAOR, Third Session, Proceedings of the Third Committee (A/C. 3), p.87.

〔註 26〕 戴維‧M‧沃克（David M. Walker）：《牛津法律大辭典》，李雙元等譯，法律出版社 2003 年版，第 941 頁。

〔註 27〕 張遠峰：《懷念我親愛的父親》，《張彭春論教育與戲劇藝術》，第 610 頁。

〔註 28〕 張彭春：《道德與教育之關係》，南開《校風》第 95 期，轉引自《張彭春論教育與戲劇藝術》，第 51～54 頁。

〔註 29〕 田滄海：《聯合國〈人權宣言〉的起草功臣張彭春》，《華聲報》1989 年 5 月 19 日。

主動顧及他人的權利，不逾越人我之間的界限，通過「達人」以致「達己」。因而「理性」是被動的，「仁」是主動的，「理性」強調了人的生理面向，「仁」則強調了人的倫理面向。增加「仁」的敘述將有助於人類道德成長及成熟，有助於改變那種純粹將人權概念作為守護個人利益的圍牆的情況。

《宣言》的目的和意圖是造就更良好的人性，由此它不應僅僅被當作一項索取個人自我權利的清單。因而，「仁」的理論同時構成了張彭春支持第29條義務性條款的理由：「聯合國的目標不是確保個人私利的獲得，而是應盡力提高人們的道德水準……增加對義務的意識使人能夠達到更高的道德水平。」〔註30〕這才是一個「權利與義務大體平衡」的真實的《世界人權宣言》。

儘管「仁」是對人的較高的道德要求，然而又並非不可踐行。雖然人在很大程度上是動物，然而人的善良之性使人與動物區別開來。只有當人的社會行為符合「仁」的要求時，他才是真正的人。因而張彭春才認為「仁」與「理性」一樣，都是人的本性（只不過後者是生而有之，而前者需要通過教育手段引導和激發出來），「仁」只不過是「與他人日常交往中所遵循的道德生活準則」。「仁」的普遍可踐性正如張彭春本人在著作中所描述的那樣：「他（孔子）的學說並不要求人們放棄職業或家庭，也不要求他們脫離他人的生活，而是與他人一起生活，以高尚的但並非不能實施的行為準則制約自己。這就是孔子思想至今一直對中國人民的生活有如此巨大的影響的原因之一。」〔註31〕

因此，《宣言》文本中所謂的良心不能等同於西方「良心自由」意義上的「conscience」（正義觀念），毋寧是儒家所倡導的「良心者，本然之善心。即所謂仁義之心也。」〔註32〕

同時，「仁」的理念對今天的人權教育也不無啟發。「仁」主張的道德性將人權同教育相聯繫。作為一名儒學的倡導者和資深的教育家，張彭春深信教育對道德的激發和促進作用。他主張「我們信教育者，因之教育為一造道

〔註30〕Official document of the United Nations: GAOR, Third Session, Proceedings of the Third Committee (A/C. 3), p.87.

〔註31〕Peng-chun Chang, China at the crossroads, London: Evans Brothers Ltd. Montague House, 1936, pp.48~49.

〔註32〕《孟子・告子上》：「雖存乎人者，豈無仁義之心哉？其所以放其良心者，亦猶斧斤之於木也。」朱熹集注：「良心者，本然之善心。即所謂仁義之心也。」

德能力思想之機關，能使人人格高峻，能力增長，思想清明。且欲造新民新國，非教育不為功。」〔註33〕他對教育與道德的理解完全體現在他在聯合國發言時所引述的儒家經典之中。在經濟及社會理事會，他引用孟子的話說：「以善服人者未有能服人者也；以善養人而後能服天。」〔註34〕意即用善去培養、教育人，才能夠使天下的人心服。因此，他希望把「以善養人」作為理事會的使命。在巴格達給伊拉克皇室的演講中，張彭春曾引用一句儒家經典概括他的教育理念：「古之欲明明德於天下者，先治其國；欲治其國者，先齊其家；欲齊其家者，先修其身；欲修其身者，先正其心；欲正其心者，先誠其意；欲誠其意者，先致其知，致知在格物。」〔註35〕道德和教育的關係在這句儒家經典中被明確的表達了出來。因此他時常提醒委員會不能忽視《世界人權宣言》的教育目的和作用，指出應當側重於通過教育和道德手段促進人權的發展和改善，並促使序言中寫入了「努力通過教誨和教育促進對權利和自由的尊重」的表述。在受教育權的問題上，他也始終秉持「有教無類」的儒家理念，堅持教育對所有人平等開放。

此外，張彭春引用儒家經典論證經濟、社會、文化權利的重要性。他在經濟及社會理事會演講中提到：「大道之行也，天下為公。選賢與能，講信修睦，故人不獨親其親，不獨子其子，使老有所終，壯有所用，幼有所長，鰥寡孤獨廢疾者，皆有所養。」並就此指出，「全世界的人民都渴望著生活水平的提高……除非為實現這一目標而行動，否則世界的良心不可能得以安寧。」〔註36〕而他主張的《宣言》的普遍性以及簡潔性——「它應當是一份為所有地區的所有人民接受的文件，而不能僅僅是律師和學者所專有的」〔註37〕，「由於《宣言》是表達給世界上最廣大的人民看的，它無論怎麼明白易懂也不過分」〔註38〕——也表現出了儒家學者對「人」作為主體的關注。

〔註33〕張彭春：《南開同志三信條》，段茂瀾記錄，載南開《校風》第 89 期，1918年 3 月 17 日。
〔註34〕《孟子・離婁》。
〔註35〕《禮記・大學》。
〔註36〕Ruth H.C. & Sze-Chuh Cheng, *Peng Chun Chang, 1892~1957: Biography & collected works*, privately printed, 1995, p.151.
〔註37〕Official document of the United Nations: GAOR, Third Session, Proceedings of the Third Committee (A/C. 3) , p.48.
〔註38〕Official document of the United Nations: GAOR, Third Session, Proceedings of the Third Committee (A/C. 3) , p.397.

正因此，其他國家的代表和一些人權學者，才將張彭春視為儒家思想在人權委員會的代言人。

第三節　如何看待儒家傳統與當代人權建設

在當代，歷史法學派的代表人物薩維尼（Savigny）早就說過：法律就像語言、風俗、政制一樣，具有「民族特性」，是「民族的共同意識」、「世世代代不可分割的有機聯繫」，它「隨著民族的成長而成長，隨著民族的壯大而壯大，最後，隨著民族對於其民族性（nationality）的喪失而消亡」。總之，「法律首先產生於習俗和人民的信仰（popular faith）」，是「民族精神」的體現。〔註 39〕薩維尼所謂的「民族精神」即有「本土性」或「本土資源性」之內涵。〔註 40〕薩維尼抱守的民族精神實質上為一個民族的稟賦性情，是一種自發的創造力量。它伴隨著民族與生俱來，不能也無法從其他民族的文化模式中學到，民族秉賦具體體現在民族文化、特性、氣質等內容上。〔註 41〕

姑且不論薩維尼「民族精神論」的正確性與否〔註 42〕，至少他提醒了人們注意歷史，注意民族國家、民族精神與法的關係，正如薩維尼於 1815 年在其主辦的《法律史雜誌》（Zeitschrift fuer geschichtliche Rechtwissenschaft）上寫到，他之所以採取歷史主義的方法，是因為他覺得歷史主義的方法在當時德國完全是被忽略的，為了糾正一直佔有重要地位、持取非歷史態度的自然

〔註 39〕〔德〕弗里德尼希·卡爾·馮·薩維尼著，許章潤譯：《論立法與法學的當代使命》，中國法制出版社 2001 年版，第 11 頁。

〔註 40〕黎四奇：《對薩維尼「民族精神」的解讀與評價》，《德國研究》2006 年第 02 期。

〔註 41〕黎四奇：《對薩維尼「民族精神」的解讀與評價》，《德國研究》2006 年第 02 期。

〔註 42〕中外均有學者認為薩維尼的「民族精神論」因反對法典化和靠人的理性立法，本身就是一種保守的表現，具有向後看的守舊性，如博登海默就認為：「薩維尼是一個憎恨法國大革命平等理性主義的保守貴族。一個反對法蘭西世界主義理論的日耳曼民族主義者。」沈宗靈也認為「薩維尼的那些觀點不僅是唯心主義的，而且在 19 世紀歐洲的歷史條件下，更代表了一種歷史復古主義的反動思潮，是與維也納會議和『神聖同盟』的精神，即維護封建統治的精神相一致的」，「是反對當時在德同制定像《拿破崙法典》那樣新的、資本主義性質的法律，而維護代表腐朽的封建統治者利益的習慣法」。參見〔美〕博登海默著，鄧正來譯：《法理學：法律哲學與法律方法》，中國政法大學出版社 1999 年版，第 90 頁；沈宗靈：《略論歷史法學派》，《法學研究》1980 年第 3 期。

法學派的「法律可由立法者在任何既定時刻任意制定」的觀念，因此他才「矯枉過正」給人們以提示而已。在當今的法學研究中，歷史法學派關於「法的內容必然為國族的全部歷史所決定，因而不可隨意改變」的訓諭已無須爭執，成功的法律移植不在少數，但也需警醒「橘逾淮為枳」，完全照搬照抄來的東西從來不能成功，就如同無源之水，無本之木。因此追尋民族精神或說本土資源的工作在法學研究中也從未止步。在人權領域亦應當如此。

不能否認的是，五四以來，「挽中國社會於既倒」的救亡運動的慣性思維，導致人們以現代性啟動時間的先後作為決定制度優劣的標準，以是否存在西式民主和人權成為判斷傳統文化高低的天平，中國人在這種救亡式和趕超式的運動中一度無暇於去反思和發展自己的文化和傳統。這就造成了在人權研究中忽視甚至輕視中國的傳統的情況。

然而，西方的人權觀並非放之四海而皆準的真理，我們基於自己的傳統和特定道德無法認可所有的西方人權觀念，當然中國也無法指望通過全面學習和移植來徹底實現人權事業的進步。中國的人權大廈完全脫離傳統文化的基底，幾乎是不可能的事情。

一方面，從文化的穩定性和傳承性上看，儒家傳統似乎並沒有那麼容易被主觀地拋棄。依照文化人類學的一般性用法，文化是「從在社會中支配地位的思維和行為方式裏剔除與生俱來的因素，因而具有很強繼承性的思維和行為方式」〔註43〕。這個概念表明文化的存在是客觀的、一貫的，而且無法通過某種手段簡單改變。儘管一國文化也會隨著社會發展尤其是經濟因素而變遷，甚至隨著革命而在認知層面上有根本的變革，但具有深厚歷史底蘊的主流文化或核心文化對該國民眾的影響仍會在思維和行為方式層面上繼續存在，而且無法撼動。更常見的情形是，既存文化中有生命力的部分會不斷延續下去。因此，一國歷史上形成的既有主體文化很難完全被人為替代或改變。

這在現實生活中表現得尤為明顯，儘管我們民族文化外顯的部分，比如服飾飲食、生活習慣、語言文字，甚至成文的制度，均煥然一新了〔註44〕，與現代化的西方沒有什麼差別，但在東方社會生活習慣、思維方式和民族心

〔註43〕〔日〕大沼保昭：《人權國家與文明》，王志安譯，生活·讀書·新知三聯書店 2003 年版，第 17 頁。
〔註44〕齊延平：《法制現代化：一個西方的幽靈》，《政法論壇》2007 年第 2 期。

理上卻有著明顯的差異，至少在可預見的歷史時間之內無法改變。正如民俗學者主張的，現代社會使很多民俗場景鮮見了，但是，鮮見的是沒有經受住現代工業衝撞的農耕文化風俗事項，鮮見的是人們對於原始神靈觀念的篤信，然而傳統社會養育了「中華民族的血脈骨骼，講人倫，重血親，對天地的敬畏」。〔註45〕中西方在文化上的差異，正如西方人無法理解黃皮膚的中國人在每歲寒盡春來之時，千里萬里，跨越海洋，從地球的這一半奔赴那一半，重複著世界最大規模的人類遷移的意義。

　　另一方面，從價值認同的角度上分析，符合一個民族文化傳統的人權理論和制度才更容易獲得大眾群體的接受，越是古老的民族越更是如此。民族在建國後的 60 餘年的時間跨度裏，馬克思主義與中國文化傳統同時在中國發展，並行不悖。中國人對於馬克思主義是秉承接受態度的。馬克思主義東渡中國之後，為何會疾風暴雨般為中國知識分子而後為廣大民眾所接受和信仰？學者李澤厚一方面指出馬克思主義符合了中國救亡圖存的現實需要，但他同時也說：「中國傳統的民族性格、文化精神（亦即文化心理結構）和實用理性是否也起了某種作用呢？重行動而富於歷史意識，無宗教信仰卻有治平理想，有清醒理智又充滿人際熱情……這種傳統精神和文化心理結構，是否在氣質性格、思維習慣和行為模式上，使中國人比較容易接受馬克思主義呢？」〔註46〕民族文化的價值認同在其中起到了重要的作用，在這種意義上說，馬克思主義中國化是中國傳統憑馬克思主義「借殼上市」〔註47〕，或者說馬克思主義理論借用中國傳統「充實自我」。而這一方面證明了傳統不可能被主觀地人為革除，另一方面，也說明民主、法治、人權的實現，首先必須取得傳統文化的價值認同。因而，當一項人權制度更多的帶有中國特色，更多的原發於中國傳統，人們則會更樂於運用和遵守。

　　與「內發」於傳統的願景相牴觸的，是過去及至現今存在於學界的一種頗為流行的觀念：中國傳統文化以「義務」為本位，西方文化則以「權利」為本位，這種偏見為一般人甚至不少學者所接受。但這種過於簡單、武斷地判定中國缺乏人權生發的土壤的論調，忽視了一個事實，在西方漫長的中世

〔註45〕施立學：《春節是中華兒女的加油站》，《人民日報（海外版）》2013 年 2 月 7 日，第 1 版。

〔註46〕李澤厚：《中國古代思想史論》，天津社會科學出版社 2003 年版，第 299 頁。

〔註47〕在此使用「借殼上市」一詞的啟發來源於齊延平教授的論文。參見齊延平：《法制現代化：一個西方的幽靈》，《政法論壇》2007 年第 2 期。

紀，佔據主要地位的基督教文化也是義務本位的，「在基督教勢力下，個人所負宗教的義務，是遠超過（中國）家族的要求」〔註48〕的。即便「在中國彌天滿地是義務觀念者，在西洋世界上卻活躍著權利觀念」，但其權利觀的形成「是近代的產物」，是中古世紀逼迫下的「個人覺醒」，人權自由的產生是對中世紀基督教文化的反動〔註49〕。而頗具戲劇性的是，「蔑視個人」的基督教文化不僅從未淡出西方人的精神信仰，而且還為人的權利覺醒提供了最初的依附。文藝復興時期的巨人們借著對神事的擬人化描繪喚起了人的主體性的甦醒，而啟蒙思想家們雖然把理性高高懸起，但也「給信仰留出了地盤」〔註50〕。1776年的美國《獨立宣言》開篇即寫道：「按照自然法則和上帝的旨意，以獨立平等的身份立於世界列國之林」，「我們認為下述真理是不言而喻的：人人生而平等，造物主賦予他們若干不可讓與的權利，其中包括生存權、自由權和追求幸福的權利。」而在最後一句寫道：「我們堅定地信賴神明上帝的保祐，同時以我們的生命、財產和神聖的名譽彼此宣誓來支持這一宣言。」法國1789年《人權和公民權利宣言》的序言闡明：「因此，國民議會在上帝面前並在他的庇護之下確認並宣布下述的人與公民的權利」。直至制定《世界人權宣言》之時，起草報告員黎巴嫩代表馬立克，以及荷蘭、比利時等歐洲國家代表，和巴西等拉美國家代表仍然為在《宣言》中沒有寫進上帝和造物主以闡明人權的終極來源而深表遺憾。〔註51〕

在西方世界裏，理性與上帝最終在一個平衡點上握手言和。

即便如韋伯所說，經過「祛魅」的新教已不再是中世紀神權的衛道士，而觀今日之儒家幾經變革與拓展，也亦非維護封建專制的帝王之術。西方至今也未做到人神相揖別，我們又如何能與孔夫子決裂？一個否定自我歷史和自我傳統的民族，又如何能「自立於世界民族之林」（毛澤東語）？

不只如此，在起草《世界人權宣言》過程中，為了保證《宣言》能最大限度的反應世界普遍的人權觀念，聯合國教科文組織曾於1947年6月給全球各國的專家發送人權問題，並收到了大約七十份的回覆，出乎意料的是，其

〔註48〕 梁漱溟：《中國文化要義》，上海人民出版社2005年版，第67頁。

〔註49〕 參見梁漱溟：《中國文化要義》，上海人民出版社2005年版，第82頁；李明輝：《儒家視野下的政治思想》，北京大學出版社2005年版，第47頁。

〔註50〕 這裡借用康德的話「我要懸置知識，為信仰留出地盤」（Ich musste also das Wissen aufbeben, um zum Glauben Platz zu bekommen.），參見鄧曉芒：《康德哲學講演錄》，廣西師範大學出版社2005年版，第156頁。

〔註51〕 孫平華：《〈世界人權宣言〉研究》，北京大學出版社2012年版，第99～100頁。

中包括中國、伊斯蘭國家、印度、美洲、歐洲和社會主義國家都在回函中認同「人權」的概念並闡述了自己國家的人權觀。中國儒家學者羅忠恕在回函中寫到:「中國古代思想家很少討論人權問題,至少是沒有以西方學者的方式探討這一問題。在西方人權觀念引入之前,無論是私人還是政府機構,都沒有發布過人權宣言。不過,中國很早就具有了人權觀念,人民反抗殘暴統治者的權利很早就得到了確立,偉大的思想家孟子就強烈地堅持政府應當為人民的意願工作。他說:『民為貴,社稷次之,君為輕。』」〔註52〕人權認知的多元化在當時就已經得到了驗證。因此,正如一些學者所贊同的那樣,「一切社會都有其自己的人權概念,一切社會都通過文化和歷史展示出它們的人權意識,因為人權概念可以追溯到人類起源本身。」〔註53〕

深受儒家文化影響的中國「有著不同於基督教西方的思想和傳統」〔註54〕,人權道路必然不可亦步亦趨。張彭春參與《世界人權宣言》這段歷史,給儒家思想與人權觀念的接榫提供了一個有力的例證。對當今的人權建設極具啟發意義。因此,傳統上對於儒家與人權的偏見應當得到糾正,正如美國華裔學者余英時在反駁亨廷頓(Samuel Huntington)的「儒家思想與民主扞格不相入」之說時提到的那樣:「康有為,王韜等儒家知識分子正是在清末推動民主改革最有力的人物」〔註55〕。實際上,儒家學說是一個豐富的思想文化體系,它包含著人文精神、政治理念、哲學思想、道德倫理和法制觀念等重要內容。儘管儒家學說從未提出「人權」這一名詞和命題,但在其浩如煙海的立論和格言中,卻處處閃耀著人權思想理念的光輝。〔註56〕儒家的「仁愛」、「忠恕」

〔註52〕 Chung-Shu Lo(羅忠恕): "Human Rights in the Chinese Tradition", *Human Rights: Comments an Interpretations*, edited by UNESCO, New York: Columbia University Press, 1949, p.186.

〔註53〕 J‧Donnelly: *Universal Human Rights in Theory and Practice*, New York: Cornell University Press, 1989, P.49;轉引自李林:《人權概念的歷史文化解讀》,載王家福、劉海平、李林主編《人權與21世紀》,中國法制出版社2000年版,第22~42頁。

〔註54〕 參見張彭春在聯合國大會第三委員會的發言,United Nations document: GAOR C.3, p.98。

〔註55〕 Ying-shih Yu: "Democracy, Huan Rights and Confucian Culture", in *The Fifth Huang Hsing Foundation Hsueh Chun-tu Distinguished Lecture in Asian Studies*, Oxford: Asian Studies Centre, St. Antony's College, University of Oxford, 2000, p.6.

〔註56〕 周覺、楊正泉:《弘揚東方文化優良傳統,促進人權事業全面發展》,載中國人權研究會編《東方文化與人權發展》,東方出版社2004年版,第10頁。

等思想在今天的人權建設中仍不無意義。同時，張彭春在聯合國的人權實踐也表明，各國在各自文化之內尋求對人權的共識並非不可能。張彭春的貢獻在於運用自己的智慧和儒家哲學，一方面在多樣化的文明觀念中尋找普遍的人權共識，實現一種基於不同文化概念和理解的普遍認同，另一方面，對於不同文化中衝突的人權觀念，通過溝通、交流，在不違背最基本的人權理念的情況下實現最大限度的理解和包容，使各國之人權能在互相理解和借鑒中發展。這在西方人權神話被打破、人權理論體系作為一個面向全世界開放的系統的今天尤為重要。

　　借用《世界人權宣言》起草委員會副主席，唯一代表能「亞洲觀念」的中國人張彭春的話：「我們不能完全忽視我們的古老文化對現代貢獻的可能性。我對擁有古老傳統並正在使自己適應於現代世界的民族，有一句友好善意的話，那就是保持自身文化之精華，並汲取現代文化之精華」。「精華」這個詞蘊含於文化變遷之中，是指能夠滿足你所處的環境的重要需求的事物。從你所處的環境出發，尋求能滿足你需要的東西，這種能滿足的東西就是精華。僅僅為祖先的創造唱讚歌，是一種軟弱、失敗主義的表現。瞭解我們所處的環境，尋求此時此刻所需要的東西，才是真正的勇氣和學問。因而，我們仍應當「運用自身文化遺產保持自身的生存並為人類做出應有貢獻的任務中。」總之，「我們應當牢記這一點——所有的民族都應該以成為有民族特色的和富有創造力的現代人為目標。」〔註 57〕因而我們有理由相信，儒家思想經過現代性的洗禮和更新後，仍將繼續貢獻於世界人權事業。

〔註57〕張彭春：《對巴格達大學學生的演講》，《張彭春論教育與戲劇藝術》，第 319
　　　　頁。

附　錄

附錄一：張彭春年表 [註1]

1892 年

4 月 22 日生於天津，又名蓬春，子仲述，乳名五九或九兒。外名九爺或九先生。幼年常隨父親聽京劇，奠定了理解京劇的基礎。

1898 年左右 6 歲左右

入私塾讀書。

1900 年 8 歲

庚子事變。八國聯軍騷擾天津。隨兄伯苓舉家逃住嚴修家。時瘟疫流行，缺藥。用煮過一次的藥，重複煮食，幾乎喪生。

1901 年 9 歲

10 月 17 日，作為第一屆學生進入其兄長伯苓與嚴修共同創辦的「私立中學堂」（後改稱私立敬業中學堂，為南開中學的前身）入讀。

1906 年 14 歲

就學於南開中學，第一班。

[註1] 年表的整理主要參考了崔國良和崔紅《張彭春論教育與戲劇藝術》一書中的「張彭春年譜」，龍飛、孔延庚所著《張伯苓與張彭春》中的「張彭春年表」，以及張新月、鄭師拙撰寫的「張彭春生平」。參見崔國良、崔紅：《張彭春論教育與戲劇藝術》，南開大學出版社 2004 年版，第 615～710 頁；龍飛、孔延庚：《張伯苓與張彭春》，百花文藝出版社 1997 年版，第 225～235 頁；See Ruth H.C. & Sze-Chuh Cheng, *Peng Chun Chang, 1892~1957: Biography & collected works*, privately printed, 1995。

1908 年 16 歲

夏，同梅貽琦、喻傳鑒、王正鈞、曹鴻藻、金邦正等 33 人畢業於南開中學。

秋，考入保定高等學堂。

1909 年 17 歲

冬，父親張久庵辭世。

1910 年 18 歲

畢業於保定高等學堂，以第十名成績考取「遊美學務處」（清華學校前身）第二批「遊美生」。9 月 15 日登輪，同行有竺可楨、胡適、趙元任、錢崇樹、胡明復等 71 人，進入克拉克大學攻讀教育學和哲學。

1911 年 19 歲

為「世界大同會」會員。12 月 27 日，代表克拉克大學分會出席費城世界總會年會。

1912 年 20 歲

任克拉克大學學生辯論隊隊長，獲勝多次。辯論經驗使他對於文字之運用特別有訓練。

1913 年 21 歲

夏，獲克拉克大學文學學士學位（三年讀完四年課程），入哥倫比亞大學研究院攻讀碩士學位。

1914 年 22 歲

9 月 3 日，代表哥倫比亞大學中國留美學生參加波士頓全美留學生年會。

1915 年 23 歲

創作英文劇本《外侮》、《灰衣人》、《醒》。其中《灰衣人》於 1915 年 3 月發表於《留美青年》。《外侮》及《醒》為諷刺袁世凱政府簽署「二十一條」而作。

同年畢業於杜威門下，獲哥倫比亞大學研究院文學碩士學位和教育學碩士學位。

1916 年 24 歲

夏，回國，任南開學校專門部主任。

8 月 28 日，被推選為南開新劇團副團長和首任導演。

將《醒》翻譯成中文，交新劇團演出，擔任該劇導演。

12 月 12 日，《醒》劇由應屆畢業生用英語演出，周恩來在《校刊》評論該劇「頗多引人入勝之點」。

指導演出時趾周等所編劇本《一念差》。

1917 年 25 歲

8 月，校長張伯苓赴美進修並考察教育委託他任代理校長。

9 月 23 日，南運河決口，南開學校因地勢低窪，被水淹沒。他與學校其他負責人緊急組織學生遷到青年會、勸學所、學界俱樂部等處住宿和上課。

10 月，借到河北政法學校，全校遷入。儘管條件艱苦，但仍領導劇團籌備建校十三週年活動。

10 月 17 日，指導演出短劇《天作之合》，借青年會禮堂演出。

11 月指揮全校築墊抽水保護校舍。

1918 年 26 歲

2 月，補習班首先遷回南開校址。

7 月，全校遷回。

10 月 17 日，指導演出自編話劇《新村正》，成功地運用西方現代話劇的技巧，成為南開新劇團的轉折點，可稱為五四運動的前奏。

12 月 6 日，指導演出《一元錢》。

12 月，張伯苓校長回國，張彭春交回代理校長職務，張伯苓讚揚他在擔任代理校長期間的成績。

1919 年 27 歲

2 月 4 日，被任命為大學部籌備課主任，主持籌備工作，負責規劃校舍，擬定校章，南開開始籌備大學。

自 5 月起，《春柳》雜誌連續三期發表《新村正》劇本。

6 月，赴美入哥倫比亞大學研究院攻讀博士學位。

9 月 25 日，南開大學成立。

1920 年 28 歲

春，受聘擔任到美考察教育的中國教育家的顧問和翻譯，率領教育家參觀美國各地的大學，並發表演說。

經瓦薩女子大學校長介紹，結識該校中國優秀女留學生蔡秀珠。

秋，國內發生災荒，在美留學的洪深請他合作英文劇本《木蘭》，以便在美上演，為國內災民募捐。他一人寫出該劇 11 幕。

1921 年 29 歲

2 月 24 日及 25 日，《木蘭》在百老匯克爾特戲院演出上演，引起轟動。

5 月 24 日，與蔡秀珠在紐約結婚。

1922 年 30 歲

4 月，通過博士論文《從教育入手使中國現代化》，但學校要求論文必須自費以書本形式發表，因無錢印刷，未能獲得學位。至 1924 年正式獲得學位。

6 月，長女明瑠出生，滿月後即隨父母回國。

7 月，受中國教育促進會委託，到西歐各國研究教育制度。訪問英、法、德、蘇聯、波蘭、丹麥等國，6 個月後返津。

1923 年 31 歲

1 月，回國，被聘為南開大學教授。母楊夫人逝世。

8 月，被聘為清華學堂教務長，提出制定改辦大學的計劃。

11 月，次女出生，取名「新月」。恰值與胡適等人組織文學社，即以女兒之名命名為「新月社」。外傳先有新月社，不確。

1924 年 32 歲

1 月，獲哥倫比亞大學博士學位。

對清華課程設置進行改革，被選為大學臨時校務會議副主席。

秋，清華正式組成新校務會議，他任舊制部主任兼普通部主任。

5 月，清華大學正式成立。

邀請印度詩人泰戈爾到清華講學。聘請中國學者，如梁啟超等到校任教。

為「新月社」導演泰戈爾的話劇《齊德拉》。

1925 年 33 歲

4 月，清華校務委員會成立，任委員。

1926 年 34 歲

6 月，受清華保守勢力的排擠與攻擊而辭職。回南開擔任中學部和女中部代理主任，並在大學部哲教系任教。連續擔任新劇團副團長。

指導演出《少奶奶的扇子》（原名《溫德米爾夫人的扇子》）。

1927 年 35 歲

1 月，提出「將社會視察列為正式課程」的建議被校方通過。

夏，指導演出《賣國賊》、《壓迫》、《獲虎之夜》、《可憐的斐加》。

9 月，指導排演《國民公敵》，計劃於校慶演出，因天津軍政當局懷疑該劇有政治宣傳作用，公演前夕被禁。

10 月，長子晨鐘（後改名辰中）誕生。

1928 年 36 歲

1 月，赴東北考察。

3 月 23 日，為紀念易卜生百年誕辰，將《國民公敵》改名《剛愎的醫生》，得以公演。

10 月，次子遠峰誕生。

10 月 17 日，指導演出易卜生社會問題劇《娜拉》。天津婦女屆認為提倡女權有功。萬家寶（曹禺）扮演娜拉。

指導演出《聖泉》、《少奶奶的扇子》、《瞎了一隻眼睛》、《小麻雀》。

1929 年 37 歲

10 月 17 日，與萬家寶（曹禺）合作，改譯英國作家高爾斯華綏的劇本《鬥爭》為《爭強》，首次由女演員扮演女角，指導演出，盛況空前。

11 月，託徐志摩為南開大學圖書館購到詩歌、戲劇類圖書一百一十八冊。

12 月，赴美講學並為南開學校募捐。

1930 年 38 歲

1 月，在美華盛頓參加大使館歡迎梅蘭芳劇團訪美，被聘為梅氏整頓劇目。經張伯苓同意，參加梅劇團，任首屆總導演。梅蘭芳演出大獲成功，美國報紙紛紛報導，梅氏獲加州普蒙那大學及南加州大學名譽博士學位。

1931 年 39 歲

1 月，在芝加哥大學教中國哲學及中國文藝，同時在芝加哥藝術學院講中

國文藝。

3 月，返哥倫比亞大學任教。暑期訪問英國，同蕭伯納及愛斯特夫人討論文藝。繼又訪問荷蘭、芬蘭、德國、蘇聯、波蘭、奧地利、瑞士、法國後返美。「九一八」事變後決定回國。

1932 年 40 歲

1 月，回國，在南開大學哲教系任教授，兼任南開中學主任。

3 月，赴蘇聯考察教育，並參觀莫斯科的梅耶荷德劇院，與著名戲劇導演梅耶荷德進行藝術交流。

5 月，在南開連續撰寫訪問蘇聯報告。

1933 年 41 歲

春，張伯苓憂慮日軍侵華危及平津而與他商量，他提出在內地建立南開分校的建議。最後決定在四川重慶設分校。

6 月，作為中國代表參加太平洋國際會議。後應邀在夏威夷大學講學一年，講授中國文藝。

1934 年 42 歲

秋，回國，逢三十週年校慶。與曹禺改編《新村正》，由他執導，梁思成、林徽因夫婦擔任舞臺設計，於 10 月 17 日在中學部新建的瑞庭禮堂演出。

1935 年 43 歲

2 月，應國民政府外交部和梅蘭芳邀請，陪同赴蘇演出，再次出任總導演，並與蘇聯著名藝術家斯坦尼斯拉夫斯基等人會晤。

春，返校後與曹禺合譯莫里哀五幕劇《慳吝人》，改為三幕劇，取名「財狂」。

12 月，指導演出《財狂》，盛況空前。後再度為天津市冬賑和救濟貧困兒童舉行義演。

1936 年 44 歲

1 月，受國民政府教育部借聘赴英交換講學，在劍橋大學撰寫並出版英文專著《中國在十字路口》（China at the Crossroads）。

5 月，回國返南開任教。

1937 年 45 歲

「七七」事變發生。

7 月 28、29 日，南開遭日寇轟炸。他連夜化裝離津，由威海衛轉南京，應國民政府聘任赴英美等國宣傳中國抗戰，爭取外援。先赴瑞士，與中國駐日內瓦國際聯盟代表商談。次赴英國，在倫敦阿爾伯特大會堂做《日本對平民的戰爭》（Japan's War on Civilians）的演講。再赴美國宣傳。其家屬留天津英租界。

1938 年 46 歲

3 月，他撰寫的文章《中國（抗日）鬥爭的「第二階段」》在英國皇家研究院出版的《國際事務》第 18 卷第 2 期發表。

7 月 6～15 日，返重慶參加第一屆國民參政會議。其英語文章《中國大學與國家建設》在英國牛津大學出版社出版的《歐洲以外的大學》一書中發表。

夏，蔡夫人率四個子女過滬經香港、越南赴昆明。

9 月，回國在重慶南開中學演講。

1939 年 47 歲

1 月，赴美宣傳抗戰。19 日在美國華盛頓組織「不參加日本侵略委員會」，游說美國國會通過「對日經濟制裁案」，飛赴美國及加拿大各大城市演講及募捐。

6 月，克拉克大學授予名譽博士學位。

7 月 30 日，赴英宣傳抗戰。

1940 年 48 歲

4 月，回國，在重慶南開中學指導演出《財狂》。

5 月 4 日，被任命為駐土耳其公使。

10 月 10 日，與蔡夫人及二子抵任。女兒留滬。

1942 年 50 歲

3 月 16 日，在土耳其公使任期內代表中國與伊拉克簽訂友好條約。並對皇室作兩次演講。

5 月 30 日，被任命為駐智利大使。

7 月 28 日，抵任。

1944 年　52 歲

10 月，赴紐約開會，後辭智利大使職，赴哥倫比亞大學執教。

1945 年　53 歲

8 月 15 日，日本投降，抗戰勝利。

10 月，回天津協助接收南開產業。

冬，在天津南開中學作《什麼是現代化》的演講。

1946 年　54 歲

1 月，任聯合國創辦會議的中國代表，赴倫敦參加大會，被任命為聯合國經濟及社會理事會中國常任代表，兼任人權委員會副主席及起草委員會副主席，參加起草《世界人權宣言》。經常赴瑞士、英國、法國參加聯合國會議。

4 月，張伯苓赴美治病，出院後在他家中休養。

6 月，舉行張伯苓七十壽辰慶祝會，邀請旅美南開校友參加。為兄出版英文紀念冊，中文名為《公能》。

1947 年　55 歲

3 月，代表中國出席新聞自由會議，任首席代表。

7 月，任聯合國安全理事會中國代表。

1948 年　56 歲

返國一次。聯合國通過《世界人權宣言》。

1951 年　59 歲

2 月赴智利開會。行前發高燒，抱病赴會。在智利心臟病復發。

2 月 23 日，張伯苓在天津病逝，享年七十五歲。

1952 年　60 歲

2 月，未能參加聯合國大會。

4 月 22 日，旅美南開校友慶祝其六十壽辰。

6 月，退休養病，住新澤西州納特萊城，在家學奏鋼琴，研究西洋音樂。與在臺灣的國民黨政府斷絕往來。

1956年 64歲

2月23日，為紀念張伯苓逝世五週年和誕辰八十週年，寫《南開是怎樣創建的》（英文）一文。

12月31日，心臟病發作，長期休養。

1957年 65歲

7月19日，心臟病猝發，幾小時後逝世。

附錄二:《世界人權宣言》中文原初版本

（該版本為 1948 年 12 月 10 日聯合國大會
第 217 號決議通過的中文繁體本）

世界人權宣言

弁言

　　茲鑒於人類一家,對於人人固有尊嚴及其平等不移權利之承認確係世界自由、正義與和平之基礎;復鑒於人權之忽視及侮蔑恒釀成野蠻暴行,致使人心震憤,而自由言論、自由信仰、得免憂懼、免貧困之世界業經宣示為一般人民之最高企望;

　　復鑒於為使人類不致迫不得已挺而走險以抗專橫與壓迫,人權須受法律規定之保障;

　　復鑒於國際友好關係之促進,實屬切要;

　　復鑒於聯合國人民已在憲章中重申對於基本人權、人格尊嚴與價值、以及男女平等權利之信念,並決心促成大自由中之社會進步及較善之民生;

　　復鑒於各會員國業經誓願與聯合國同心協力促進人權及基本自由之普遍尊重與遵行;

　　復鑒於此種權利自由之公共認識對於是項誓願之澈底實現至關重大;

　　大會爰於此頒布世界人權宣言,作為所有人民所有國家共同努力之標的,務望個人及社會團體永以本宣言銘諸座右,力求藉訓導與教育激勵人權與自由之尊重,並藉國家與國際之漸進措施獲得其普遍有效之承認與遵行;

會員國本身之人民及所轄領土人民均各永享咸遵。

第一條

人皆生而自由；在尊嚴及權利上均各平等。人各賦有理性良知，誠應和睦相處，情同手足。

第二條

人人皆得享受本宣言所載之一切權利與自由，不分種族、膚色、性別、語言、宗教、政見或他種主張、國籍或門第、財產、出生或他種身份。且不得因一人所隸國家或地區之政治、行政或國際地位之不同而有所區別，無論該地區系獨立、託管、非自治或受有其他主權上之限制。

第三條

人人有權享有生命、自由與人身安全。

第四條

任何人不容使為奴役；奴隸制度及奴隸販賣，不論出於何種方式，悉應予以禁止。

第五條

任何人不容加以酷刑，或施以殘忍不人道或侮慢之待遇或處罰。

第六條

人人於任何所在有被承認為法律上主體之權利。

第七條

人人在法律上悉屬平等，且應一體享受法律之平等保護。人人有權享受平等保護，以防止違反本宣言之任何歧視及煽動此種歧視之任何行為。

第八條

人人於其憲法或法律所賦予之基本權利被侵害時，有權享受國家管轄法庭之有效救濟。

第九條

任何人不容加以無理逮捕、拘禁或放逐。

第十條

人人於其權利與義務受判定時及被刑事控告時，有權享受獨立無私之法庭之絕對平等不偏且公開之聽審。

第十一條

一、凡受刑事控告者，在未經依法公開審判證實有罪前，應視為無罪，審判時並須予以答辯上所需之一切保障。

二、任何人在刑事上之行為或不行為，於其發生時依國家或國際法律均不構成罪行者，應不為罪。刑罰不得重於犯罪時法律之規定。

第十二條

任何個人之私生活、家庭、住所或通訊不容無理侵犯，其榮譽及信用亦不容侵害。人人為防止此種侵犯或侵害有權受法律保護

第十三條

一、人人在壹國境內有自由遷徙及擇居之權。

二、人人有權離去任何國家，連其本國在內，並有權歸返其本國。

第十四條

一、人人為避免迫害有權在他國尋求並享受庇身之所。

二、控訴之確源於非政治性之犯罪或源於違反聯合國宗旨與原則之行為者，不得享受此種權利。

第十五條

一、人人有權享有國籍。

二、任何人之國籍不容無理褫奪，其更改國籍之權利不容否認。

第十六條

一、成年男女，不受種族、國籍或宗教之任何限制，有權婚嫁及成立家庭。男女在婚姻方面，在結合期間及在解除婚約時，俱有平等權利。

二、婚約之締訂僅能以男女雙方之自由完全承諾為之。

三、家庭為社會之當然基本團體單位，並應受社會及國家之保護。

第十七條

一、人人有權單獨佔有或與他人合有財產。

二、任何人之財產不容無理剝奪。

第十八條

人人有思想、良心與宗教自由之權；此項權利包括其改變宗教或信抑之自由，及其單獨或集體、公開或私自以教義、躬行、禮拜及戒律表示其宗教或信仰之自由。

第十九條

人人有主張及發表自由之權；此項權利包括保持主張而不受干涉之自由，及經由任何方法不分國界以尋求、接收並傳播消息意見之自由。

第二十條

一、人人有和平集會結社自由之權。

二、任何人不容強使隸屬於某壹團體。

第二十一條

一、人人有權直接或以自由選舉之代表參加其本國政府。

二、人人有以平等機會參加其本國公務之權。

三、人民意志應為攻府權力之基礎；人民意志應以定期且真實之選舉表現之，其選舉權必須普及而平等，並當以不記名投票或相等之自由投票程序為之。

第二十二條

人既為社會之一員，自有權享受社會保障，並有權享受個人尊嚴及人格自由發展所必需之經濟、社會及文化各種權利之實現；此種實現之促成，端賴國家措施與國際合作並當依各國之機構與資源量力為之。

第二十三條

一、人人有權工作、自由選擇職業、享受公平優裕之工作條件及失業之保障。

二、人人不容任何區別，有同工同酬之權利。

三、人人工作時，有權享受公平優裕之報酬，務使其本人及其家屬之生活足以維持人類尊嚴必要時且應有他種社會保護辦法，以資補益。

四、人人為維護其權益，有組織及參加工會之權。

第二十四條

人人有休息及閑暇之權，包括工作時間受合理限制及定期有給休假之權。

第二十五條

一、人人有權享受其本人及其家屬康樂所需之生活程度，舉凡衣、食、住、醫藥及必要之社會服務均包括在內；且於失業、患病、殘廢、寡居、衰老或因不可抗力之事故致有他種喪失生活能力之情形時，有權享受保障。

二、母親及兒童應受特別照顧及協助。所有兒童，無論婚生或非婚生，均應享受同等社會保護。

第二十六條

一、人人皆有受教育之權。教育應屬免費，至少初級及基本教育應然。初級教育應屬強迫性質。技術與職業教育應廣為設立。高等教育應予人人平等機會，以成績為準。

二、教育之目標在於充分發展人格，加強對人權及基本自由之尊重。教育應謀促進各國、各種族或各宗教團體間之諒解、容恕及友好關係，並應促進聯合國維繫和平之各種工作。

三、父母對其子女所應受之教育，有優先決擇之權。

第二十七條

一、人人有權自由參加社會之文化生活，欣賞藝術，並共同襄享科學進步及其利益。

二、人人對其本人之任何科學、文學或美術作品所獲得之精神與物質利益，有享受保護之權。

第二十八條

人人有權享受本宣言所載權利與自由可得全部實現之社會及國際秩序。

第二十九條

一、人人對於社會負有義務；個人人格之自由充分發展厥為社會是賴。

二、人人於行使其權利及自由時僅應受法律所定之限制且此種限制之唯一目的應在確認及尊重他人之權利與自由並謀符合民主社會中道德、公共秩序及一般福利所需之公允條件。

三、此等權利與自由之行使，無論在任何情形下，均不得違反聯合國之宗旨及原則。

第三十條

本宣言所載，不得解釋為任何國家、團體或個人有權以任何活動或任何行為破壞本宣言內之任何權利與自由。

一九四八年十二月十日

第一百八十三次全體會議

附錄三：《世界人權宣言》中文流行版本

（該版本為聯合國官方公布的普通話版簡體中譯本）

序言

　　鑒於對人類家庭所有成員的固有尊嚴及其平等的和不移的權利的承認，乃是世界自由、正義與和平的基礎，

　　鑒於對人權的無視和侮蔑已發展為野蠻暴行，這些暴行玷污了人類的良心，而一個人人享有言論和信仰自由並免予恐懼和匱乏的世界的來臨，已被宣布為普通人民的最高願望，

　　鑒於為使人類不致迫不得已鋌而走險對暴政和壓迫進行反叛，有必要使人權受法治的保護，

　　鑒於有必要促進各國間友好關係的發展，

　　鑒於各聯合國國家的人民已在聯合國憲章中重申他們對基本人權、人格尊嚴和價值以及男女平等權利的信念，並決心促成較大自由中的社會進步和生活水平的改善，

　　鑒於各會員國業已誓願同聯合國合作以促進對人權和基本自由的普遍尊重和遵行，

　　鑒於對這些權利和自由的普遍瞭解對於這個誓願的充分實現具有很大的重要性，

　　因此現在，大會，發布這一世界人權宣言，作為所有人民和所有國家努力實現的共同標準，以期每一個人和社會機構經常銘念本宣言，努力通過教誨和教育促進對權利和自由的尊重，並通過國家的和國際的漸進措施，使這些權利和自由在各會員國本身人民及在其管轄下領土的人民中得到普遍和有

效的承認和遵行；

第一條

人人生而自由，在尊嚴和權利上一律平等。他們賦有理性和良心，並應以兄弟關係的精神相對待。

第二條

人人有資格享有本宣言所載的一切權利和自由，不分種族、膚色、性別、語言、宗教、政治或其他見解、國籍或社會出身、財產、出生或其他身份等任何區別。並且不得因一人所屬的國家或領土的政治的、行政的或者國際的地位之不同而有所區別，無論該領土是獨立領土、託管領土、非自治領土或者處於其他任何主權受限制的情況之下。

第三條

人人有權享有生命、自由和人身安全。

第四條

任何人不得使為奴隸或奴役；一切形式的奴隸制度和奴隸買賣，均應予以禁止。

第五條

任何人不得加以酷刑，或施以殘忍的、不人道的或侮辱性的待遇或刑罰。

第六條

人人在任何地方有權被承認在法律前的人格。

第七條

法律之前人人平等，並有權享受法律的平等保護，不受任何歧視。人人有權享受平等保護，以免受違反本宣言的任何歧視行為以及煽動這種歧視的任何行為之害。

第八條

任何人當憲法或法律所賦予他的基本權利遭受侵害時，有權由合格的國家法庭對這種侵害行為作有效的補救。

第九條

任何人不得加以任意逮捕、拘禁或放逐。

第十條

人人完全平等地有權由一個獨立而無偏倚的法庭進行公正的和公開的審訊，以確定他的權利和義務並判定對他提出的任何刑事指控。

第十一條

（一）凡受刑事控告者，在未經獲得辯護上所需的一切保證的公開審判而依法證實有罪以前，有權被視為無罪。

（二）任何人的任何行為或不行為，在其發生時依國家法或國際法均不構成刑事罪者，不得被判為犯有刑事罪。刑罰不得重於犯罪時適用的法律規定。

第十二條

任何人的私生活、家庭、住宅和通信不得任意干涉，他的榮譽和名譽不得加以攻擊。人人有權享受法律保護，以免受這種干涉或攻擊。

第十三條

（一）人人在各國境內有權自由遷徙和居住。

（二）人人有權離開任何國家，包括其本國在內，並有權返回他的國家。

第十四條

（一）人人有權在其他國家尋求和享受庇護以避免迫害。

（二）在真正由於非政治性的罪行或違背聯合國的宗旨和原則的行為而被起訴的情況下，不得援用此種權利。

第十五條

（一）人人有權享有國籍。

（二）任何人的國籍不得任意剝奪，亦不得否認其改變國籍的權利。

第十六條

（一）成年男女，不受種族、國籍或宗教的任何限制有權婚嫁和成立家庭。他們在婚姻方面，在結婚期間和在解除婚約時，應有平等的權利。

（二）只有經男女雙方的自由和完全的同意，才能締婚。

（三）家庭是天然的和基本的社會單元，並應受社會和國家的保護。

第十七條

（一）人人得有單獨的財產所有權以及同他人合有的所有權。

（二）任何人的財產不得任意剝奪。

第十八條

人人有思想、良心和宗教自由的權利；此項權利包括改變他的宗教或信仰的自由，以及單獨或集體、公開或秘密地以教義、實踐、禮拜和戒律表示他的宗教或信仰的自由。

第十九條

人人有權享有主張和發表意見的自由；此項權利包括持有主張而不受干涉的自由，和通過任何媒介和不論國界尋求、接受和傳遞消息和思想的自由。

第二十條

（一）人人有權享有和平集會和結社的自由。

（二）任何人不得迫使隸屬於某一團體。

第二十一條

（一）人人有直接或通過自由選擇的代表參與治理本國的權利。

（二）人人有平等機會參加本國公務的權利。

（三）人民的意志是政府權力的基礎；這一意志應以定期的和真正的選舉予以表現，而選舉應依據普遍和平等的投票權，並以不記名投票或相當的自由投票程序進行。

第二十二條

每個人，作為社會的一員，有權享受社會保障，並有權享受他的個人尊嚴和人格的自由發展所必需的經濟、社會和文化方面各種權利的實現，這種實現是通過國家努力和國際合作並依照各國的組織和資源情況。

第二十三條

（一）人人有權工作、自由選擇職業、享受公正和合適的工作條件並享受免於失業的保障。

（二）人人有同工同酬的權利，不受任何歧視。

（三）每一個工作的人，有權享受公正和合適的報酬，保證使他本人和家屬有一個符合人的尊嚴的生活條件，必要時並輔以其他方式的社會保障。

（四）人人有為維護其利益而組織和參加工會的權利。

第二十四條

人人有享有休息和閑暇的權利，包括工作時間有合理限制和定期給薪休假的權利。

第二十五條

（一）人人有權享受為維持他本人和家屬的健康和福利所需的生活水準，包括食物、衣著、住房、醫療和必要的社會服務；在遭到失業、疾病、殘廢、守寡、衰老或在其他不能控制的情況下喪失謀生能力時，有權享受保障。

（二）母親和兒童有權享受特別照顧和協助。一切兒童，無論婚生或非婚生，都應享受同樣的社會保護。

第二十六條

（一）人人都有受教育的權利，教育應當免費，至少在初級和基本階段應如此。初級教育應屬義務性質。技術和職業教育應普遍設立。高等教育應根據成績而對一切人平等開放。

（二）教育的目的在於充分發展人的個性並加強對人權和基本自由的尊重。教育應促進各國、各種族或各宗教集團間的瞭解、容忍和友誼，並應促進聯合國維護和平的各項活動。

（三）父母對其子女所應受的教育的種類，有優先選擇的權利。

第二十七條

（一）人人有權自由參加社會的文化生活，享受藝術，並分享科學進步及其產生的福利。

（二）人人對由於他所創作的任何科學、文學或美術作品而產生的精神的和物質的利益，有享受保護的權利。

第二十八條

人人有權要求一種社會的和國際的秩序，在這種秩序中，本宣言所載的權利和自由能獲得充分實現。

第二十九條

（一）人人對社會負有義務，因為只有在社會中他的個性才可能得到自由和充分的發展。

（二）人人在行使他的權利和自由時，只受法律所確定的限制，確定此種限制的唯一目的在於保證對旁人的權利和自由給予應有的承認和尊重，並在一個民主的社會中適應道德、公共秩序和普遍福利的正當需要。

（三）這些權利和自由的行使，無論在任何情形下均不得違背聯合國的宗旨和原則。

第三十條

本宣言的任何條文，不得解釋為默許任何國家、集團或個人有權進行任何旨在破壞本宣言所載的任何權利和自由的活動或行為。

附錄四：《遊美同學錄》（民國六年北京清華學校編）中張彭春檔案

Who's Who
of
American Returned Students.

Published by
Tsing Hua College,
Peking, China.
1917.

遊美同學錄

民國六年

北京清華學校編

120

張彭春　字仲述。年二十五歲。生於直隸天津。兄伯苓。天津南開學校校長。未婚。初學於南開學堂。及直隸高等學堂。宣統二年。以官費遊美。入克拉克大學。習心理及社會學。民國二年。得學士學位。入哥侖比亞大學。習哲學敎育。民國四年。得碩士學位。爲北美中國基督敎學生會書記。編有新劇三種。經留美學生在紐約等地演唱。爲學校辯論團團員。留美學生月報編輯。留美靑年編輯。民國五年回國。任天津南開學校敎務長。通信處。天津南開學校。

Chang, Peng - Chun. — Born in Tientsin, 1892. Studied at Nankai School, Tientsin, 1904-7 : at Chihli Provincial College, Pao-Ting, 1908-9. Arrived in America, September, 1910. Government support. Studied Psychology and Social Science at Clark University, 1910-13 ; Education and Philosophy at Columbia University, 1914-15. A.B., 1913 ; A.M., 1915. Secretary, Chinese Students' Christian Association in North America, 1913-15. Author of "The New Order Cometh", " The Intruder " and "The Awakening ", three plays produced and played by Chinese students at New York and other places. Member, Varsity Debating Team, 1912-13. Editor : Chinese Students' Monthly, 1912-13 ; Lin-Mei-Tsing-Nien, 1914-16. Returned to China, July, 1916. Dean, Nankai College, Tientsin, 1916 to date.

張善揚　年二十九歲。生於浙江湖州。父銘勳。現任綏東徵收局局長。已婚。初學於上海復旦公學。光緒三十四年。以官費遊美。入康奈爾大學。習電氣工程科。民國元年。得機器工程師學位。是年回國。任北京大學物理敎員。現時通信處。北京米市靑年會。

Chang, Shan-Yang. — Born in Huchow, Chekiang, 1888. Married, 1917. Studied at Fu Tan College, Woosung, 1904-7. Arrived in America, September, 1908. Government support. Studied Electrical Engineering at Cornell University, 1908-11. M.E., 1912. Returned to China, November, 1912. Professor of Physics, Government University, Peking, 1912 to date.

張大椿　字菊人。年三十四歲。生於浙江嘉興。已婚。子一。女二。初學於上海南洋公學及震旦學院。光緒三十

參考文獻

一、聯合國檔案及其他官方文獻

1. 聯合國檔案（Official Documents of the United Nations）

Official Documents of the United Nations:A/C.3/217.

Official Documents of the United Nations:A/C.3/236[China: Amendment to article I of the draft Declaration (E/800)].

Official Documents of the United Nations:A/C.3/251.

Official Documents of the United Nations:A/C.3/261.

Official Documents of the United Nations:A/C.3/347.Official Documents of the United Nations:A/C.3/347/Rev.l.

Official Documents of the United Nations:A/C.3/356.

Official Documents of the United Nations:A/C.3/380.

Official Documents of the United Nations:A/C.3/397.

Official Documents of the United Nations: A/C.3/SC.4/12 (China: Suggested re-draft of paragraph 1 of article 23).

Official Documents of the United Nations:A/C.4/243.

Official Documents of the United Nations:A/RES/217.

Official Documents of the United Nations:E/CN.4/102.

Official Documents of the United Nations:E/CN.4/13.

Official Documents of the United Nations:E/CN.4/95.

Official Documents of the United Nations:E/CN.4/97.

Official Documents of the United Nations:E/CN.4/AC.1/3.

Official Documents of the United Nations:E/CN.4/AC.1/3/Add.1.

Official Documents of the United Nations:E/CN.4/AC.1/SR.2.

Official Documents of the United Nations:E/CN.4/AC.1/SR.4.
Official Documents of the United Nations:E/CN.4/AC.1/SR.5.
Official Documents of the United Nations:E/CN.4/AC.1/SR.6.
Official Documents of the United Nations:E/CN.4/AC.1/SR.7.
Official Documents of the United Nations:E/CN.4/AC.1/SR.8.
Official Documents of the United Nations:E/CN.4/AC.1/SR.9.
Official Documents of the United Nations:E/CN.4/AC.1/SR.10.
Official Documents of the United Nations:E/CN.4/AC.1/SR.11.
Official Documents of the United Nations:E/CN.4/AC.1/SR.13.
Official Documents of the United Nations:E/CN.4/AC.1/SR.14.
Official Documents of the United Nations:E/CN.4/AC.1/SR.15.
Official Documents of the United Nations:E/CN.4/AC.1/SR.44.
Official Documents of the United Nations:E/CN.4/AC.1/W.1.
Official Documents of the United Nations:E/CN.4/AC.1/W.2/REV.1.
Official Documents of the United Nations:E/CN.4/AC.1/W.2/REV.2.
Official Documents of the United Nations:E/CN.4/SR.3.
Official Documents of the United Nations:E/CN.4/SR.5.
Official Documents of the United Nations:E/CN.4/SR.6.
Official Documents of the United Nations:E/CN.4/SR.7.
Official Documents of the United Nations:E/CN.4/SR.11.
Official Documents of the United Nations:E/CN.4/SR.12.
Official Documents of the United Nations:E/CN.4/SR.13.
Official Documents of the United Nations:E/CN.4/SR.15.
Official Documents of the United Nations:E/CN.4/SR.16.
Official Documents of the United Nations:E/CN.4/SR.18.
Official Documents of the United Nations:E/CN.4/SR.22.
Official Documents of the United Nations:E/CN.4/SR.50.
Official Documents of the United Nations:E/CN.4/SR.57.
Official Documents of the United Nations:E/CN.4/SR.61.
Official Documents of the United Nations:E/CN.4/SR.66.
Official Documents of the United Nations:E/CN.4/SR.67.
Official Documents of the United Nations:E/CN.4/SR.68.
Official Documents of the United Nations:E/CN.4/SR.69.
Official Documents of the United Nations:E/CN.4/SR.70.
Official Documents of the United Nations:E/CN.4/SR.71.
Official Documents of the United Nations:E/CN.4/SR.78.

Official Documents of the United Nations:E/AC.7/13.

Official Documents of the United Nations:E/CN4/AC.1/2.

Official Documents of the United Nations:A/PV.3.

Official Documents of the United Nations:A/PV.6.

Official Documents of the United Nations:A/PV. 180.

Official Documents of the United Nations:E/325.

Official Documents of the United Nations:GAOR, Third Session, Proceedings of the Third Committee (A/C.3).

2. Yearbook of the United Nations (1947~1948), United Nations Department of Public Information,New York, 1949.

3. Yearbook of the United Nations (1948~1949), United Nations Department of Public Information, New York, 1950.

4. 《法國憲法》（1791）

5. 《法國人權宣言》（又稱《人權和公民權宣言》）（1789）

6. 《公民權利和政治權利國際公約》（1966）及《公民與政治權利國際公約任擇議定書》（1966）

7. 《經濟、社會和文化權利國際公約》（1966）

8. 《聯合國家宣言》（1942）

9. 《曼宣言》（1993）

10. 《美國獨立宣言》（1776）

11. 《美洲人的權利和義務宣言》（1948）

12. 《歐洲人權公約》（1950）

13. 《世界人權宣言》（1948）

14. 《維也納宣言和行動綱領》（1993）

15. 《英國權利法案》（又稱《國民權利與自由和王位繼承宣言》）（1689）

16. 《旨在廢除死刑的公民權利和政治權利國際公約第二項任擇議定書》（1989）

17. 《中華民國憲法》（1946）

二、中文著作

1. 北京清華學校：《遊美同學錄》（民國六年），周詒春序，北京清華學校 1917 年出版。

2. 崔國良、崔紅編，董秀樺英文編譯：《張彭春論教育與戲劇藝術》，南開大學出版社 2004 年版。

3. 鄧曉芒：《康德哲學講演錄》，廣西師範大學出版社 2005 年版。

4. 谷春德：《中國特色人權理論與實踐研究》，中國人民大學出版社 2013 年版。

5. 鄧小平：《鄧小平文選》（第三卷），人民出版社 1993 年版。

6. 郭群：《聯合國》，世界知識出版社 1956 年版。

7. 國際儒學聯合會：《國際儒學研究》，中國社會科學出版社 1999 年版。

8. 胡適：《胡適日記 1915～1917》，曹伯言整理，安徽教育出版社 2001 年版。

9. 黃殿祺：《話劇在北方的奠基人之一——張彭春》，中國戲劇出版社 2007 年版。

10. 龍飛、孔延庚：《張伯苓與張彭春》，百花文藝出版社 1997 年版。

11. 李明輝：《儒家視野下的政治思想》，北京大學出版社 2005 年版。

12. 李澤厚：《中國古代思想史論》，天津社會科學出版社 2003 年版。

13. 梁漱溟：《中國文化要義》，上海人民出版社 2005 年版。

14. 劉傑：《美國與國際人權法》，上海社會科學院出版社 1996 年版。

15. 毛澤東：《毛澤東選集》（第三卷），人民出版社 1991 年版。

16. 茅盾：《茅盾全集》（第 33 卷），人民文學出版社 2001 年版。

17. 彭明：《中國現代史資料選輯：第 5 冊（上）》，中國人民大學出版社 1989 年版。

18. 石源華：《中華民國外交史》，上海人民出版社 1994 年版。

19. 孫平華：《〈世界人權宣言〉研究》，北京大學出版社 2012 年版。

20. 王啟富、劉金國：《人權問題的法理學研究》，中國政法大學出版社 2003 年版。

21. 王尚德：《希臘文明》，北京大學出版社 2010 年版。

22. 王鐵崖、田如萱：《國際法資料選編》，法律出版社 1982 年版。

23. 吳忠希：《中國人權思想史略》，學林出版社 2004 年版。

24. 夏勇：《人權概念的起源》，中國政法大學出版社 1997 年版。

25. 徐志摩：《徐志摩全集》廣西民族出版社 1991 年版。

26. 許倬雲：《中國古代文化的特質》，新星出版社 2006 年版。

27. 張伯苓教育思想研究會：《中國話劇先行者——張伯苓、張彭春》，人民出版社 2009 年版。

28. 張庚、郭漢城：《中國戲曲通史考》，中國戲劇出版社 1957 年版。

29. 張彭春：《張彭春（1892～1957）生平及著作》，張新月，鄭師拙編輯，中國戲劇出版社 1995 年版。

30. 章伯鋒、莊建平:《抗日戰爭第四卷・外交》(上卷),四川大學出版社 1997 年版。

31. 朱力宇:《地方立法的民主化與科學化問題研究——以北京市為主要例證》,中國人民大學出版社 2011 年版。

32. 〔中國臺灣〕秦孝儀:《中華民國重要史料初編——對日擾戰時期》第三編・戰時外交(三),裕臺公司中華印刷廠 1981 年版。

33. 《禮記》。

34. 《論語》。

35. 《孟子》。

36. 《清華大學校史參考資料》(一),清華大學出版社 1991 年版。

37. 《清華大學校史叢書・人物志》,清華大學出版社 1991 年版。

三、中文論文

1. 白桂梅:《〈世界人權宣言〉在國際人權法上的地位和作用》,載《中外法學》1998 年第 6 期。

2. 董雲虎:《「人權」入憲:中國人權發展的重要里程碑》,載《人民日報》,2004 年 03 月 15 日,第十版。

3. 杜鋼建:《論胡適的自由主義人權思想》,載《蘭州學刊》1993 年第 6 期。

4. 郭沫若:《娜拉的答案》(1942)。

5. 郭沫若:《卓文君》(劇本)(1923)。

6. 侯欣一:《世界人權宣言的中國人影響》,載《深圳特區報》2013 年 4 月 9 日,第 D03 版。

7. 胡明:《胡適與聯合國》,載《開放時代》1995 年第 6 期。

8. 胡適:《易卜生主義》(1918)。

9. 黃建武:《儒家傳統與現代人權建設——以張彭春對〈世界人權宣言〉形成的貢獻為視角》,載《中山大學學報(社會科學版)》2012 年第 6 期。

10. 鞠成偉:《儒家思想對世界新人權理論的貢獻——從張彭春對〈世界人權宣言〉訂立的貢獻出發》,載《環球法律評論》2011 年第 1 期。

11. 藍凡:《話劇文化與文化話劇》,載《上海藝術家》1996 年第 2 期。

12. 黎四奇:《對薩維尼「民族精神」的解讀與評價》,載《德國研究》2006 年第 2 期。

13. 李步雲:《人權的普遍性和特殊性》,載王家福、劉海年、李林主編《人權與 21 世紀》,中國法制出版社 2000 年版。

14. 李京原:《太平洋戰爭爆發前美國對日本的經濟制裁——從拒絕實施「中立法」到廢鐵禁運》，載《南都學壇（人文社會科學學報)》2011 年第 6 期。

15. 李林:《人權概念的歷史文化解讀》，載王家福、劉海平、李林主編《人權與 21 世紀》，中國法制出版社 2000 年版。

16. 李鐵成:《大西洋會議和大西洋憲章的歷史地位》，載《外交學院學報》1984 年第 2 期。

17. 梁洪傑:《美國的人權政策與「人權外交」評述》，載《政治與法律》1992 年第 4 期。

18. 梁吉生:《嚴修、張伯苓與南開大學的創建》，載《南開學報》1999 年第 5 期。

19. 廖全京:《中國戲劇起源於民族文化》，載《社會科學研究》1991 年第 4 期。

20. 劉念茲:《元雜劇演出形式的幾點初步看法——明應王殿元代戲劇壁畫調查箚記》，載《戲曲研究》1957 年第 2 期。

21. 盧建平、王堅、趙駿:《中國代表張彭春與〈世界人權宣言〉》，載《人權》2003 年第 6 期。

22. 盧建平:《張彭春和〈世界人權宣言〉》，載《南方週末》2008 年 12 月 25 日，D25 版。

23. 魯迅:《娜拉走後怎樣》（1923）。

24. 羅豪才:《不一樣的文化可一樣尊重人的尊嚴》，載《人權》2011 年第 6 期。

25. 馬明:《張伯苓與南開新劇團》，載《戲劇藝術》1982 年第 4 期。

26. 馬明:《張彭春與梅蘭芳的合作及其影響》，載《戲劇藝術》1988 年第 3 期。

27. 馬明:《張彭春與中國現代話劇》，載黃殿祺主編《話劇在北方的奠基人之一——張彭春》，中國戲劇出版社 2007 年版。

28. 毛維準、龐中英:《民國學人的大國追求：知識建構和外交實踐——基於民國國際關係研究文獻的分析（1912～1949 年)》，載《世界經濟與政治》2011 年第 11 期。

29. 毛澤東:《論聯合政府》（1945 年 4 月 24 日），載《毛澤東選集》（第三卷），人民出版社 1991 年版。

30. 齊延平:《法制現代化：一個西方的幽靈》，載《政法論壇》2007 年第 2 期。

31. 祁懷高:《張彭春：國民外交家和人權活動家》，載《世界知識》2009 年第 13 期。

32. 屈亞：《公元前五世紀雅典的舊喜劇與政治生活》，復旦大學 2006 年碩士學位論文。

33. 沈宗靈：《略論歷史法學派》，載《法學研究》1980 年第 3 期。

34. 施立學：《春節是中華兒女的加油站》，載《人民日報（海外版）》2013 年 2 月 7 日，第 1 版。

35. 司霖霞、梁茂林：《嚴修與天津南開私立學校的設立》，載《貴州社會科學》2012 年第 11 期。

36. 孫平華：《〈世界人權宣言〉誕生的背景和過程》，載《人權》2008 年第 5 期。

37. 孫平華：《張彭春——享譽全世界的人權活動家》，載《人權》2011 年第 6 期。

38. 孫世彥：《人權法研究：問題與方法簡論》載《法制與社會發展》2008 年第 2 期。

39. 田本相：《序三》，載黃殿祺主編：《話劇在北方的奠基人之一——張彭春》，中國戲劇出版社 2007 年版。

40. 田本相：《中國現代話劇的先行者張彭春》，載張伯苓教育思想研究會主編《中國話劇先行者——張伯苓、張彭春》，人民出版社 2009 年版。

41. 田滄海：《聯合國〈人權宣言〉的起草功臣張彭春》，載《華聲報》1989 年 5 月 19 日版。

42. 通訊：《臺清華大學校長每年還收到庚子賠款支票》，載《人民日報（海外版）》2011 年 4 月 26 日，第 03 版。

43. 王國維：《宋元戲曲考》，載《王國維戲曲論文集》，中國戲劇出版社 1957 年版。

44. 王軍敏：《聯合國安理會決議的法律效力》，載《中國黨政幹部論壇》2009 年第 11 期。

45. 王松濤：《聆訓記》，載《南開復校週年・四二校慶紀念專刊》，1946 年 10 月。

46. 吳松芝：《傳統私塾教育對現代教育的啟示》，載《中北大學學報》（社會科學版）2011 年第 6 期。

47. 王鐵崖：《聯合國與國際法》，載《中國國際法年刊》1986 年。

48. 童道明：《對張伯苓張彭春的幾點認識》，載張伯苓教育思想研究會主編《中國話劇先行者——張伯苓、張彭春》，人民出版社 2009 年版。

49. 徐建平：《美國退還部分庚子賠款的史實》，載《文匯報》1997 年 2 月 12 日。

50. 言穆賓：《追憶張九爺在紐約的晚年生活》，載黃殿祺：《話劇在北方的奠

基人之一──張彭春》，中國戲劇出版社 2007 年版。

51. 張彭春：《〈剛愎的醫生〉公演前登臺演詞（摘要）》，載《南開雙周》第 1 卷第 2 期，1928 年 3 月 28 日。

52. 張彭春：《〈梅蘭芳先生在美國：評論與回顧〉前言》，載《張彭春（1892～1957）生平及著作》，張新月，鄭師拙編輯，中國戲劇出版社 1995 年版。

53. 張彭春：《本學期所要提倡的三種生活──在南開學校高級初三集會上的演講》，邵存民記要，載《南開雙周》第 1 期，1928 年 3 月 19 日。

54. 張彭春：《別道德之舊新》，載南開《校風》第 92 期，1918 年 4 月 11 日，轉引自《張彭春論教育與戲劇藝術》。

55. 張彭春：《創新的知識與普遍的知識》，趙水澄記錄，載《南開雙周》第 2 卷第 3 期，1928 年 10 月 29 日。

56. 張彭春：《此次徵求關於學校集會建議的報告及感想》，邰光謨記錄，載《南開週刊》第 58 期，1923 年 3 月 29 日。

57. 張彭春：《從教育入手使中國現代化》（張彭春博士論文），載《張彭春論教育與戲劇藝術》。

58. 張彭春：《當今學術競爭之世界端在注意學識》（原題為《專門主任演說詞》），載南開《校風》第 45 期，1916 年 11 月 8 日。

59. 張彭春：《道德與個人》，段茂瀾記錄，載南開《校風》第 59 期。

60. 張彭春：《道德與教育之關係》，載南開《校風》第 95 期。

61. 張彭春：《對巴格達大學學生的演講》，載《張彭春論教育與戲劇藝術》。

62. 張彭春：《教育的社會目的》，段茂瀾記錄，載南開《校風》第 94 期。

63. 張彭春：《開闢經驗的教育》，邵存民記錄，載《南中週刊》第 23 週年紀念專號，1927 年 10 月 17 日。

64. 張彭春：《樂群乃教育之要者》，劉鴻恩記錄，載南開《校風》第 71 期，1917 年 9 月 13 日。

65. 張彭春：《南開是怎樣創建的》（英文），黃燕生譯，載《南開校友通訊叢書》1990 年第 1 期。

66. 張彭春：《南開同志三信條》，段茂瀾記錄，載南開《校風》第 89 期，1918 年 3 月 17 日。

67. 張彭春：《日程草案》，轉引自羅志田：《日誌中的民初思維、學術與政治》，載《東方文明》2003 年第 2 期。

68. 張彭春：《體育運動在教育上的價值》，段茂瀾記錄，載南開《校風》97 期，1918 年 5 月。

69. 張彭春：《校風的養成——在清華全校大會的演講》，載《清華週刊》第 315 期，1924 年 5 月 23 日。

70. 張彭春：《新的忠誠》和《向細菌宣戰》，載《張彭春論教育與戲劇藝術》。

71. 張遠峰：《懷念我親愛的父親》，載《張彭春論教育與戲劇藝術》。

72. 張彭春：《修身班校長演說》，南開《校風》第 105～106 期連載，1918 年 10 月 31 日、11 月 7 日。

73. 張彭春：《修身班校長演說》，鄭道儒記錄，載南開《校風》第 102 期，1919 年 10 月 12 日。

74. 張彭春：《學生對於校報之責任》，南開《校風》第 88 期，1918 年 1 月 17 日。

75. 張彭春：《學生應當注意時事》，段茂瀾記錄，載《南開校風》第 93 期，1918 年 4 月。

76. 張彭春：《學校集會與學校生活》，載《清華週刊》第 293 期，1923 年 11 月 25 日。

77. 張彭春：《學校教育之一責在練習組織之能力》，劉鴻恩記錄，載南開《校風》第 72 期，1917 年 9 月 13 日。

78. 張彭春：《學校生活的性質與學校集會的關係》，邰光謨記錄，載《南開週刊》第 57 期，1923 年 3 月 25 日。

79. 張彭春：《欲強國必先有普及之教育》，段茂瀾記錄，載南開《校風》第 100 期。

80. 張彭春：《在南開學校三部聯合運動會上的講詞》，載《南開高中副刊》第 2 期，1933 年 5 月 25 日。

81. 張彭春：《造成思想之要素：好奇心・靜・無我心》，劉鴻恩記錄，載南開《校風》第 81 期，1917 年 12 月 5 日。

82. 張彭春：《怎樣看電影——社會教育常識講話》，黃燕生記錄，載《南大半月刊》第 18 期，1934 年 12 月 5 日。

83. 張彭春：《中國的新劇和舊戲》，載《南大半月刊》第 3、4 期合刊，1933 年 7 月 15 日。

84. 張彭春：《中華文化的演進》，1942 年 3 月 6 日在巴格達的英文演講，載《張彭春論教育與戲劇藝術》。

85. 韓永利：《中國抗日戰爭與美國遠東政策的演變》載《武漢大學學報（人文科學版）》2005 年第 4 期。

86. 趙水澄：《奮鬥與進步》，《南中週刊・南開學校 22 週年紀念號》，1926 年 10 月 17 日。

87. 周恩來：《國際形勢與中國抗戰》（1940 年 9 月 29 日），載重慶《新華日報》1940 年 9 月 30 日。

88. 周恩來：《吾校新劇觀》（1916 年 9 月），載南開《校風》第 38、39 期，轉引自《中國戲劇》2008 年第 3 期。

89. 周覺、楊正泉：《弘揚東方文化優良傳統，促進人權事業全面發展》，載中國人權研究會編《東方文化與人權發展》，東方出版社 2004 年版。

90. 朱力宇、熊侃：《過渡司法：聯合國和國際社會對系統性或大規模侵犯人權的回應》，載《浙江大學學報（人文社會科學版）》2010 年第 4 期。

91. 朱力宇、張小勁：《中歐人權觀的異同及其對中歐關係的影響》，載《國家行政學院學報》2002 年第 4 期。

92. 朱力宇：《「一國兩制」視野下法律文化的同一性與多樣性及其在中國的體現》，載《法學雜誌》2012 年第 4 期。

93. 宗成康：《論中國與聯合國的創建》，載《民國檔案》1995 年第 4 期。

94. 《著名教育家、戲劇理論家、外交家——張彭春》，載《南開學報（哲學社會科學版）》2008 年第 5 期。

四、譯著及譯文

1. 〔德〕恩格斯：《致保爾·恩斯特》，載《馬恩全集》，第 37 卷，人民出版社 1988 年版。

2. 〔德〕馬克思、恩格斯：《馬克思恩格斯全集》第 16 卷，人民出版社 1964 年版。

3. 〔德〕馬克思、恩格斯：《馬克思恩格斯選集》第 1 卷，人民出版社 1995 年版。

4. 〔德〕馬克思、恩格斯：《馬克思恩格斯選集》第 4 卷，人民出版社 1995 年版。

5. 〔德〕弗里德尼希·卡爾·馮·薩維尼：《論立法與法學的當代使命》，許章潤譯，中國法制出版社 2001 年版。

6. 〔法〕孟德斯鳩：《論法的精神》，商務印書館 1982 年版。

7. 〔法〕米海爾依·戴爾瑪斯-馬蒂：《當代中國的依法治國進程：進展與阻力》，石佳友譯，載《中外法學》2003 年第 2 期。

8. 〔法〕托克維爾：《論美國的民主》（上卷），董果良譯，商務印書館 1991 年版。

9. 〔古希臘〕亞里士多德：《詩學》，陳忠梅譯注，商務印書館 1996 年版。

10. 〔荷蘭〕Bernd van der Meulen：《爭取食品權的國際人權》載《太平洋學報》2008 年第 11 期。

11. 〔荷蘭〕Maarseveen，H.V.，Tang，G.V.D：《成文憲法的比較研究》，陳雲生譯，華夏出版社 1987 年版。

12. 〔加〕約翰・漢弗萊：《國際人權法》，龐森等譯，世界知識出版社 1992 年版。

13. 〔毛里求斯〕吳輔麟：《殖民主義的惡果》，盧麗平譯，中國友誼出版公司 1987 年版。

14. 〔美〕包華德主編：民國名人傳記辭典，中華書局 1986 年版。

15. 〔美〕博登海默：《法理學：法律哲學與法律方法》，鄧正來譯，中國政法大學出版社 1999 年版。

16. 〔美〕德沃金：《法律帝國》，李常青譯，中國大百科全書出版社 1999 年版。

17. 〔美〕富蘭克林・德・羅斯福：《羅斯福選集》，商務印書館 1982 年版。

18. 〔美〕郝大維、安樂哲：《先賢的民主——杜威、孔子與中國民主之希望》，何剛強譯，劉東校，江蘇人民出版社 2004 年版。

19. 〔美〕明恩溥：《中國鄉村生活》，陳午晴，唐軍譯，中華書局 2006 年版。

20. 〔美〕牟復禮：《中國思想之淵源》，王立剛譯，北京大學出版社 2009 年版。

21. 〔美〕薩尼・突維斯：《儒學對世界人權宣言的貢獻——一種歷史與哲學的觀點》，載《國際儒學研究》第六輯，中國社會科學出版社 1999 年版。

22. 〔美〕塞繆爾・亨廷頓：《文明的衝突與世界秩序的重建》，周琪等譯，新華出版社 1998 年版。

23. 〔美〕小阿瑟・施萊辛格：《人權和美國傳統》，原載美國《外交季刊》1978 年冬季號，樓培敏、夏伯銘摘譯，馬大業校，載《國外社會科學文摘》1980 年 02 期。

24. 〔美〕約翰・杜威：《民主主義與教育》，王承緒譯，人民教育出版社 1990 年版。

25. 〔美〕約翰・范泰爾：《良心的自由——從清教徒到美國憲法第一修正案》，張大軍譯，貴州大學出版社 2011 年版。

26. 〔美〕約瑟芬・多諾萬：《女權主義的知識分子傳統》，趙育春譯，江蘇人民出版社 2003 年版。

27. 〔前蘇聯〕斯大林：《斯大林文選（1934～1952）》（上），人民出版社 1962 年版。

28. 〔前蘇聯〕C・E・克里洛夫：《聯合國史料》（第一卷），張瑞祥等譯，中國人民大學出版社 1955 年版。

29. 〔前蘇聯〕K·卡塔什京:《當代世界的人權》,載《國際事務》1979 年第 1 期。

30. 〔日〕大沼保昭:《人權國家與文明》,王志安譯,生活·讀書·新知三聯書店 2003 年版。

31. 〔日〕堤功一:《對人權的尊重:普遍性和相對性》,載王家福,劉海年,李林主編《人權與 21 世紀》,中國法制出版社 2000 年版。

32. 〔瑞典〕格德門德爾·阿爾弗雷德松,〔挪威〕阿斯布佐恩·艾德編:《〈世界人權宣言〉:努力實現的共同標準》,中國人權研究會組織翻譯,四川人民出版社 1999 年版。

33. 〔印度〕泰戈爾:《民族主義》,譚仁俠譯,商務印書館 2010 年版。

34. 〔英〕戴維·M·沃克:《牛津法律大辭典》,李雙元等譯,法律出版社 2003 年版。

35. 〔英〕A.J.M 米爾恩:《人的權利與人的多樣性——人權哲學》,夏勇,張誌銘譯,中國大百科全書出版社 1995 年版。

36. 〔英〕科斯塔斯·杜茲納:《人權的終結》,郭春發譯,江蘇人民出版社 2002 年版。

五、外文著作及論文:

(一)英語類

1. A. J. Hobbins, *On the Edge of Greatness Vol 1 1948~1949: Diaries of John Humphrey, First Director of UN Human*, Montreal: McGill-Queen's University Press, 1999.

2. A.J. Hobbins, "René Cassin and the Daughter of Time, the First Draft of the Universal Declaration of Human Rights", *Fontanus* II, 1989.

3. Ambrose, Stephen, "Flawed Founders", *Smithsonian* 33(8), November 2002.

4. B. G. Ramcharan, *Human Rights Thirty Years After the Universal Declaration*, Boston: Martinus Nijhoff, 1979.

5. Carl Becker, *The United States: An Experiment in Democracy*, New York: The Macmillan Company, 1920.

6. Charles Malik, "December 9, 1948, speech to the General Assembly", in The *Challenge of Human Rights: Charles Malik and the Universal Declaration*, Habib C. Malik, ed., Oxford: Center for Lebanese Studies, 2000.

7. Chung-Shu Lo(羅忠恕): "Human Rights in the Chinese Tradition", in *Human Rights: Comments an Interpretations*, edited by UNESCO, New York: Columbia University Press, 1949.

8. Franklin D. Roosevelt, *The Four Freedoms*, Franklin D. Roosevelt's Address to Congress January 6, 1941, from *Congressional Record* (美國國會記錄), 1941, Vol. 87, Pt. I.

9. *Fundamental Freedoms: Eleanor Roosevelt and the Universal Declaration of Human Rights*, Brookline: Facing History and Ourselves, 2010.

10. Garry Wills, *Negro President: Jefferson and the Slave Power*, Boston: Houghton Mifflin, 2003.

11. Gudmundur Alfredsson and Asbjom Eide, *The Universal Declaration of Human Rights: A common standard of achievement*, Leiden: Martinus Nijhoff Publishers, 1999.

12. J. Donnelly: *Universal Human Rights in Theory and Practice*, New York: Cornell University Press, 1989.

13. Jack Mahoney, *The Challenge of. Human Rights: Origin, Development and Significance*, Oxford: Blackwell, 2007.

14. Johannes Morsink, *The Universal Declaration of Human Rights: Origins, Drafting, and Intent*, Philadelphia: University of Pennsylvania Press, 1999.

15. John Dewey, *The Public and its problem*, Denver: Alan Swallow, 1954.

16. John Rawls: *A Theory of Justice* (Revised Edition), Cambridge: the Belknap Press of Harvard University Press, 1999.

17. John P. Humphrey, *Human rights and the United Nations: A Great Adventure*, Dobbs Ferry: Transnational Publishers, 1984.

18. John P. Humphrey, "The Memoirs of John P. Humphrey, the First Director of the United Nations Division of Human Rights", *Human Rights Quarterly* 5/4.

19. John P. Humphrey, *The Universal Declaration of Human Rights: Its History, Impact and Juridical Character in Human Rights: Thirty Years after the Declaration*, ed. B. G. Ramcharan, The Hague: Nijhoff, 1979.

20. Mary Ann Glendon, *A World Made New: Eleanor Roosevelt and the Universal Declaration of Human Rights*, New York: Random House Trade Paperbacks, 2002.

21. Meghan Loftus, "Zhang Pengjun: A Profile", *eJournal U.S.A*, Vol.13 / No.11, 2008.

22. Peng-Chun Chang, *China at the Crossroads*, London: Evans Brothers Ltd. Montague House, 1936.

23. Ruth H.C. & Sze-Chuh Cheng, *Peng Chun Chang, 1892~1957: Biography & collected works*, privately printed, 1995.

24. Sam McFarland, "A Tribute to the Architects, Eleanor Roosevelt, Charles Malik, Peng-chun Chang, John Humphrey, and René Cassin", paper presented at the International Society of Psychology, Paris, July 2008.

25. Peng Chun Chang, "Education for modernization in China", *Teachers college, Columbia university, Contributions to education, Issued also as thesis (Ph. D.) Columbia university*, 1924.

26. Sumner, William Graham, "Earth Hunger or the Philosophy of Land Grabbing", 1896, in *Earth-hunger and other essays*, ed. Albert Galloway Keller, New Haven: Yale University Press, 1913.

27. William R.Shepherd, "The Expansion of Europe (I II III)", *Political Science Quarterly*, 1919.

28. Mireille Delmas-Marty, Pierre-Etienne Will, *China, Democracy, and Law: A Historical and Contemporary Approach*, Koninklijke Brill,2011.

29. Ying-shih Yu, "Democracy, Huan Rights and Confucian Culture", in The *Fifth Huang Hsing Foundation Hsueh Chun-tu Distinguished Lecture in Asian Studies*, Oxford: Asian Studies Centre, St. Antony's College, University of Oxford, 2000.

（二）法語類

1. Eric Pateyron, *La Contribution Française à la Rédaction de la Déclaration Universelle des Droits de l'Homme, René Cassin et la Commission Consultative des Droit de l'Homme*, Paris: La Documentation Française, 1998.

2. Jean-Jacques Rousseau: *Du Contrat Social ou Principes du droit politique*, chapitre 1.3,livre 1.

3. René Cassin, "Historique de la declaration universelle en 1948", in *La Pensée et l'action*, Paris: Editions Lalou, 1972.

4. René Cassin, "Quelques Souvenirs sur la Déclaration universelle de 1948", *Revue de droit contemporain*, XV.1, 1968.

六、網絡資源

1. Histoire de la rédaction de la Déclaration universelle des droits de l'homme, 載聯合國官方網站 http://www.un.org/fr/documents/udhr/history.shtml.

2. 哥倫比亞大學對約翰·杜威的介紹，載美國哥倫比亞大學官網 http://c250. columbia.edu/c250_celebrates/remarkable_columbians/john_dewey.html。

3. 芝加哥大學對張彭春的介紹，載芝加哥大學官方網站 http://photoarchive. lib.uchicago.edu/db.xqy？show=browse9.xml|1735。

4. 黃鈺生：《早期的南開中學》，載天津市南開中學官網 http://www.nkzx.cn/ nankai/nankaigaikuang/bainiannankai/2013/0328/430.html。

5. 金富軍：《清華校史連載之三——一波三折的改辦大學之路》，載清華大學校史館網站 http://www.tsinghua.edu.cn/publish/xsg/8348/2013/20130708 131234408837010/20130708131234408837010_.html。

6. 聯合國對張彭春的介紹，載聯合國官方網站 http://www.un.org/depts/dhl/ udhr/members_pchang.shtml。

7. 崔國良、李嶸：《張彭春將東方儒家思想融入〈世界人權宣言〉》，載中國人權網 http://www.humanrights.cn/cn/zt/qita/zgrqyjh/lslt/t20080526_364135. htm。

8. 崔之元：《「西柏坡後現代」，聯合國人權宣言和普遍歷史的黎明》，載觀察網 http://www.guancha.cn/cui-zhi-yuan/2012_12_10_113471.shtml。

9. 《中國建議國際人權工作弘揚平等互信、包容互鑒、合作共贏精神》，載新華網 http://news.xinhuanet.com/2013-03/01/c_124401392.htm。